TRANZLATY

La lingua è per tutti

ภาษาเป็นสิ่งที่ทุกคนต้องการ

Il richiamo della foresta

เสียงเพรียกจากพงไพร

Jack London
แจ็ค ลอนดอน

Italiano / ไทย

Nel primitivo
เข้าสู่ความเป็นดั้งเดิม

Buck non leggeva i giornali.

บัคไม่ได้อ่านหนังสือพิมพ์

Se avesse letto i giornali avrebbe saputo che i guai si stavano avvicinando.

ถ้าเขาอ่านหนังสือพิมพ์ เขาคงรู้ว่าปัญหากำลังเกิดขึ้น

Non erano guai solo per lui, ma per tutti i cani da caccia.

มีปัญหาไม่เพียงแต่กับตัวเขาเองเท่านั้น

แต่กับสุนัขน้ำขึ้นน้ำลงทุกตัวด้วย

Ogni cane con muscoli forti e pelo lungo e caldo sarebbe stato nei guai.

สุนัขทุกตัวที่มีกล้ามเนื้อแข็งแรงและมีขนยาวอบอุ่นจะต้องพบกับ

ปัญหาอย่างแน่นอน

Da Puget Bay a San Diego nessun cane poteva sfuggire a ciò che stava per accadere.

ตั้งแต่ Puget Bay จนถึง San Diego

ไม่มีสุนัขตัวไหนหนีรอดจากสิ่งที่กำลังจะเกิดขึ้นได้

Gli uomini, brancolando nell'oscurità artica, avevano trovato un metallo giallo.

ชายคนหนึ่งกำลังคลำหาอะไรบางอย่างในความมืดของอาร์กติก

และพบโลหะสีเหลือง

Le compagnie di navigazione a vapore e di trasporto erano alla ricerca della scoperta.

บริษัทเรือกลไฟและขนส่งกำลังติดตามการค้นพบนี้

Migliaia di uomini si riversarono nel Nord.

ผู้ชายนับพันกำลังรีบเร่งเข้าสู่ดินแดนตอนเหนือ

Questi uomini volevano dei cani, e i cani che volevano erano cani pesanti.

ผู้ชายเหล่านี้ต้องการสุนัข

และสุนัขที่พวกเขาต้องการก็เป็นสุนัขตัวใหญ่

Cani dotati di muscoli forti per lavorare duro.

สุนัขที่มีกล้ามเนื้อแข็งแรงเพื่อใช้ทำงานหนัก

Cani con il pelo folto che li protegge dal gelo.

สุนัขที่มีขนยาวเพื่อปกป้องตัวเองจากน้ำค้างแข็ง

Buck viveva in una grande casa nella soleggiata Santa Clara Valley.

บัคอาศัยอยู่ในบ้านหลังใหญ่ในหุบเขาซานตาคลาราอันอบอุ่นไปด้

วยแสงแดด

La casa del giudice Miller era chiamata così.

บ้านของผู้พิพากษามิลเลอร์เรียกว่า

La sua casa era nascosta tra gli alberi, lontana dalla strada.

บ้านของเขาตั้งอยู่ห่างจากถนนครึ่งหนึ่งซ่อนอยู่ท่ามกลางต้นไม้

Si poteva intravedere l'ampia veranda che circondava la casa.

สามารถมองเห็นระเบียงกว้างที่ทอดยาวไปรอบบ้านได้

Si accedeva alla casa tramite vialetti ghiaiosi.

บ้านหลังนี้เข้าถึงโดยทางเข้าที่เป็นกรวด

I sentieri si snodavano attraverso ampi prati.

เส้นทางคดเคี้ยวผ่านสนามหญ้าที่กว้างขวาง

In alto si intrecciavano i rami degli alti pioppi.

เหนือศีรษะมีกิ่งก้านของต้นป๊อปลาร์สูงที่พันกัน

Nella parte posteriore della casa le cose erano ancora più spaziose.

บริเวณด้านหลังบ้านมีพื้นที่กว้างขวางมากยิ่งขึ้น

C'erano grandi scuderie, dove una dozzina di stallieri chiacchieravano

มีคอกม้าใหญ่ๆ มีคนดูแลม้านับสิบคนกำลังพูดคุยกัน

C'erano file di cottage per i servi ricoperti di vite

มีบ้านพักคนรับใช้ที่สวมชุดเถาองุ่นเรียงรายกัน

E c'era una serie infinita e ordinata di latrine

และมีห้องสุขาแบบเรียงรายอย่างเป็นระเบียบ ไม่สิ้นสุด

Lunghi pergolati d'uva, pascoli verdi, frutteti e campi di bacche.

ซุ้มองุ่นยาว ทุ่งหญ้าสีเขียว สวนผลไม้ และแปลงผลเบอร์รี่

Poi c'era l'impianto di pompaggio per il pozzo artesiano.

แล้วก็มีโรงงานสูบน้ำบาดาล

E c'era la grande cisterna di cemento piena d'acqua.

และมีถังซีเมนต์ขนาดใหญ่ที่เต็มไปด้วยน้ำ

Qui i ragazzi del giudice Miller hanno fatto il loro tuffo mattutino.

ที่นี่ลูกๆ ของผู้พิพากษามิลเลอร์ลงเล่นน้ำในตอนเช้า

E lì si rinfrescavano anche nel caldo pomeriggio.

และพวกเขาก็คลายความร้อนในตอนบ่ายด้วย

E su questo grande dominio, Buck era colui che lo governava tutto.

และเหนืออาณาจักรอันยิ่งใหญ่นี้ บัคคือผู้ปกครองมันทั้งหมด

Buck nacque su questa terra e visse qui tutti i suoi quattro anni.

บัคเกิดบนดินแดนแห่งนี้และอาศัยอยู่ที่นี่เป็นเวลาสี่ปี

C'erano effettivamente altri cani, ma non avevano molta importanza.

จริงๆ แล้วมีสุนัขตัวอื่นด้วย แต่มันไม่ได้มีความสำคัญอะไรเลย

In un posto vasto come questo ci si aspettava la presenza di altri cani.

คาดว่าสุนัขตัวอื่นๆ จะอยู่ในที่กว้างใหญ่เช่นนี้

Questi cani andavano e venivano oppure vivevano nei canili affollati.

สุนัขพวกนี้มาและไปหรืออาศัยอยู่ในคอกสุนัขที่พลุกพล่าน

Alcuni cani vivevano nascosti in casa, come Toots e Ysabel.

สุนัขบางตัวอาศัยอยู่อย่างซ่อนๆ ในบ้าน เช่นเดียวกับที่ Toots และ

Ysabel ทำ

Toots era un carlino giapponese, Ysabel una cagnolina messicana senza pelo.

ทูทส์เป็นสุนัขพันธุ์ปั๊กญี่ปุ่น

และอิซาเบลเป็นสุนัขพันธุ์เม็กซิกันที่ไม่มีขน

Queste strane creature raramente uscivano di casa.

สิ่งมีชีวิตแปลกประหลาดเหล่านี้แทบจะไม่เคยออกไปนอกบ้านเล

ย

Non toccarono terra né annusarono l'aria esterna.

พวกมันไม่ได้สัมผัสพื้นดิน หรือดมกลิ่นอากาศภายนอกเลย

C'erano anche i fox terrier, almeno una ventina.

ยังมีสุนัขพันธุ์ฟ็อกซ์เทอร์เรียร์อย่างน้อย 20 ตัวด้วย

Questi terrier abbaiavano ferocemente a Toots e Ysabel in casa.

สุนัขเทอร์เรียร์พวกนี้เห่าทูทส์และอิซาเบลในบ้านอย่างดุร้าย

Toots e Ysabel rimasero dietro le finestre, al sicuro da ogni pericolo.

ทูตส์และอิซาเบลอยู่หลังหน้าต่างปลอดภัยจากอันตราย

Erano sorvegliati da domestiche armate di scope e stracci.

มีแม่บ้านพร้อมไม้กวาดและ ไม้ถูพื้นคอยดูแล

Ma Buck non era un cane da casa e nemmeno da canile.

แต่บัคไม่ใช่สุนัขในบ้านและ ไม่ใช่สุนัขสำหรับเลี้ยงในกรงด้วย

L'intera proprietà apparteneva a Buck come suo legittimo regno.

ทรัพย์สินทั้งหมดเป็นของบัคซึ่งถือเป็นกรรมสิทธิ์ของเขา

Buck nuotava nella vasca o andava a caccia con i figli del giudice.

บัคว่ายน้ำในถังหรือไปล่าสัตว์กับลูกชายของผู้พิพากษา

Camminava con Mollie e Alice nelle prime ore del mattino o tardi.

เขาเดินเล่นกับมอลลี่และอลิซในช่วงเช้าหรือดึกๆ

Nelle notti fredde si sdraiava davanti al fuoco della biblioteca insieme al giudice.

ในคืนที่หนาวเย็น

เขาจะนอนหน้ากองไฟในห้องสมุดพร้อมกับผู้พิพากษา

Buck accompagnava i nipoti del giudice sulla sua robusta schiena.

บั๊กให้หลานชายของผู้พิพากษาขี่หลังอันแข็งแรงของเขา

Si rotolava nell'erba insieme ai ragazzi, sorvegliandoli da vicino.

เขาพลิกตัวไปในหญ้ากับเด็กๆ โดยดูแลพวกเขาอย่างใกล้ชิด

Si avventurarono fino alla fontana e addirittura oltre i campi di bacche.

พวกเขากล้าเสี่ยงไปที่น้ำพุและแม้แต่เลยทุ่งผลเบอร์รี่

Tra i fox terrier, Buck camminava sempre con orgoglio regale.

ในบรรดาสุนัขพันธุ์ฟ็อกซ์เทอร์เรีย

บัคเดินไปด้วยความภาคภูมิใจเสมอ

Ignorò Toots e Ysabel, trattandoli come se fossero aria.

เขาเพิกเฉยต่อทูตส์และอิซาเบล

และปฏิบัติกับพวกเขาเหมือนพวกเขาเป็นอากาศ

Buck governava tutte le creature viventi sulla terra del giudice Miller.

บั๊กปกครองสิ่งมีชีวิตทั้งหมดบนดินแดนของผู้พิพากษามิลเลอร์

Dominava gli animali, gli insetti, gli uccelli e perfino gli esseri umani.

พระองค์ทรงปกครองทั้งสัตว์ แมลง นก และแม้กระทั่งมนุษย์

Il padre di Buck, Elmo, era un enorme e fedele San Bernardo.

เอลโม พ่อของบัคเป็นเซนต์เบอร์นาร์ดตัวใหญ่และซื่อสัตย์

Elmo non si allontanò mai dal Giudice e lo servì fedelmente.

เอลโมไม่เคยละทิ้งหน้าที่ของผู้พิพากษาและรับใช้เขาอย่างซื่อสัตย์

Buck sembrava pronto a seguire il nobile esempio del padre.

บัคดูเหมือนจะพร้อมที่จะทำตามตัวอย่างอันสูงส่งของพ่อของเขา

Buck non era altrettanto grande: pesava sessanta chili.

บัคไม่ได้ตัวใหญ่มากนัก โดยมีน้ำหนักอยู่ถึงหนึ่งร้อยสี่สิบปอนด์

Sua madre, Shep, era una splendida cagnolina da pastore scozzese.

แม่ของเขา ชื่อเชพ ซึ่งเป็นสุนัขเลี้ยงแกะสก็อตแลนด์ที่ดีมาก

Ma nonostante il suo peso, Buck camminava con una presenza regale.

แต่ถึงแม้จะมีน้ำหนักขนาดนั้น บัคก็ยังเดินได้อย่างสง่างาม

Ciò derivava dal buon cibo e dal rispetto che riceveva sempre.

นี่มาจากอาหารที่ดีและความเคารพที่เขาได้รับเสมอ

Per quattro anni Buck aveva vissuto come un nobile viziato.

บัคใช้ชีวิตเหมือนขุนนางที่เอาแต่ใจมาตลอดสี่ปี

Era orgoglioso di sé stesso e perfino un po' egocentrico.

เขาภูมิใจในตัวเองและมีความเห็นแก่ตัวนิดหน่อยด้วย

Quel tipo di orgoglio era comune tra i signori delle campagne remote.

ความภาคภูมิใจเช่นนั้นเป็นเรื่องธรรมดาในหมู่ขุนนางในชนบทห่า
งไกล

Ma Buck si salvò dal diventare un cane domestico viziato.
แต่บัคช่วยตัวเองไม่ให้ต้องกลายเป็นหมาบ้านที่ได้รับการเอาใจใส่

Rimase snello e forte grazie alla caccia e all'esercizio fisico.
เขารักษารูปร่างให้ผอมเพรียวและแข็งแรงด้วยการล่าสัตว์และออก
กำลังกาย

Amava profondamente l'acqua, come chi si bagna nei laghi freddi.
พระองค์ทรงรักน้ำอย่างมาก

เหมือนกับคนอาบน้ำในทะเลสาบที่เย็นยะเยือก

Questo amore per l'acqua mantenne Buck forte e molto sano.
ความรักที่มีต่อน้ำทำให้บัคแข็งแรงและมีสุขภาพแข็งแรงมาก

Questo era il cane che Buck era diventato nell'autunno del 1897.
นี่คือสุนัขที่บัคกลายมาเป็นในช่วงฤดูใบไม้ร่วงปี พ.ศ. 2440

Quando lo sciopero del Klondike spinse gli uomini verso il gelido Nord.
เมื่อการประท้วงของคลอนไดค์ดึงดูดผู้คนไปยังตอนเหนืออันหนา
วเหน็บ

Da ogni parte del mondo la gente accorse in massa verso la fredda terra.
ผู้คนจากทั่วทุกมุมโลกแห่กันมายังดินแดนอันหนาวเย็น

Buck, tuttavia, non leggeva i giornali e non capiva le notizie.
อย่างไรก็ตาม บัคไม่ได้อ่านหนังสือพิมพ์และไม่เข้าใจข่าวสารด้วย

Non sapeva che Manuel fosse una persona cattiva con cui stare.
เขาไม่รู้ว่ามานูเอลเป็นคนไม่ดี

Manuel, che aiutava in giardino, aveva un grosso problema.

มานูเอลซึ่งช่วยงานในสวนมีปัญหาใหญ่มาก

Manuel era dipendente dal gioco d'azzardo alla lotteria cinese.

แมนนูเอลติดการพนันลอตเตอรี่จีน

Credeva fermamente anche in un sistema fisso per vincere.

เขายังเชื่อมั่นอย่างยิ่งในระบบที่แน่นอนเพื่อการชนะ

Questa convinzione rese il suo fallimento certo e inevitabile.

ความเชื่อนั้นทำให้ความล้มเหลวของเขาเป็นเรื่องแน่นอนและไม่อาจหลีกเลี่ยงได้

Per giocare con un sistema erano necessari soldi, soldi che a Manuel mancavano.

การเล่นระบบต้องใช้เงิน ซึ่งมานูเอลไม่มี

Il suo stipendio bastava a malapena a sostenere la moglie e i numerosi figli.

รายได้ของเขาแทบจะเลี้ยงภรรยาและลูกๆ หลายคนไม่ได้เลย

La notte in cui Manuel tradì Buck, tutto era normale.

ในคืนที่ Manuel ทรยศต่อ Buck ทุกอย่างก็เป็นปกติ

Il giudice si trovava a una riunione dell'Associazione dei coltivatori di uva passa.

ผู้พิพากษาอยู่ที่การประชุมสมาคมผู้ปลูกลูกเกด

A quel tempo i figli del giudice erano impegnati a fondare un club sportivo.

ขณะนั้นบุตรชายของผู้พิพากษาได้ยุ่งอยู่กับการจัดตั้งชมรมกีฬา

Nessuno vide Manuel e Buck uscire dal frutteto.

ไม่มีใครเห็น Manuel และ Buck ออกจากสวนผลไม้ไป

Buck pensava che questa fosse solo una semplice passeggiata notturna.

บัคคิดว่าการเดินเล่นครั้งนี้เป็นเพียงการเดินเล่นตอนกลางคืนธรรม
ดา

Incontrarono un solo uomo alla stazione della bandiera, a
College Park.

พวกเขาพบชายคนเดียวที่สถานีธงในเมืองคอลเลจพาร์ค

Quell'uomo parlò con Manuel e si scambiarono i soldi.

ชายคนนั้นพูดคุยกับมานูเอล และพวกเขาก็แลกเงินกัน

"Imballa la merce prima di consegnarla", suggerì.

"ห่อสินค้าให้เรียบร้อยก่อนที่จะส่งมอบ" เขาแนะนำ

La voce dell'uomo era roca e impaziente mentre parlava.

ชายคนนี้พูดด้วยน้ำเสียงแหบและใจร้อน

Manuel legò con cura una corda spessa attorno al collo di
Buck.

แมนนวลผูกเชือกเส้นหนาไว้รอบคอของบัคด้วยความระมัดระวัง

"Se giri la corda, lo strangolerai di brutto"

"บิดเชือกสิ แล้วคุณจะรัดคอเขาจนขาดเป็นจุณ"

Lo straniero emise un grugnito, dimostrando di aver capito
bene.

ชายแปลกหน้าส่งเสียงครางออกมาเพื่อแสดงว่าเขาเข้าใจดี

Quel giorno Buck accettò la corda con calma e silenziosa
dignità.

วันนั้นบัครับเชือกด้วยความสงบและสง่างาม

Era un atto insolito, ma Buck si fidava degli uomini che
conosceva.

มันเป็นการกระทำที่ไม่ปกติ แต่บัคก็ยังไว้ใจคนที่เขารู้จัก

Credeva che la loro saggezza andasse ben oltre il suo
pensiero.

เขาเชื่อว่าภูมิปัญญาของพวกเขามีขอบเขตที่ไกลเกินกว่าความคิดข

องเขาเอง

Ma poi la corda venne consegnata nelle mani dello straniero.

แต่ทันใดนั้นเชือกก็ถูกส่งไปอยู่ในมือของคนแปลกหน้า

Buck emise un ringhio basso che suonava come un avvertimento e una minaccia silenziosa.

บัคส่งเสียงขู่ต่ำเพื่อเตือนด้วยความคุกคามอันเงียบสงบ

Era orgoglioso e autoritario e intendeva mostrare il suo disappunto.

เขาเป็นคนหยิ่งยะโสและชอบสั่งการและหมายความถึงการแสดงความไม่พอพระทัย

Buck credeva che il suo avvertimento sarebbe stato interpretato come un ordine.

บัคเชื่อว่าคำเตือนของเขาจะได้รับการเข้าใจว่าเป็นคำสั่ง

Con suo grande stupore, la corda si strinse rapidamente attorno al suo grosso collo.

เชือกรัดรอบคออันหนาของเขาแน่นขึ้นจนทำให้เขาตกตะลึง

Gli mancò l'aria e cominciò a lottare in preda a una rabbia improvvisa.

อากาศของเขาถูกตัดและเขาเริ่มต่อสู้ด้วยความโกรธฉับพลัน

Si lanciò verso l'uomo, che si lanciò rapidamente contro Buck a mezz'aria.

เขาพุ่งเข้าหาชายคนนั้นซึ่งพบบัคอย่างรวดเร็วในกลางอากาศ

L'uomo afferrò Buck per la gola e lo fece ruotare abilmente in aria.

ชายคนนั้นคว้าคอของบัคและบิดเขาขึ้นไปในอากาศอย่างชำนาญ

Buck venne scaraventato a terra con violenza, atterrando sulla schiena.

บั๊กถูกโยนลงมาอย่างแรงจนล้มลงกับพื้น

La corda ora lo strangolava crudelmente mentre lui scalciava selvaggiamente.

เชือกรัดคอเขาอย่างโหดร้ายในขณะที่เขาเตะอย่างบ้าคลั่ง

La sua lingua cadde fuori, il suo petto si sollevò, ma non riprese fiato.

ลิ้นเขาหลุดออก หน้าอกเขาขึ้นลง แต่กลับหายใจไม่ได้

Non era mai stato trattato con tanta violenza in vita sua.

เขาไม่เคยได้รับการปฏิบัติด้วยความรุนแรงเช่นนี้ในชีวิตของเขามา ก่อน

Non era mai stato così profondamente invaso da una rabbia così profonda.

เขายังไม่เคยเต็มไปด้วยความโกรธแค้นลึกๆ เช่นนี้มาก่อน

Ma il potere di Buck svanì e i suoi occhi diventarono vitrei.

แต่พลังของบัคก็ค่อยๆ ลดลง

และดวงตาของเขาก็เปลี่ยนไปเป็นประกายแวววาว

Svenne proprio mentre un treno veniva fermato lì vicino.

เขาหมดสติไปพอดีกับตอนที่รถไฟกำลังโบกมือเรียก

Poi i due uomini lo caricarono velocemente nel vagone bagagli.

จากนั้นชายทั้งสองก็โยนเขาขึ้นรถสัมภาระอย่างรวดเร็ว

La cosa successiva che Buck sentì fu dolore alla lingua gonfia.

สิ่งต่อไปที่บัครู้สึกคือความเจ็บปวดที่ลิ้นบวมของเขา

Si muoveva su un carro traballante, solo vagamente cosciente.

เขากำลังเคลื่อนย้ายอยู่ในรถเข็นที่สั่นไหว

โดยยังมีสติอยู่บ้างเล็กน้อย

Il fischio acuto di un treno rivelò a Buck la sua posizione.

เสียงหวูดรถไฟที่ดังแหลมทำให้บัครู้ตำแหน่งของเขา

Aveva spesso cavalcato con il Giudice e conosceva quella sensazione.

เขาเคยขี่ม้าร่วมกับผู้พิพากษาบ่อยครั้งและเข้าใจถึงความรู้สึกนั้น

Fu un'esperienza unica viaggiare di nuovo in un vagone bagagli.

เป็นความรู้สึกสะเทือนใจที่ไม่เหมือนใครของการเดินทางในรถบรรทุกสัมภาระอีกครั้ง

Buck aprì gli occhi e il suo sguardo ardeva di rabbia.

บั๊กลืมตาขึ้นและจ้องมองอย่างโกรธจัด

Questa era l'ira di un re orgoglioso detronizzato.

นี่คือความโกรธของกษัตริย์ผู้ภาคภูมิใจที่ถูกปลดจากบัลลังก์

Un uomo allungò la mano per afferrarlo, ma Buck colpì per primo.

ชายคนหนึ่งเอื้อมมือไปจะคว้าเขา แต่บั๊คกลับโจมตีก่อนแทน

Affondò i denti nella mano dell'uomo e la strinse forte.

เขากัดลงบนมือของชายคนนั้นแล้วจับไว้แน่น

Non mi lasciò andare finché non svenne per la seconda volta.

เขาไม่ยอมปล่อยจนกระทั่งหมดสติไปเป็นครั้งที่สอง

"Sì, ha degli attacchi", borbottò l'uomo al facchino.

"ใช่แล้ว มีอาการชัก" ชายคนนั้นพึมพำกับพนักงานขนสัมภาระ

Il facchino aveva sentito la colluttazione e si era avvicinato.

คนขนสัมภาระได้ยินเสียงทะเลาะจึงเข้ามาใกล้

"Lo porto a Frisco per conto del capo", spiegò l'uomo.

"ฉันจะพาเขาไปที่ฟริสโก้เพื่อพบเจ้านาย" ชายคนนั้นอธิบาย

"C'è un bravo dottore per cani che dice di poterli curare."

"มีหมอสุนัขเก่งๆ

อยู่ที่นั่นซึ่งบอกว่าสามารถรักษาสุนัขเหล่านั้นได้"

Più tardi quella notte l'uomo raccontò la sua versione completa.

ต่อมาคืนนั้นชายคนนั้นก็เล่าเรื่องทั้งหมดของเขาเอง

Parlava da un capannone dietro un saloon sul molo.

เขาพูดจากโรงเก็บของหลังร้านอาหารที่ท่าเรือ

"Mi hanno dato solo cinquanta dollari", si lamentò con il gestore del saloon.

"ผมได้รับแค่ห้าสิบเหรียญเท่านั้น" เขาบ่นกับคนขายเหล้า

"Non lo rifarei, nemmeno per mille dollari in contanti."

"ผมจะไม่ทำมันอีกแล้ว แม้จะได้เงินสดเป็นพันเหรียญก็ตาม"

La sua mano destra era strettamente avvolta in un panno insanguinato.

พระหัตถ์ขวาของพระองค์ถูกพันด้วยผ้าเปื้อนเลือดอย่างแน่นหนา

La gamba dei suoi pantaloni era completamente strappata dal ginocchio al piede.

ขาของกางเกงของเขาฉีกขาดตั้งแต่เข่าถึงเท้า

"Quanto è stato pagato l'altro tizio?" chiese il gestore del saloon.

"แก้วอีกใบได้เงินเท่าไร" เจ้าของร้านถาม

«Cento», rispose l'uomo, «non ne accetterebbe uno in meno».

"ร้อยเดียว" ชายคนนั้นตอบ "เขาไม่ยอมลดแม้แต่เซ็นต์เดียว"

"Questo fa centocinquanta", disse il gestore del saloon.

"นั่นก็เท่ากับหนึ่งร้อยห้าสิบ" คนขายเหล้ากล่าว

"E lui li merita tutti, altrimenti non sono meglio di uno stupido."

"และเขาก็คุ้มค่าทั้งหมด ไม่เช่นนั้นฉันก็คงไม่ต่างจากคนโง่"

L'uomo aprì gli involucri per esaminarsi la mano.

ชายคนนั้นเปิดผ้าพันแผลเพื่อตรวจสอบมือของเขา

La mano era gravemente graffiata e ricoperta di croste di sangue secco.

มือฉีกขาดอย่างรุนแรงและมีคราบเลือดแห้งติดอยู่

"Se non mi viene l'idrofobia..." cominciò a dire.

"ถ้าฉันไม่เป็นโรคกลัวน้ำ…" เขาเริ่มพูด

"Sarà perché sei nato per impiccarti", giunse una risata.

"นั่นก็เพราะคุณเกิดมาเพื่อแขวนคอ" มีเสียงหัวเราะดังขึ้น

"Aiutami prima di partire", gli chiesero.

"มาช่วยฉันหน่อยก่อนที่คุณจะไป" เขาถูกขอร้อง

Buck era stordito dal dolore alla lingua e alla gola.

บัคอยู่ในอาการมึนงงจากความเจ็บปวดในลิ้นและลำคอ

Era mezzo strangolato e riusciva a malapena a stare in piedi.

เขาถูกบีบคอจนเกือบขาด และแทบจะยืนตัวตรงไม่ได้

Ciononostante, Buck cercò di affrontare gli uomini che lo
avevano ferito così duramente.

บัคยังคงพยายามเผชิญหน้ากับผู้ชายที่ทำร้ายเขาเช่นนี้

Ma lo gettarono a terra e lo strangolarono ancora una volta.

แต่พวกนั้นกลับ โยนเขาลงและรัดคอเขาอีกครั้ง

Solo allora riuscirono a segargli il pesante collare di ottone.

จากนั้นพวกเขาจึงสามารถเลื่อยคอทองเหลืองอันหนักอึ้งของเขา
ออกได้

Tolsero la corda e lo spinsero in una cassa.

พวกเขาถอดเชือกออกแล้วผลักเขาใส่กล่อง

La cassa era piccola e aveva la forma di una gabbia di ferro
grezza.

ลังนั้นมีขนาดเล็กและมีรูปร่างเหมือนกรงเหล็กหยาบๆ

Buck rimase lì per tutta la notte, pieno di rabbia e di
orgoglio ferito.

บัคนอนอยู่ที่นั่นตลอดทั้งคืน

เต็มไปด้วยความโกรธและความภาคภูมิใจที่บอบช้ำ

Non riusciva nemmeno a capire cosa gli stesse succedendo.

เขาไม่สามารถเข้าใจได้ว่าเกิดอะไรขึ้นกับเขา

Perché quegli strani uomini lo tenevano in quella piccola
cassa?

เหตุใดชายแปลกหน้าเหล่านั้นถึงขังเขาไว้ในลังเล็กๆ นี้?

Cosa volevano da lui e perché questa crudele prigionia?

พวกเขาต้องการอะไรจากเขา

และทำไมจึงต้องถูกจองจำอย่างโหดร้ายเช่นนี้?

Sentì una pressione oscura e la sensazione che il disastro si avvicinasse.

เขารู้สึกถึงแรงกดดันอันมืดมน ความรู้สึกหายนะกำลังใกล้เข้ามา

Era una paura vaga, ma si impadronì pesantemente del suo spirito.

มันเป็นความกลัวที่คลุมเครือ

แต่มันมีอิทธิพลอย่างมากต่อจิตวิญญาณของเขา

Diverse volte sobbalzò quando la porta del capanno sbatteva.

หลายครั้งที่เขากระโดดขึ้นเมื่อประตูโรงเก็บของสั่น

Si aspettava che il giudice o i ragazzi apparissero e lo salvassero.

เขาคาดหวังว่าผู้พิพากษาหรือเด็กๆ จะปรากฏตัวและช่วยเหลือเขา

Ma ogni volta solo la faccia grassa del gestore del saloon faceva capolino all'interno.

แต่มีเพียงใบหน้าอ้วนๆ

ของเจ้าของร้านเหล้าที่แอบมองเข้ามาข้างในทุกครั้ง

Il volto dell'uomo era illuminato dalla debole luce di una candela di sego.

ใบหน้าของชายผู้นี้ส่องสว่างด้วยแสงเทียนไขอันริบหรี่

Ogni volta, il latrato gioioso di Buck si trasformava in un ringhio basso e arrabbiato.

แต่ละครั้ง

เสียงเห่าอย่างสนุกสนานของบัคก็จะเปลี่ยนเป็นเสียงคำรามต่ำๆ

ด้วยความโกรธ

Il gestore del saloon lo ha lasciato solo per la notte nella
cassa

เจ้าของร้านปล่อยให้เขาอยู่คนเดียวในกรงทั้งคืน

Ma quando si svegliò la mattina seguente, altri uomini
stavano arrivando.

แต่เมื่อเขาตื่นขึ้นมาในตอนเช้าก็มีชายอีกหลายคนเข้ามา

Arrivarono quattro uomini e, con cautela, sollevarono la
cassa senza dire una parola.

ชายสี่คนเข้ามาหยิบลังขึ้นอย่างระมัดระวังโดยไม่พูดอะไร

Buck capì subito in quale situazione si trovava.

บัครู้ทันทีถึงสถานการณ์ที่เขาพบว่าตนเองกำลังเผชิญอยู่

Erano ulteriori tormentatori che doveva combattere e temere.

พวกมันคือสิ่งทรมานอีกประการหนึ่งที่เขาต้องต่อสู้และหวาดกลัว

Questi uomini apparivano malvagi, trasandati e molto mal
curati.

ผู้ชายพวกนี้ดูชั่วร้าย ทรุดโทรม และดูแลตัวเองไม่ดีเลย

Buck ringhiò e si lanciò contro di loro con furia attraverso le
sbarre.

บัคขู่คำรามและพุ่งเข้าหาพวกเขาอย่างดุร้ายผ่านลูกกรง

Si limitarono a ridere e a colpirlo con lunghi bastoni di
legno.

พวกเขาเพียงแต่หัวเราะและแทงเขาด้วยไม้ยาวๆ

Buck morse i bastoncini, poi capì che era quello che gli
piaceva.

บัคกัดไม้แล้วรู้ว่านั่นคือสิ่งที่พวกเขาชอบ

Così si sdraiò in silenzio, imbronciato e acceso da una rabbia silenziosa.

จึงได้นอนลงอย่างเงียบๆ

ด้วยอาการบูดบึ้งและโกรธจัดอย่างเงียบๆ

Caricarono la cassa su un carro e se ne andarono con lui.

พวกเขาจึงยกลังใส่เกวียนแล้วขับออกไปกับเขา

La cassa, con Buck chiuso dentro, cambiò spesso proprietario.

ลังที่บัคถูกล็อคอยู่ข้างในเปลี่ยนมือบ่อยครั้ง

Gli impiegati dell'ufficio espresso presero in mano la situazione e si occuparono di lui per un breve periodo.

เจ้าหน้าที่สำนักงานเอ็กซ์เพรสเข้ามาดูแลและดูแลเขาสั้นๆ

Poi un altro carro trasportò Buck attraverso la rumorosa città.

จากนั้นรถบรรทุกอีกคันก็บรรทุกบัคข้ามเมืองที่วุ่นวาย

Un camion lo portò con sé scatole e pacchi su un traghetto.

รถบรรทุกได้นำเขาพร้อมกล่องและพัสดุขึ้นเรือข้ามฟาก

Dopo l'attraversamento, il camion lo scaricò presso un deposito ferroviario.

เมื่อข้ามไปแล้ว รถบรรทุกก็ได้ขนเขาลงจากรถไฟที่สถานีรถไฟ

Alla fine Buck venne fatto salire a bordo di un vagone espresso in attesa.

ในที่สุด บัคก็ถูกวางลงในรถด่วนที่กำลังรออยู่

Per due giorni e due notti i treni trascinarono via il vagone espresso.

รถไฟได้นำรถด่วนออกไปเป็นเวลาสองวันสองคืน

Buck non mangiò né bevve durante tutto il doloroso viaggio.

บัคไม่ได้กินหรือดื่มอะไรเลยตลอดการเดินทางอันแสนเจ็บปวด

Quando i messaggeri cercarono di avvicinarlo, lui ringhiò.

เมื่อผู้ส่งสารด่วนพยายามเข้าใกล้เขา เขาก็คำราม

Risposero prendendolo in giro e prendendolo in giro crudelmente.

พวกเขาตอบโต้เขาด้วยการล้อเลียนและล้อเลียนเขาอย่างโหดร้าย

Buck si gettò contro le sbarre, schiumando e tremando

บัคโยนตัวเองไปที่ลูกกรง มีฟองและสั่น

risero sonoramente e lo presero in giro come i bulli della scuola.

พวกเขาหัวเราะเสียงดัง

และเยาะเย้ยเขาเหมือนกับนักเลงในโรงเรียน

Abbaiavano come cani finti e agitavano le braccia.

พวกมันเห่าเหมือนสุนัขปลอมและโบกแขนไปมา

Arrivarono persino a cantare come galli, solo per farlo arrabbiare ancora di più.

พวกมันยังขันเหมือนไก่ตัวผู้เพื่อทำให้เขาหงุดหงิดมากยิ่งขึ้น

Era un comportamento sciocco e Buck sapeva che era ridicolo.

นั่นเป็นพฤติกรรมที่โง่เขลาและบัคก็รู้ว่ามันไร้สาระ

Ma questo non fece altro che accrescere il suo senso di indignazione e vergogna.

แต่สิ่งนั้นกลับยิ่งทำให้เขารู้สึกโกรธและอับอายมากขึ้น

Durante il viaggio la fame non lo disturbò molto.

เขาไม่กังวลเกี่ยวกับความหิวมากนักตลอดการเดินทาง

Ma la sete portava con sé dolori acuti e sofferenze insopportabili.

แต่ความกระหายนำมาซึ่งความเจ็บปวดอย่างรุนแรงและความทุกข์

ทรมานที่ไม่อาจทนทานได้

La sua gola secca e infiammata e la lingua bruciavano per il calore.

คอและลิ้นของเขาที่แห้งและอักเสบร้อนผ่าว

Questo dolore alimentava la febbre che cresceva nel suo corpo orgoglioso.

ความเจ็บปวดนี้กระตุ้นให้ไข้เพิ่มขึ้นในร่างกายอันภาคภูมิใจของเขา

Durante questa prova Buck fu grato per una sola cosa.

บัครู้สึกขอบคุณสำหรับสิ่งๆ เดียวในระหว่างการพิจารณาคดีครั้งนี้

Gli avevano tolto la corda dal grosso collo.

เชือกถูกดึงออกจากรอบคออันหนาของเขา

La corda aveva dato a quegli uomini un vantaggio ingiusto e crudele.

เชือกได้ทำให้คนเหล่านั้นได้เปรียบอย่างไม่ยุติธรรมและโหดร้าย

Ora la corda non c'era più e Buck giurò che non sarebbe mai più tornata.

ตอนนี้เชือกก็หายไปแล้ว และบัคสาบานว่ามันจะไม่กลับมาอีก

Decise che nessuna corda gli sarebbe mai più passata intorno al collo.

เขาตั้งใจว่าจะไม่มีเชือกมาพันคอเขาอีกต่อไป

Per due lunghi giorni e due lunghe notti soffrì senza cibo.

เขาทนทุกข์ทรมานโดยไม่ได้กินอาหารเป็นเวลาสองวันสองคืนอัน

ยาวนาน

E in quelle ore, accumulò dentro di sé una rabbia enorme.

และในช่วงเวลานั้น เขาก็ได้สะสมความโกรธอันรุนแรงไว้ภายใน

I suoi occhi diventarono iniettati di sangue e selvaggi per la rabbia costante.

ดวงตาของเขาแดงก่ำและดุร้ายจากความโกรธอย่างต่อเนื่อง

Non era più Buck, ma un demone con le fauci che schioccavano.

เขาไม่ใช่บั๊กอีกต่อไป แต่เป็นปีศาจที่มีขากรรไกรงับ

Nemmeno il Giudice avrebbe potuto riconoscere questa folle creatura.

แม้กระทั่งผู้พิพากษาก็คง ไม่รู้จักสิ่งมีชีวิตที่บ้าคลั่งตัวนี้

I messaggeri espressi tirarono un sospiro di sollievo quando giunsero a Seattle

ผู้ส่งสารด่วนถอนหายใจด้วยความโล่งใจเมื่อถึงซีแอตเทิล

Quattro uomini sollevarono la cassa e la portarono in un cortile sul retro.

ผู้ชายสี่คนยกลังและเอาไปไว้ที่สนามหลังบ้าน

Il cortile era piccolo, circondato da mura alte e solide.

สนามหญ้ามีขนาดเล็กล้อมรอบด้วยกำแพงสูงและแข็งแรง

Un uomo corpulento uscì dalla stanza con una scollatura larga e una camicia rossa.

ชายร่างใหญ่คนหนึ่งก้าวออกมาด้วยเสื้อเชิ้ตสเวตเตอร์สีแดงหลวม ๆ

Firmò il registro delle consegne con una calligrafia spessa e decisa.

เขาเซ็นสมุดส่งของด้วยมือที่หนาและหนา

Buck intuì subito che quell'uomo era il suo prossimo aguzzino.

บัครู้สึกทันทีว่าผู้ชายคนนี้คือผู้ทรมานเขาคนต่อไป

Si lanciò violentemente contro le sbarre, con gli occhi rossi di rabbia.

เขาพุ่งเข้าหาลูกกรงอย่างรุนแรง ดวงตาแดงก่ำด้วยความโกรธ

L'uomo si limitò a sorridere amaramente e andò a prendere un'ascia.

ชายผู้นั้นเพียงแต่ยิ้มอย่างมืดมนแล้วเดินไปเอาขวานมา

Teneva anche una mazza nella sua grossa e forte mano destra.

เขายังนำไม้กระบองมาในมือขวาที่หนาและแข็งแรงของเขาด้วย

"Lo porterai fuori adesso?" chiese l'autista preoccupato.

"คุณจะพาเขาออกไปตอนนี้เลยไหม"

คนขับรถถามด้วยความเป็นห่วง

"Certo", disse l'uomo, infilando l'ascia nella cassa come se fosse una leva.

"แน่นอน" ชายคนนั้นพูดพร้อมกับยัดขวานลงในลังเหมือนคันโยก

I quattro uomini si dileguarono all'istante, saltando sul muro del cortile.

ชายทั้งสี่แยกย้ายกันทันทีและกระโดดขึ้นไปบนกำแพงสนาม

Dai loro punti sicuri in alto, aspettavano di ammirare lo spettacolo.

จากจุดปลอดภัยด้านบน พวกเขารอชมปรากฏการณ์นี้

Buck si lanciò contro il legno scheggiato, mordendolo e scuotendolo violentemente.

บัคพุ่งเข้าหาไม้ที่แตกเป็นเสี่ยง ๆ กัดและสั่นอย่างรุนแรง

Ogni volta che l'ascia colpiva la gabbia, Buck era lì pronto ad attaccarla.

ทุกครั้งที่ขวานกระทบกรง บัคก็จะอยู่ที่นั่นเพื่อโจมตีมัน

Ringhiò e schioccò le dita in preda a una rabbia selvaggia, desideroso di essere liberato.

เขาขู่และขู่ตะคอกด้วยความโกรธอย่างรุนแรง

ต้องการที่จะเป็นอิสระ

L'uomo all'esterno era calmo e fermo, concentrato sul suo compito.

ชายข้างนอกดูสงบและมั่นคง มุ่งมั่นกับภารกิจของเขา

"Bene allora, diavolo dagli occhi rossi", disse quando il buco fu grande.

"งั้นก็ดี เจ้าปีศาจตาแดงก่ำ" เขากล่าวขณะที่รูนั้นใหญ่มาก

Lasciò cadere l'ascia e prese la mazza nella mano destra.

เขาปล่อยขวานแล้วหยิบไม้กระบองในมือขวา

Buck sembrava davvero un diavolo: aveva gli occhi iniettati di sangue e fiammeggianti.

บัคดูเหมือนปีศาจจริงๆ ตาของเขาแดงก่ำและเป็นประกาย

Il suo pelo si rizzò, la schiuma gli salì alla bocca e gli occhi brillarono.

เสื้อคลุมของเขามีขนขึ้น มีฟองขึ้นที่ปาก ดวงตาเป็นประกาย

Lui tese i muscoli e si lanciò dritto verso il maglione rosso.

เขาเกร็งกล้ามเนื้อแล้วพุ่งตรงไปที่เสื้อสเวตเตอร์สีแดง

Centoquaranta libbre di furia si riversarono sull'uomo calmo.

ความโกรธหนักหนึ่งร้อยสี่สิบปอนด์พุ่งเข้าหาชายผู้สงบนิ่ง

Un attimo prima che le sue fauci si chiudessero, un colpo terribile lo colpì.

ก่อนที่ขากรรไกรของเขาจะปิดลง ก็มีการโจมตีอันน่ากลัวเกิดขึ้น

I suoi denti si schioccarono insieme solo sull'aria

ฟันของเขาสบกันโดยไม่มีอะไรนอกจากอากาศ

una scossa di dolore gli risuonò nel corpo

ความเจ็บปวดสะเทือนไปทั่วร่างกาย

Si capovolse a mezz'aria e cadde sulla schiena e su un fianco.

เขาพลิกตัวในอากาศและล้มลงทั้งด้านหลังและด้านข้าง

Non aveva mai sentito prima un colpo di mazza e non riusciva a sostenerlo.

เขาไม่เคยรู้สึกถึงแรงกระแทกจากไม้กระบองมาก่อนและไม่สามา

รถคว้ามันไว้ได้

Con un ringhio acuto, in parte abbaio, in parte urlo, saltò di nuovo.

เขาได้กระโจนอีกครั้งโดยส่งเสียงแหลม ส่วนหนึ่งก็เห่า

ส่วนหนึ่งก็กรี๊ดร้อง

Un altro colpo violento lo colpì e lo scaraventò a terra.

หมัดหนักอีกครั้งก็ฟาดเขาจนร่วงลงสู่พื้น

Questa volta Buck capì: era la pesante clava dell'uomo.

คราวนี้บัคเข้าใจแล้ว—มันคือไม้กระบองหนักของชายคนนั้น

Ma la rabbia lo accecò e non pensò minimamente di ritirarsi.

แต่ความโกรธเข้าครอบงำเขาจนมองไม่เห็นอะไร

และเขาไม่คิดจะถอยหนี

Dodici volte si lanciò e dodici volte cadde.

เขาพุ่งตัวออกไปสิบสองครั้ง และล้มลงสิบสองครั้ง

La mazza di legno lo colpiva ogni volta con una forza spietata e schiacciante.

กระบองไม้ฟาดเขาอย่างรุนแรงในแต่ละครั้ง

Dopo un colpo violento, si rialzò barcollando, stordito e lento.

หลังจากถูกโจมตีอย่างรุนแรงครั้งหนึ่ง

เขาก็เซลุกขึ้นยืนอย่างมึนงงและช้าๆ

Il sangue gli colava dalla bocca, dal naso e perfino dalle orecchie.

เลือดไหลออกมาจากปาก จมูก และแม้กระทั่งหูของเขา

Il suo mantello, un tempo bellissimo, era imbrattato di schiuma insanguinata.

เสื้อคลุมอันสวยงามของเขาเคยเปื้อนไปด้วยฟองสีเลือด

Poi l'uomo si fece avanti e gli sferrò un violento colpo al naso.

จากนั้นชายคนนั้นก้าวขึ้นไปและโจมตีจมูกอย่างดุร้าย

L'agonia fu più acuta di qualsiasi cosa Buck avesse mai provato.

ความทุกข์ทรมานนั้นรุนแรงกว่าสิ่งใดที่บัคเคยรู้สึก

Con un ruggito più da bestia che da cane, balzò di nuovo all'attacco.

ด้วยเสียงคำรามที่ดุร้ายยิ่งกว่าสุนัข เขาก็กระโจนเข้าโจมตีอีกครั้ง

Ma l'uomo gli afferrò la mascella inferiore e la torse all'indietro.

แต่ชายคนนั้นจับขากรรไกรล่างของเขาไว้และบิดไปด้านหลัง

Buck si girò a testa in giù e cadde di nuovo violentemente al suolo.

บัคพลิกหัวกลับหางและล้มลงอย่างแรงอีกครั้ง

Un'ultima volta, Buck si lanciò verso di lui, ormai a malapena in grado di reggersi in piedi.

บัควิ่งเข้าหาเขาเป็นครั้งสุดท้าย โดยตอนนี้แทบจะยืนไม่ไหวแล้ว

L'uomo colpì con sapiente tempismo, sferrando il colpo finale.

ชายผู้นี้โจมตีด้วยจังหวะที่ชำนาญและโจมตีครั้งสุดท้ายได้สำเร็จ

Buck crollò a terra, privo di sensi e immobile.

บัคล้มลงเป็นกอง หมดสติและไม่ขยับตัว

"Non è uno stupido ad addestrare i cani, ecco cosa dico io", urlò un uomo.

"เขาไม่ใช่คนไม่เอาไหนในการฝึกสุนัขหรอกนะ

นั่นคือสิ่งที่ฉันพูด" ชายคนหนึ่งตะโกน

"Druther può spezzare la volontà di un segugio in qualsiasi giorno della settimana."

"ดรูเทอร์สามารถทำลายความตั้งใจของสุนัขล่าเนื้อได้ทุกวันในสัป

ดาห์"

"E due volte di domenica!" aggiunse l'autista.

"และสองครั้งในวันอาทิตย์!" คนขับรถเสริม

Salì sul carro e tirò le redini per partire.

เขาขึ้นไปบนเกวียนแล้วดึงบังเหียนเพื่อออกเดินทาง

Buck riprese lentamente il controllo della sua coscienza

บัคค่อยๆ กลับมาควบคุมสติของตัวเองได้อีกครั้ง

ma il suo corpo era ancora troppo debole e rotto per muoversi.

แต่ร่างกายของเขายังอ่อนแอและหักเกินกว่าจะขยับได้

Rimase lì dove era caduto, osservando l'uomo con il maglione rosso.

เขานอนอยู่ตรงจุดที่เขาล้มลง

และมองดูชายที่สวมเสื้อกันหนาวสีแดง

"Risponde al nome di Buck", disse l'uomo, leggendo ad alta voce.

"เขาตอบในนามของบัค" ชายคนนั้นพูดขณะอ่านออกเสียง

Citò la nota inviata con la cassa di Buck e i dettagli.

เขาอ้างจากบันทึกที่ส่งไปพร้อมกับลังของบัคและรายละเอียด

"Bene, Buck, ragazzo mio", continuò l'uomo con tono amichevole,

"เอาล่ะ บัค ลูกชายของฉัน" ชายคนนั้นพูดต่อด้วยน้ำเสียงเป็นมิตร

"Abbiamo avuto il nostro piccolo litigio, e ora tra noi è finita."

"เราทะเลาะกันนิดหน่อย และตอนนี้เรื่องระหว่างเราก็จบลงแล้ว"

"Tu hai imparato qual è il tuo posto, e io ho imparato qual è il mio", ha aggiunto.

"คุณได้เรียนรู้สถานที่ของคุณแล้ว

และฉันก็ได้เรียนรู้สถานที่ของฉันแล้ว" เขากล่าวเสริม

"Sii buono e tutto andrà bene e la vita sarà piacevole."

"จงเป็นคนดี แล้วทุกอย่างจะดีไปเอง และชีวิตจะมีความสุข"

"Ma se sei cattivo, ti spaccherò a morte, capito?"

"แต่ถ้าเธอไม่ดี ฉันจะกระทืบเธอจนแหลกสลาย เข้าใจไหม"

Mentre parlava, allungò la mano e accarezzò la testa dolorante di Buck.

ในขณะที่เขาพูด

เขาก็เอื้อมมือออกไปและตบหัวที่ปวดเมื่อยของบัค

I capelli di Buck si rizzarono al tocco dell'uomo, ma lui non oppose resistenza.

ผมของบัคลุกขึ้นเมื่อถูกสัมผัสของชายคนนั้น แต่เขาไม่ได้ต่อต้าน

L'uomo gli portò dell'acqua e Buck la bevve a grandi sorsi.

ชายคนนั้นนำน้ำมาให้เขา ซึ่งบัคก็ดื่มจนหมดอีก

Poi arrivò la carne cruda, che Buck divorò pezzo per pezzo.

จากนั้นก็มาถึงเนื้อดิบซึ่งบัคกินเข้าไปทีละชิ้น

Sapeva di essere stato sconfitto, ma sapeva anche di non essere distrutto.

เขารู้ว่าเขาถูกตี แต่เขาก็รู้เช่นกันว่าเขาไม่ได้พ่ายแพ้

Non aveva alcuna possibilità contro un uomo armato di manganello.

เขาไม่มีทางสู้กับคนถือไม้กระบองได้

Aveva imparato la verità e non dimenticò mai quella lezione.

เขาได้เรียนรู้ความจริงแล้วและเขาไม่เคยลืมบทเรียนนั้น

Quell'arma segnò l'inizio della legge nel nuovo mondo di Buck.

อาวุธนั้นคือจุดเริ่มต้นของกฎหมายในโลกใหม่ของบัค

Fu l'inizio di un ordine duro e primitivo che non poteva negare.

มันคือจุดเริ่มต้นของคำสั่งอันเข้มงวดและดั้งเดิมที่เขาไม่สามารถปฏิเสธได้

Accettò la verità: i suoi istinti selvaggi erano ormai risvegliati.

เขาได้ยอมรับความจริงแล้ว

ตอนนี้สัญชาตญาณดิบของเขาตื่นขึ้นแล้ว

Il mondo era diventato più duro, ma Buck lo affrontò coraggiosamente.

โลกนี้โหดร้ายขึ้น แต่บัคก็เผชิญหน้ากับมันอย่างกล้าหาญ

Affrontò la vita con una nuova cautela, astuzia e una forza silenziosa.

เขาเผชิญชีวิตด้วยความระมัดระวัง ความฉลาด

และความแข็งแกร่งที่เงียบสงบ

Arrivarono altri cani, legati con corde o gabbie, come era successo a Buck.

มีสุนัขตัวอื่นๆ มาถึงเพิ่มเติม

โดยถูกมัดด้วยเชือกหรือถูกใส่ไว้ในลังเหมือนที่บัคเคยถูก

Alcuni cani procedevano con calma, altri si infuriavano e combattevano come bestie feroci.

สุนัขบางตัวเข้ามาอย่างใจเย็น

บางตัวก็โกรธจัดและต่อสู้ดุร้ายราวกับสัตว์ป่า

Tutti loro furono sottoposti al dominio dell'uomo con il maglione rosso.

พวกเขาทั้งหมดถูกนำมาอยู่ภายใต้การปกครองของชายเสื้อแดง

Ogni volta Buck osservava e vedeva svolgersi la stessa lezione.

แต่ละครั้ง บัคจะเฝ้าดูและเห็นบทเรียนเดียวกันเกิดขึ้น

L'uomo con la clava era la legge: un padrone a cui obbedire.

ชายที่ถือกระบองคือผู้รักษากฎหมาย เป็นเจ้านายที่ต้องเชื่อฟัง

Non era necessario che gli piacesse, ma che gli si obbedisse.

เขาไม่จำเป็นต้องเป็นที่ชื่นชอบ แต่เขาต้องได้รับการเชื่อฟัง

Buck non si è mai mostrato adulatore o scodinzolante come facevano i cani più deboli.

บัคไม่เคยประจบสอพลอหรือส่ายหางเหมือนสุนัขที่อ่อนแอทำ

Vide dei cani che erano stati picchiati e che continuavano a leccare la mano dell'uomo.

เขาเห็นสุนัขที่ถูกตีแล้วยังเลียมือชายคนนั้น

Vide un cane che non obbediva né si sottometteva affatto.

เขาเห็นสุนัขตัวหนึ่งที่ไม่เชื่อฟังหรือยอมจำนนเลย

Quel cane ha combattuto fino alla morte nella battaglia per il controllo.

สุนัขตัวนั้นต่อสู้จนกระทั่งถูกฆ่าในการต่อสู้เพื่อชิงอำนาจ

A volte degli sconosciuti venivano a trovare l'uomo con il maglione rosso.

บางครั้งจะมีคนแปลกหน้ามาพบชายสวมเสื้อสเวตเตอร์สีแดง

Parlavano con toni strani, supplicando, contrattando e ridendo.

พวกเขาพูดด้วยน้ำเสียงแปลกๆ วิงวอน ต่อรอง และหัวเราะ

Dopo aver scambiato i soldi, se ne andavano con uno o più cani.

เมื่อแลกเงินกันแล้ว

พวกเขาก็ออกไปพร้อมกับสุนัขหนึ่งตัวหรือหลายตัว

Buck si chiese dove andassero questi cani, perché nessuno faceva mai ritorno.

บัคสงสัยว่าสุนัขพวกนี้หายไปไหน เพราะไม่มีตัวไหนกลับมาเลย

la paura dell'ignoto riempiva Buck ogni volta che un uomo sconosciuto si avvicinava

ความกลัวสิ่งที่ไม่รู้ทำให้บัครู้สึกทุกครั้งที่มีชายแปลกหน้าเข้ามา

era contento ogni volta che veniva preso un altro cane, al posto suo.

เขาดีใจทุกครั้งที่มีการนำสุนัขตัวอื่นไป แทนที่จะเป็นตัวเขาเอง

Ma alla fine arrivò il turno di Buck con l'arrivo di uno strano uomo.

แต่ในที่สุด

บัคก็มาถึงพร้อมกับการมาถึงของชายแปลกหน้าคนหนึ่ง

Era piccolo, nervoso e parlava un inglese stentato e imprecava.

เขาเป็นคนตัวเล็ก ผอมบาง และพูดภาษาอังกฤษแบบงูๆ ปลาๆ

และพูดจาหยาบคาย

"Sacredam!" urlò quando vide il corpo di Buck.

"ซาเครดัม!" เขาตะโกนเมื่อได้เห็นร่างของบัค

"Che cane maledetto e prepotente! Eh? Quanto costa?" chiese ad alta voce.

"นั่นมันสุนัขขี้รังแกจริงๆ นะ เท่าไหร่" เขาถามออกไปดังๆ

"Trecento, ed è un regalo a quel prezzo",
"สามร้อยแล้วเขาก็เป็นของขวัญในราคานั้น"

"Dato che sono soldi del governo, non dovresti lamentarti, Perrault."

"เพราะว่ามันเป็นเงินของรัฐบาล คุณไม่ควรบ่นนะ เพอร์โรลต์"

Perrault sorrise pensando all'accordo che aveva appena concluso con quell'uomo.

เพอร์โรลต์ยิ้มกับข้อตกลงที่เขาเพิ่งทำกับชายคนนั้น

Il prezzo dei cani è salito alle stelle a causa della domanda improvvisa.

ราคาของสุนัขพุ่งสูงขึ้นเนื่องจากมีความต้องการที่เพิ่มขึ้นอย่างฉับ

พลัน

Trecento dollari non erano ingiusti per una bestia così bella.

สามร้อยเหรียญถือว่าไม่ยุติธรรมสำหรับสัตว์ร้ายที่สวยงามเช่นนี้

Il governo canadese non perderebbe nulla dall'accordo

รัฐบาลแคนาดาจะไม่สูญเสียอะไรจากข้อตกลงนี้

Né i loro comunicati ufficiali avrebbero subito ritardi nel trasporto.

และการจัดส่งอย่างเป็นทางการของพวกเขาก็จะไม่ล่าช้าระหว่างก

ารขนส่ง

Perrault conosceva bene i cani e capì che Buck era una rarità.

เพอร์โรลต์รู้จักสุนัขเป็นอย่างดี และมองเห็นว่าบัคเป็นสิ่งหายาก

"Uno su dieci diecimila", pensò, mentre studiava la corporatura di Buck.

"หนึ่งในหมื่นหมื่น" เขาคิดขณะศึกษาหุ่นของบัค

Buck vide il denaro cambiare di mano, ma non mostrò alcuna sorpresa.

บัคเห็นเงินเปลี่ยนมือแต่ก็ไม่แสดงอาการแปลกใจ

Poco dopo lui e Curly, un gentile Terranova, furono portati via.

ในไม่ช้า เขาและเคอร์ลี่ สุนัขพันธุ์นิวฟันด์แลนด์ผู้ใจดี

ก็ถูกพาตัวไป

Seguirono l'omino dal cortile della casa con il maglione rosso.

พวกเขาเดินตามชายร่างเล็กมาจากลานบ้านของเสื้อสเวตเตอร์สีแด

ง

Quella fu l'ultima volta che Buck vide l'uomo con la mazza di legno.

นั่นเป็นครั้งสุดท้ายที่บัคได้เห็นชายที่ถือกระบองไม้

Dal ponte del Narwhal guardò Seattle svanire in lontananza.

จากดาดฟ้าของเรือนาร์วาล เขาเฝ้าดูซีแอตเทิลค่อยๆ

เลือนหายไปในระยะไกล

Fu anche l'ultima volta che vide le calde terre del Sud.

นั่นยังเป็นครั้งสุดท้ายที่เขาได้เห็นดินแดนทางใต้อันอบอุ่นด้วย

Perrault li portò sottocoperta e li lasciò con François.

เปอร์โรลต์พาพวกเขาไปใต้ดาดฟ้า

แล้วทิ้งพวกเขาไว้กับฟรานซัวส์

François era un gigante con la faccia nera e le mani ruvide e callose.

ฟรานซัวส์เป็นยักษ์ที่มีใบหน้าสีดำและมีมือที่หยาบกร้าน

Era un uomo dalla carnagione scura e dalla carnagione scura, un meticcio franco-canadese.

เขามีผิวคล้ำและคล้ำ เป็นลูกครึ่งฝรั่งเศส-แคนาดา

Per Buck, quegli uomini erano come non li aveva mai visti prima.

สำหรับบัค ผู้ชายพวกนี้เป็นคนที่เขาไม่เคยเห็นมาก่อน

Nei giorni a venire avrebbe avuto modo di conoscere molti di questi uomini.

ในวันข้างหน้าเขาคงจะได้รู้จักผู้ชายประเภทนี้อีกหลายคน

Non cominciò ad affezionarsi a loro, ma finì per rispettarli.

เขาไม่ได้รักพวกเขาเลย แต่เขากลับเคารพพวกเขา

Erano giusti e saggi e non si lasciavano ingannare facilmente da nessun cane.

พวกมันมีความยุติธรรมและฉลาด

และไม่โดนสุนัขตัวไหนหลอกได้ง่าย

Giudicavano i cani con calma e punivano solo quando meritavano.

พวกเขาตัดสินสุนัขอย่างใจเย็นและลงโทษเมื่อสมควรเท่านั้น

Sul ponte inferiore del Narwhal, Buck e Curly incontrarono due cani.

ที่ชั้นล่างของเรือนาร์วาล บัคและเคอร์ลี่ได้พบกับสุนัขสองตัว

Uno era un grosso cane bianco proveniente dalle lontane e gelide isole Spitzbergen.

ตัวหนึ่งเป็นสุนัขสีขาวตัวใหญ่จากสปิตซ์เบอร์เกนที่แสนหนาวเหน็บที่อยู่ไกลออกไป

In passato aveva navigato su una baleniera e si era unito a un gruppo di ricerca.

ครั้งหนึ่งเขาเคยล่องเรือกับเรือล่าปลาวาฬและเข้าร่วมกลุ่มสำรวจ

Era amichevole, ma astuto, subdolo e subdolo.

เขาเป็นคนเป็นมิตรโดยมีเล่ห์เหลี่ยม ร้ายกาจ และมีเล่ห์เหลี่ยม

Al loro primo pasto, rubò un pezzo di carne dalla padella di Buck.

ในมื้อแรกของพวกเขา เขาขโมยเนื้อชิ้นหนึ่งจากกระทะของบัค

Buck saltò per punirlo, ma la frusta di François colpì per prima.

บัคกระโจนเข้าไปเพื่อจะลงโทษเขา

แต่แส้ของฟรานซัวส์กลับฟาดเข้าที่ก่อน

Il ladro bianco urlò e Buck reclamò l'osso rubato.

โจรผิวขาวร้องตะโกน และบัคก็เอากระดูกที่ถูกขโมยไปคืนมา

Questa correttezza colpì Buck e François si guadagnò il suo rispetto.

ความยุติธรรมนั้นสร้างความประทับใจให้บัค

และฟรานซัวส์ก็สมควรได้รับความเคารพจากเขา

L'altro cane non lo salutò e non volle nessuno in cambio.

สุนัขตัวอื่น ไม่ทักทายเลย และไม่ต้องการการทักทายตอบแทนด้วย

Non rubava il cibo, né annusava con interesse i nuovi arrivati.

เขาไม่ได้ขโมยอาหารหรือดมกลิ่นผู้มาใหม่ด้วยความสนใจ

Questo cane era cupo e silenzioso, cupo e lento nei movimenti.

สุนัขตัวนี้มีลักษณะดุร้ายและเงียบขรึม

มีลักษณะมืดหม่นและเคลื่อนไหวช้า

Avvertì Curly di stargli lontano semplicemente lanciandole un'occhiata fulminante.

เขาเตือนเคอร์ลี่ให้หลีกเลี่ยงด้วยการจ้องมองเธออย่างเฉียบเมย

Il suo messaggio era chiaro: lasciatemi in pace o saranno guai.

ข้อความของเขานั้นชัดเจน: ปล่อยฉันไว้คนเดียว

ไม่เช่นนั้นจะมีปัญหาเกิดขึ้น

Si chiamava Dave e non faceva quasi caso a ciò che lo circondava.

เขาชื่อเดฟ และเขาแทบไม่ได้สังเกตสภาพแวดล้อมของเขาเลย

Dormiva spesso, mangiava tranquillamente e sbadigliava di tanto in tanto.

เขาหลับบ่อย กินอาหารเงียบๆ และหาวเป็นครั้งคราว

La nave ronzava costantemente con il rumore dell'elica sottostante.

เรือส่งเสียงฮัมอย่างต่อเนื่องพร้อมกับใบพัดที่ตีอยู่ด้านล่าง

I giorni passarono senza grandi cambiamenti, ma il clima si fece più freddo.

วันเวลาผ่านไปโดยมีการเปลี่ยนแปลงเพียงเล็กน้อย

แต่สภาพอากาศกลับหนาวเย็นมากขึ้น

Buck se lo sentiva nelle ossa e notò che anche gli altri lo sentivano.

บัคสามารถรู้สึกได้ในกระดูกของเขา

และสังเกตเห็นว่าคนอื่นก็รู้สึกเช่นกัน

Poi una mattina l'elica si fermò e tutto rimase immobile.

แล้วเช้าวันหนึ่งใบพัดก็หยุดและทุกอย่างก็นิ่งสงบ

Un'energia percorse la nave: qualcosa era cambiato.

พลังงานบางอย่างพุ่งผ่านเรือ มีบางสิ่งบางอย่างที่เปลี่ยนไป

François scese, li mise al guinzaglio e li portò su.

ฟรานซัวส์ลงมา จับสายจูงพวกมัน และพาพวกมันขึ้นมา

Buck uscì e trovò il terreno morbido, bianco e freddo.

บัคก้าวออกมาและพบว่าพื้นดินนุ่ม ขาว และเย็น

Lui fece un balzo indietro allarmato e sbuffò in preda alla confusione più totale.

เขากระโดดถอยกลับด้วยความตื่นตระหนกและผงะถอยด้วยความ

สับสนอย่างมาก

Una strana sostanza bianca cadeva dal cielo grigio.

มีวัตถุสีขาวแปลกๆ ตกลงมาจากท้องฟ้าสีเทา

Si scosse, ma i fiocchi bianchi continuavano a cadergli addosso.

เขาส่ายตัว แต่เกล็ดสีขาวก็ยังคงตกลงมาบนตัวเขา

Annusò attentamente la sostanza bianca e ne leccò alcuni pezzetti ghiacciati.

เขาดมของเหลวสีขาวอย่างระมัดระวังและเลียน้ำแข็งสักสองสามชิ้

น

La polvere bruciò come il fuoco e poi svanì subito dalla sua lingua.

ผงเผาไหม้เหมือนไฟ จากนั้นก็หายไปจากลิ้นของเขา

Buck ci riprovò, sconcertato dallo strano freddo che svaniva.

บัคพยายามอีกครั้ง โดยรู้สึกสับสนกับความเย็นแปลกๆ ที่หายไป

Gli uomini intorno a lui risero e Buck si sentì in imbarazzo.

ผู้ชายรอบๆ ตัวเขาต่างก็หัวเราะ และบัคก็รู้สึกเขินอาย

Non sapeva perché, ma si vergognava della sua reazione.

เขาไม่รู้ว่าทำไม แต่เขาก็รู้สึกละอายกับปฏิกิริยาของตัวเอง

Era la sua prima esperienza con la neve e la cosa lo confuse.

นั่นถือเป็นประสบการณ์ครั้งแรกของเขาเกี่ยวกับหิมะ

และมันทำให้เขาสับสน

La legge del bastone e della zanna
กฎแห่งคลับและเขี้ยว

Il primo giorno di Buck sulla spiaggia di Dyea è stato un terribile incubo.

วันแรกของบัคที่ชายหาดไดอารู้สึกเหมือนฝันร้ายอันเลวร้าย

Ogni ora portava con sé nuovi shock e cambiamenti inaspettati per Buck.

แต่ละชั่วโมงนำมาซึ่งความตกตะลึงใหม่ๆ

และการเปลี่ยนแปลงที่ไม่คาดคิดสำหรับบัค

Era stato strappato alla civiltà e gettato nel caos più totale.

เขาถูกดึงออกจากอารยธรรมและถูกโยนเข้าสู่ความโกลาหลวุ่นวาย

Questa non era una vita soleggiata e pigra, fatta di noia e riposo.

นี่ไม่ใช่ชีวิตที่สดใส ขี้เกียจ และมีความเบื่อหน่ายและการพักผ่อน

Non c'era pace, né riposo, né momento senza pericolo.

ไม่มีความสงบ ไม่มีการพักผ่อน และ ไม่มีขณะใดที่ไม่มีอันตราย

La confusione regnava su tutto e il pericolo era sempre vicino.

ความสับสนครอบงำทุกสิ่ง และอันตรายก็อยู่ใกล้ตัวเสมอ

Buck doveva stare attento perché quegli uomini e quei cani erano diversi.

บัคต้องคอยระวังตัวอยู่เสมอเพราะผู้ชายและสุนัขเหล่านี้มีความแต

กต่างกัน

Non provenivano da città; erano selvaggi e spietati.

พวกนั้นมิได้มาจากเมือง เป็นพวกป่าเถื่อนและไม่มีความเมตตา

Questi uomini e questi cani conoscevano solo la legge del bastone e della zanna.

พวกผู้ชายและสุนัขเหล่านี้รู้จักเพียงกฎของกระบองและเขี้ยวเท่านั้น

Buck non aveva mai visto dei cani combattere come questi feroci husky.

บัคไม่เคยเห็นสุนัขต่อสู้กันเหมือนสุนัขไซบีเรียนฮัสกี้ป่าเถื่อนพวกนี้มาก่อน

La sua prima esperienza gli insegnò una lezione che non avrebbe mai dimenticato.

ประสบการณ์ครั้งแรกทำให้เขาได้รับบทเรียนที่เขาจะไม่มีวันลืม

Fu una fortuna che non fosse lui, altrimenti sarebbe morto anche lui.

เขาโชคดีที่ไม่ใช่เขา ไม่เช่นนั้นเขาคงตายไปแล้ว

Curly era quello che soffriva, mentre Buck osservava e imparava.

เคอร์ลี่เป็นคนที่ต้องทนทุกข์ทรมานในขณะที่บัคเฝ้าดูและเรียนรู้

Si erano accampati vicino a un deposito costruito con tronchi.

พวกเขาตั้งค่ายอยู่ใกล้กับร้านค้าที่สร้างด้วยท่อนไม้

Curly cercò di essere amichevole con un grosso husky simile a un lupo.

เคอร์ลี่พยายามที่จะเป็นมิตรกับฮัสกี้ตัวใหญ่ที่คล้ายหมาป่า

L'husky era più piccolo di Curly, ma aveva un aspetto selvaggio e cattivo.

ฮัสกี้ตัวเล็กกว่าเคิร์ลลี่ แต่ดูดุร้ายและคุร้าย

Senza preavviso, lui saltò su e le tagliò il viso.

โดยไม่ทันได้ตั้งตัว เขาก็กระโดดและฟันหน้าของเธอออก

Con un solo movimento i suoi denti le tagliarono l'occhio fino alla mascella.

ฟันของเขาตัดจากตาของเธอลงมาถึงขากรรไกรในครั้งเดียว

Ecco come combattevano i lupi: colpivano velocemente e saltavano via.

การต่อสู้ของหมาป่าเป็นแบบนี้ คือ

โจมตีอย่างรวดเร็วแล้วกระโดดหนี

Ma c'era molto di più da imparare da quell'unico attacco.

แต่ยังมีสิ่งที่ต้องเรียนรู้มากกว่าการโจมตีครั้งนั้น

Decine di husky si precipitarono dentro e formarono un cerchio silenzioso.

สุนัขฮัสกี้หลายสิบตัววิ่งเข้ามาและเดินเป็นวงกลมอย่างเงียบงัน

Osservavano attentamente e si leccavano le labbra per la fame.

พวกเขาดูอย่างใกล้ชิดและเลียริมฝีปากด้วยความหิวโหย

Buck non capiva il loro silenzio né i loro occhi ansiosi.

บัคไม่เข้าใจความเงียบหรือสายตาที่กระตือรือร้นของพวกเขา

Curly si lanciò ad attaccare l'husky una seconda volta.

เคอร์ลี่รีบวิ่งไปโจมตีฮัสกี้เป็นครั้งที่สอง

Usò il suo petto per buttarla a terra con un movimento violento.

เขาใช้หน้าอกของเขากระแทกเธอล้มลงด้วยการเคลื่อนไหวที่แข็งแกร่ง

Cadde su un fianco e non riuscì più a rialzarsi.

เธอล้มลงด้านข้างและไม่สามารถลุกขึ้นได้

Era proprio quello che gli altri aspettavano da tempo.

นั่นคือสิ่งที่คนอื่น ๆ รอคอยมาตลอด

Gli husky le saltarono addosso, guaindo e ringhiando freneticamente.

สุนัขไซบีเรียนฮัสกี้กระโจนเข้าใส่เธอ

พร้อมส่งเสียงร้องโหยหวนและคำรามอย่างบ้าคลั่ง

Lei urlò mentre la seppellivano sotto una pila di cani.

เธอกรีดร้องขณะที่พวกเขาฝังเธอไว้ใต้กองสุนัข

L'attacco fu così rapido che Buck rimase immobile per lo shock.

การโจมตีนั้นรวดเร็วมากจนทำให้บั๊กตกใจจนตัวแข็ง

Vide Spitz tirare fuori la lingua in un modo che sembrava una risata.

เขาเห็นสปิทซ์แลบออกมาในลักษณะที่ดูเหมือนหัวเราะ

François afferrò un'ascia e corse dritto verso il gruppo di cani.

ฟรานซัวส์คว้าขวานแล้ววิ่งตรงเข้าใส่กลุ่มสุนัข

Altri tre uomini hanno usato dei manganelli per allontanare gli husky.

ชายอีกสามคนใช้ไม้กระบองช่วยตีฮัสกี้หนีไป

In soli due minuti la lotta finì e i cani se ne andarono.

เพียงสองนาทีการต่อสู้ก็สิ้นสุดลงและสุนัขก็หายไป

Curly giaceva morta nella neve rossa calpestata, con il corpo fatto a pezzi.

เคอร์ลี่นอนตายอยู่ใต้หิมะสีแดงที่ถูกเหยียบย่ำ

ร่างของเธอถูกฉีกขาดเป็นชิ้นเล็กชิ้นน้อย

Un uomo dalla pelle scura era in piedi davanti a lei, maledicendo la scena brutale.

ชายผิวสีเข้มยืนอยู่เหนือเธอ พร้อมสาปแช่งฉากอันโหดร้าย

Il ricordo rimase con Buck e ossessionò i suoi sogni notturni.

ความทรงจำนั้นยังคงอยู่กับบัคและหลอกหลอนความฝันของเขาใ

นตอนกลางคืน

Ecco come funzionava: niente equità, niente seconda possibilità.

นั่นคือหนทางที่นี่ ไม่มีความยุติธรรม ไม่มีโอกาสแก้ตัว

Una volta caduto un cane, gli altri lo uccidevano senza pietà.

เมื่อสุนัขตัวหนึ่งล้มลง สุนัขตัวอื่นก็จะฆ่ามันอย่างไม่ปรานี

Buck decise allora che non si sarebbe mai lasciato cadere.

บัคตัดสินใจแล้วว่าเขาจะไม่ยอมให้ตัวเองล้มลงอีก

Spitz tirò fuori di nuovo la lingua e rise guardando il sangue.

สปิตซ์แลบลิ้นออกมาอีกครั้งแล้วหัวเราะเยาะเลือด

Da quel momento in poi, Buck odiò Spitz con tutto il cuore.

ตั้งแต่นั้นเป็นต้นมา บัคก็เกลียดสปิทซ์สุดหัวใจ

Prima che Buck potesse riprendersi dalla morte di Curly, accadde qualcosa di nuovo.

ก่อนที่บัคจะฟื้นจากการตายของเคอร์ลี่ มีสิ่งใหม่เกิดขึ้น

François si avvicinò e legò qualcosa attorno al corpo di Buck.

ฟรานซัวส์เข้ามาและรัดอะไรบางอย่างไว้รอบตัวของบัค

Era un'imbracatura simile a quelle usate per i cavalli al ranch.

มันเป็นสายรัดแบบที่ใช้กับม้าในฟาร์ม

Così come Buck aveva visto lavorare i cavalli, ora era costretto a lavorare anche lui.

เมื่อบัคเห็นม้าทำงาน ตอนนี้เขาจึงถูกบังคับให้ทำงานด้วยเช่นกัน

Dovette trascinare François su una slitta nella foresta vicina.

เขาต้องดึงฟรานซัวส์บนเลื่อนเข้าไปในป่าใกล้ๆ

Poi dovette trascinare indietro un pesante carico di legna da ardere.

จากนั้นเขาต้องดึงไม้ฟืนหนักๆ กลับมา

Buck era orgoglioso e gli faceva male essere trattato come un animale da lavoro.

บัครู้สึกภูมิใจ

แต่เขาก็รู้สึกเจ็บปวดที่ถูกปฏิบัติเหมือนเป็นสัตว์รับใช้

Ma era saggio e non cercò di combattere la nuova situazione.

แต่เขาฉลาดและไม่พยายามต่อสู้กับสถานการณ์ใหม่

Accettò la sua nuova vita e diede il massimo in ogni compito.

เขายอมรับชีวิตใหม่ของตนและทุ่มเทเต็มที่ในทุกๆ ภารกิจ

Tutto di quel lavoro gli risultava strano e sconosciuto.

ทุกสิ่งเกี่ยวกับงานนั้นดูแปลกและไม่คุ้นเคยสำหรับเขา

François era severo e pretendeva obbedienza senza indugio.

ฟรานซัวส์เป็นคนเข้มงวดและเรียกร้องการเชื่อฟังโดยไม่ชักช้า

La sua frusta garantiva che ogni comando venisse eseguito immediatamente.

แส้ของเขาทำให้แน่ใจว่าคำสั่งทุกข้อจะถูกปฏิบัติตามทันที

Dave era il timoniere, il cane più vicino alla slitta dietro Buck.

เดฟเป็นคนเข็นรถเลื่อน ส่วนสุนัขที่อยู่ใกล้รถเลื่อนที่สุดอยู่หลังบัค

Se commetteva un errore, Dave mordeva Buck sulle zampe posteriori.

เดฟจะกัดบั๊กที่ขาหลังถ้าเขาทำผิดพลาด

Spitz era il cane guida, abile ed esperto nel ruolo.

สปิทซ์เป็นสุนัขผู้นำ มีทักษะและประสบการณ์ในบทบาทนี้

Spitz non riusciva a raggiungere Buck facilmente, ma lo corresse comunque.

สปิทซ์ไม่สามารถเข้าถึงบัคได้อย่างง่ายดายแต่ก็ยังคงแก้ไขเขา

Ringhiava aspramente o tirava la slitta in modi che insegnavano a Buck.

เขาขู่คำรามอย่างรุนแรงหรือดึงเลื่อนในลักษณะที่บั๊กสอน

Grazie a questo addestramento, Buck imparò più velocemente di quanto tutti si aspettassero.

ภายใต้การฝึกครั้งนี้ บัคเรียนรู้ได้เร็วกว่าที่พวกเขาคาดไว้

Lavorò duramente e imparò sia da François che dagli altri cani.

เขาทำงานหนักและเรียนรู้จากทั้งฟรานซัวส์และสุนัขตัวอื่นๆ

Quando tornarono, Buck conosceva già i comandi chiave.

เมื่อพวกเขากลับมา บัคก็รู้คำสั่งสำคัญแล้ว

Imparò a fermarsi al suono della parola "oh" di François.

เขาเรียนรู้ที่จะหยุดเมื่อได้ยินเสียง "โฮ" จากฟรานซัวส์

Imparò quando era il momento di tirare la slitta e correre.

เขาได้เรียนรู้ว่าเมื่อใดที่เขาจะต้องดึงเลื่อนและวิ่ง

Imparò a svoltare senza problemi nelle curve del sentiero.

เขาเรียนรู้ที่จะเลี้ยวโค้งให้กว้างขึ้นโดยไม่ลำบาก

Imparò anche a evitare Dave quando la slitta scendeva velocemente.

เขายังเรียนรู้ที่จะหลีกเลี่ยงเดฟเมื่อรถเลื่อนลงเขาอย่างรวดเร็ว

"Sono cani molto buoni", disse orgoglioso François a Perrault.

"พวกมันเป็นสุนัขที่ดีมาก"

ฟรานซัวส์บอกกับเปอร์โรลต์อย่างภาคภูมิใจ

"Quel Buck tira come un dannato, glielo insegno subito."

"บัคนั่นดึงได้โคตรๆ—ฉันสอนมันได้เร็วมาก"

Più tardi quel giorno, Perrault tornò con altri due husky.

ในช่วงบ่ายวันนั้น เพอร์โรลต์กลับมาพร้อมกับสุนัขฮัสกี้อีกสองตัว

Si chiamavano Billee e Joe ed erano fratelli.

ชื่อของพวกเขาคือ บิลลี่ และ โจ และพวกเขาเป็นพี่น้องกัน

Provenivano dalla stessa madre, ma non erano affatto simili.

พวกมันมาจากแม่เดียวกัน แต่กลับไม่เหมือนกันเสียเลย

Billee era un tipo dolce e molto amichevole con tutti.

บิลลี่เป็นคนนิสัยดีและเป็นมิตรกับทุกคนมาก

Joe era l'opposto: silenzioso, arrabbiato e sempre ringhiante.

โจเป็นคนตรงกันข้าม—เงียบ โกรธ และขู่คำรามตลอดเวลา

Buck li salutò amichevolmente e si mantenne calmo con entrambi.

บั๊กทักทายพวกเขาอย่างเป็นมิตรและสงบกับทั้งคู่

Dave non prestò loro attenzione e rimase in silenzio come al solito.

เดฟไม่ได้สนใจพวกเขาและเงียบเหมือนเดิม

Spitz attaccò prima Billee, poi Joe, per dimostrare la sua superiorità.

สปิทซ์โจมตีบิลลี่ก่อน จากนั้นจึงโจมตีโจ

เพื่อแสดงให้เห็นถึงความเหนือกว่าของเขา

Billee scodinzolava e cercava di essere amichevole con Spitz.

บิลลี่กระดิกหางและพยายามที่จะเป็นมิตรกับสปิทซ์

Quando questo non funzionò, cercò di scappare.

เมื่อวิธีนั้นไม่ได้ผล เขาก็พยายามวิ่งหนีแทน

Pianse tristemente quando Spitz lo morse forte sul fianco.

เขาร้องไห้เสียใจเมื่อสปิทซ์กัดเขาอย่างแรงที่ด้านข้าง

Ma Joe era molto diverso e si rifiutava di farsi prendere in giro.

แต่โจแตกต่างมากและปฏิเสธที่จะถูกกลั่นแกล้ง

Ogni volta che Spitz si avvicinava, Joe si girava velocemente per affrontarlo.

ทุกครั้งที่สปิทซ์เข้ามาใกล้

โจจะหมุนตัวเพื่อเผชิญหน้ากับเขาอย่างรวดเร็ว

La sua pelliccia si drizzò, le sue labbra si arricciarono e i suoi denti schioccarono selvaggiamente.

ขนของเขามีขนแข็ง ริมฝีปากของเขาม้วนงอ

และฟันของเขาขบกันอย่างรุนแรง

Gli occhi di Joe brillavano di paura e rabbia, sfidando Spitz a colpire.

ดวงตาของโจเป็นประกายด้วยความกลัวและความโกรธ

ท้าให้สปิทซ์โจมตี

Spitz abbandonò la lotta e si voltò, umiliato e arrabbiato.

สปิทซ์ยอมแพ้และหันกลับไปด้วยความอับอายและโกรธ

Sfogò la sua frustrazione sul povero Billee e lo cacciò via.

เขาระบายความหงุดหงิดของเขากับบิลลี่ผู้น่าสงสารแล้วไล่เขาออก
ไป

Quella sera Perrault aggiunse un altro cane alla squadra.

เย็นวันนั้น เพอร์โรลต์ได้เพิ่มสุนัขอีกตัวหนึ่งเข้ามาในทีม

Questo cane era vecchio, magro e coperto di cicatrici di battaglia.

สุนัขตัวนี้แก่ ผอม และมีรอยแผลเป็นจากการสู้รบเต็มตัว

Gli mancava un occhio, ma l'altro brillava di potere.

ดวงตาข้างหนึ่งของเขาหายไป

แต่ข้างอื่นยังคงส่องประกายด้วยพลัง

Il nome del nuovo cane era Solleks, che significa "l'Arrabbiato".

ชื่อสุนัขตัวใหม่คือ Solleks ซึ่งแปลว่าผู้โกรธ

Come Dave, Solleks non chiedeva nulla agli altri e non dava nulla in cambio.

เช่นเดียวกับเดฟ

โซลเลกส์ไม่ได้ขออะไรจากผู้อื่นและไม่ได้ให้สิ่งใดตอบแทนกลับ

มา

Quando Solleks entrò lentamente nell'accampamento, persino Spitz rimase lontano.

เมื่อ Solleks เดินเข้าไปในค่ายอย่างช้าๆ แม้แต่ Spitz ก็ยังอยู่ห่างๆ

Aveva una strana abitudine che Buck ebbe la sfortuna di scoprire.

เขามีนิสัยแปลกๆ ที่บัคโชคไม่ดีที่ได้ค้นพบ

Solleks detestava essere avvicinato dal lato in cui era cieco.

โซลเลกส์เกลียดการถูกเข้าหาจากด้านที่เขาตาบอด

Buck non lo sapeva e commise quell'errore per sbaglio.

บัคไม่รู้เรื่องนี้และได้ทำผิดพลาดไปโดยไม่ได้ตั้งใจ

Solleks si voltò di scatto e colpì la spalla di Buck in modo profondo e rapido.

โซลเลกส์หมุนตัวและฟันไหล่ของบัคอย่างรุนแรงและรวดเร็ว

Da quel momento in poi, Buck non si avvicinò mai più al lato cieco di Solleks.

ตั้งแต่นั้นเป็นต้นมา

บัคก็ไม่เคยเข้าใกล้ด้านที่มองไม่เห็นของโซเลกส์อีกเลย

Non ebbero mai più problemi per il resto del tempo che trascorsero insieme.

พวกเขาไม่เคยมีปัญหาอีกเลยตลอดเวลาที่เหลือที่พวกเขาอยู่ด้วยกัน

Solleks voleva solo essere lasciato solo, come il tranquillo Dave.

โซลเลกส์ต้องการเพียงแค่อยู่คนเดียวเหมือนกับเดฟผู้เงียบขรึม

Ma Buck avrebbe scoperto in seguito che ognuno di loro aveva un altro obiettivo segreto.

แต่ในเวลาต่อมาบัคก็ได้รู้ว่าพวกเขาต่างก็มีเป้าหมายลับอีกอย่างหนึ่ง

Quella notte Buck si trovò ad affrontare una nuova e preoccupante sfida: come dormire.

คืนนั้นบัคต้องเผชิญกับความท้าทายใหม่ที่น่าหนักใจ

นั่นก็คือจะนอนหลับอย่างไร

La tenda era illuminata caldamente dalla luce delle candele nel campo innevato.

เต็นท์ส่องสว่างอย่างอบอุ่นด้วยแสงเทียนในทุ่งหญ้าที่เต็มไปด้วยหิมะ

Buck entrò, pensando che lì avrebbe potuto riposare come prima.

บัคเดินเข้าไปข้างใน

โดยคิดว่าเขาจะได้พักผ่อนที่นั่นได้เหมือนเดิม

Ma Perrault e François gli urlarono contro e gli tirarono delle padelle.

แต่เปอร์โรลต์และฟรองซัวส์ตะโกนใส่เขาและขว้างกระทะ

Sconvolto e confuso, Buck corse fuori nel freddo gelido.

บัคตกใจและสับสน จึงวิ่งออกไปท่ามกลางความหนาวเย็น

Un vento gelido gli pungeva la spalla ferita e gli congelava le zampe.

ลมแรงพัดกระทบไหล่ที่บาดเจ็บของเขาและอุ้งเท้าของเขาจนแข็ง

Si sdraiò sulla neve e cercò di dormire all'aperto.

เขานอนลงบนหิมะและพยายามนอนหลับกลางแจ้ง

Ma il freddo lo costrinse presto a rialzarsi, tremando forte.

แต่ความหนาวเย็นก็บังคับให้เขาต้องลุกขึ้นอีกครั้งในขณะที่ตัวสั่นอย่างหนัก

Vagò per l'accampamento, cercando di trovare un posto più caldo.

เขาเดินไปทั่วค่ายเพื่อพยายามหาจุดที่อบอุ่นกว่านี้

Ma ogni angolo era freddo come quello precedente.

แต่ทุกมุมก็ยังคงหนาวเย็นเช่นเดิม

A volte dei cani feroci gli saltavano addosso dall'oscurità.

บางครั้งสุนัขป่าก็กระโดดเข้ามาหาเขาจากความมืด

Buck drizzò il pelo, scoprì i denti e ringhiò in tono ammonitore.

บัคขยับขน ขู่ฟัน และขู่คำรามด้วยคำเตือน

Lui stava imparando in fretta e gli altri cani si sono subito tirati indietro.

เขาเรียนรู้ได้เร็ว ในขณะที่สุนัขตัวอื่น ๆ ก็ถอยหนีอย่างรวดเร็ว

Tuttavia, non aveva un posto dove dormire e non aveva idea di cosa fare.

แต่เขาก็ไม่มีที่นอน และไม่รู้ว่าจะทำอย่างไร

Alla fine gli venne in mente un pensiero: andare a dare un'occhiata ai suoi compagni di squadra.

ในที่สุด ความคิดก็ผุดขึ้นมาในใจเขา—

ลองตรวจดูเพื่อนร่วมทีมของเขาสิ

Ritornò nella loro zona e rimase sorpreso nel constatare che non c'erano più.

เขากลับไปยังพื้นที่ของพวกเขาและประหลาดใจเมื่อพบว่าพวกเขา

หายไป

Cercò di nuovo nell'accampamento, ma ancora non riuscì a trovarli.

เขาค้นหาในค่ายอีกครั้ง แต่ก็ยังไม่พบพวกเขา

Sapeva che loro non potevano stare nella tenda, altrimenti ci sarebbe stato anche lui.

เขารู้ว่าพวกเขาไม่สามารถอยู่ในเต็นท์ได้

หรือเขาก็คงอยู่ในเต็นท์นั้นด้วย

E allora, dove erano finiti tutti i cani in quell'accampamento ghiacciato?

แล้วสุนัขทั้งหมดหายไปไหนในค่ายน้ำแข็งนี้?

Buck, infreddolito e infelice, girò lentamente intorno alla tenda.

บัคผู้เย็นชาและน่าสงสาร เดินวนไปรอบเต็นท์อย่างช้าๆ

All'improvviso, le sue zampe anteriori sprofondarono nella neve soffice e lo spaventarono.

ทันใดนั้น ขาหน้าของเขาจมลงไปในหิมะอ่อนๆ

และทำให้เขาตกใจ

Qualcosa si mosse sotto i suoi piedi e lui fece un salto indietro per la paura.

มีสิ่งบางอย่างดิ้นอยู่ใต้เท้าของเขา

และเขาจึงกระโดดถอยหลังด้วยความกลัว

Ringhiava e ringhiava, non sapendo cosa si nascondesse sotto la neve.

เขาขู่และคำราม โดยไม่รู้ว่ามีอะไรอยู่ใต้หิมะ

Poi udì un piccolo abbaio amichevole che placò la sua paura.

แล้วเขาก็ได้ยินเสียงเห่าเล็กๆ

เป็นมิตรซึ่งช่วยคลายความกลัวของเขาลง

Annusò l'aria e si avvicinò per vedere cosa fosse nascosto.

เขาดมกลิ่นอากาศแล้วเข้ามาใกล้เพื่อดูว่ามีอะไรซ่อนอยู่

Sotto la neve, rannicchiata in una calda palla, c'era la piccola Billee.

ใต้หิมะ มีบิลลี่ตัวน้อยขดตัวเป็นลูกบอลอุ่นๆ

Billee scodinzolò e leccò il muso di Buck per salutarlo.

บิลลี่กระดิกหางและเลียหน้าบัคเพื่อทักทายเขา

Buck vide come Billee si era costruito un posto per dormire nella neve.

บัคเห็นว่าบิลลี่สร้างที่นอนบนหิมะ

Aveva scavato e sfruttato il suo calore per scaldarsi.

เขาได้ขุดลงไปและใช้ความร้อนของตัวเองเพื่อให้ร่างกายอบอุ่น

Buck aveva imparato un'altra lezione: ecco come dormivano i cani.

บัคได้เรียนรู้บทเรียนอีกบทหนึ่ง นั่นคือวิธีการนอนหลับของสุนัข

Scelse un posto e cominciò a scavare la sua buca nella neve.

เขาเลือกจุดแล้วเริ่มขุดหลุมในหิมะของตัวเอง

All'inizio si muoveva troppo e sprecava energie.

ในตอนแรกเขาเคลื่อนไหวมากเกินไปจึงเสียพลังงานโดยเปล่าประโยชน์

Ma ben presto il suo corpo riscaldò lo spazio e si sentì al sicuro.

แต่ไม่นานร่างกายของเขาก็รู้สึกอบอุ่นขึ้น และเขาก็รู้สึกปลอดภัย

Si rannicchiò forte e poco dopo si addormentò profondamente.

เขาขดตัวแน่นและไม่นานเขาก็หลับสนิท

La giornata era stata lunga e dura e Buck era esausto.

วันนั้นเป็นวันอันยาวนานและยากลำบาก และบัคก็เหนื่อยล้ามาก

Dormì profondamente e comodamente, anche se fece sogni selvaggi.

เขาหลับได้สนิทและสบายแม้ว่าความฝันของเขาจะเต็มไปด้วยความเพ้อฝันก็ตาม

Ringhiava e abbaiava nel sonno, contorcendosi mentre sognava.

เขาขู่และเห่าในขณะหลับ และบิดตัวในขณะที่เขาฝัน

Buck non si svegliò finché l'accampamento non cominciò a prendere vita.

บัคไม่ได้ตื่นขึ้นจนกว่าค่ายจะเต็มไปด้วยความมีชีวิตชีวา

All'inizio non sapeva dove si trovasse o cosa fosse successo.

ในตอนแรกเขาไม่ทราบว่าเขาอยู่ที่ไหนหรือเกิดอะไรขึ้น

La neve era caduta durante la notte e aveva seppellito completamente il suo corpo.

หิมะได้ตกลงมาในช่วงกลางคืนและฝังร่างของเขาจนหมด

La neve lo circondava, fitta su tutti i lati.

หิมะกดทับรอบตัวเขาแน่นหนาทุกด้าน

All'improvviso un'ondata di paura percorse tutto il corpo di Buck.

จู่ๆ คลื่นแห่งความกลัวก็พุ่งเข้าท่วมร่างของบัค

Era la paura di rimanere intrappolati, una paura che proveniva da istinti profondi.

มันคือความกลัวที่จะถูกกักขัง

เป็นความกลัวจากสัญชาตญาณที่ฝังลึก

Sebbene non avesse mai visto una trappola, la paura era viva dentro di lui.

แม้ว่าเขาจะไม่เคยเห็นกับดัก แต่ความกลัวก็ยังคงอยู่ในตัวเขา

Era un cane addomesticato, ma ora i suoi vecchi istinti selvaggi si stavano risvegliando.

แม้เขาจะเป็นสุนัขเชื่อง แต่ตอนนี้สัญชาตญาณป่าเถื่อนเก่าๆ

ของเขากำลังตื่นขึ้นแล้ว

I muscoli di Buck si irrigidirono e il pelo gli si rizzò su tutta la schiena.

กล้ามเนื้อของบัคเกร็งและขนของเขาก็ตั้งขึ้นทั่วหลังของเขา

Ringhiò furiosamente e balzò in piedi nella neve.

เขาคำรามอย่างดุร้ายและกระโจนขึ้นไปบนหิมะ

La neve volava in ogni direzione mentre lui irrompeva nella luce del giorno.

หิมะปลิวไสวไปทุกทิศทุกทางในขณะที่เขาปรากฏตัวออกมาท่าม

กลางแสงแดด

Ancora prima di atterrare, Buck vide l'accampamento disteso davanti a lui.

บัคมองเห็นค่ายที่ขยายออกไปเบื้องหน้าของเขาก่อนที่จะลงจอด

Ricordò tutto del giorno prima, tutto in una volta.

เขาจำทุกสิ่งจากวันก่อนได้ในคราวเดียว

Ricordava di aver passeggiato con Manuel e di essere finito in quel posto.

เขาจำได้ว่าเดินเล่นกับมานูเอลและลงเอยที่สถานที่แห่งนี้

Ricordava di aver scavato la buca e di essersi addormentato al freddo.

เขาจำได้ว่าขุดหลุมแล้วผล็อยหลับไปเพราะอากาศหนาว

Ora era sveglio e il mondo selvaggio intorno a lui era limpido.

ตอนนี้เขาตื่นแล้ว และโลกป่ารอบตัวเขาก็แจ่มใส

Un grido di François annunciò l'improvvisa apparizione di Buck.

เสียงตะโกนของฟรานซัวส์ดังขึ้นเพื่อแสดงความยินดีที่บัคปรากฏ

ตัวอย่างกะทันหัน

"Cosa ho detto?" gridò a gran voce il conducente del cane a Perrault.

"ฉันพูดอะไรนะ" คนขับสุนัขตะโกนเสียงดังให้เปอร์โรลต์ฟัง

"Quel Buck impara sicuramente in fretta", ha aggiunto François.

"เจ้าบัคนั่นเรียนรู้ได้เร็วมากจริงๆ" ฟรานซัวส์กล่าวเสริม

Perrault annuì gravemente, visibilmente soddisfatto del risultato.

เปอร์โรลต์พยักหน้าอย่างจริงจัง

แสดงความพึงพอใจอย่างชัดเจนกับผลลัพธ์

In qualità di corriere del governo canadese, trasportava dispacci.

เขาทำหน้าที่เป็นผู้ส่งสารให้กับรัฐบาลแคนาดา

จึงต้องถือเอกสารต่างๆ

Era ansioso di trovare i cani migliori per la sua importante missione.

เขาตั้งใจที่จะค้นหาสุนัขที่ดีที่สุดสำหรับภารกิจสำคัญของเขา

Ora si sentiva particolarmente contento che Buck facesse parte della squadra.

ตอนนี้เขารู้สึกยินดีเป็นพิเศษที่บั๊กเป็นส่วนหนึ่งของทีม

Nel giro di un'ora, alla squadra furono aggiunti altri tre husky.

ภายในหนึ่งชั่วโมง มีสุนัขฮัสกี้เพิ่มอีก 3 ตัวเข้ามาในทีม

Ciò ha portato il numero totale dei cani della squadra a nove.

ทำให้จำนวนสุนัขในทีมมีทั้งหมด 9 ตัว

Nel giro di quindici minuti tutti i cani erano imbracati.

ภายในเวลาสิบห้านาที สุนัขทั้งหมดก็อยู่ในสายรัดแล้ว

La squadra di slitte stava risalendo il sentiero verso Dyea Cañon.

ทีมลากเลื่อนกำลังแกว่งไปตามเส้นทางสู่ Dyea Cañon

Buck era contento di andarsene, anche se il lavoro che lo attendeva era duro.

บัครู้สึกดีใจที่ได้ออกไป แม้ว่างานข้างหน้าจะยากก็ตาม

Scoprì di non disprezzare particolarmente né il lavoro né il freddo.

เขาพบว่าเขาไม่ได้เกลียดการทำงานหรือความหนาวเย็นเป็นพิเศษ

Fu sorpreso dall'entusiasmo che pervadeva tutta la squadra.

เขาประหลาดใจกับความกระตือรือร้นที่เต็มไปทั่วทั้งทีม

Ancora più sorprendente fu il cambiamento avvenuto in Dave e Solleks.

สิ่งที่น่าประหลาดใจยิ่งกว่าคือการเปลี่ยนแปลงที่เกิดขึ้นกับ Dave และ Solleks

Questi due cani erano completamente diversi quando venivano imbrigliati.

สุนัขสองตัวนี้มีลักษณะที่แตกต่างกันอย่างสิ้นเชิงเมื่อถูกจูง

La loro passività e la loro disattenzione erano completamente scomparse.

ความเฉยเมยและการขาดความห่วงใยของพวกเขาหายไปโดยสิ้นเชิง

Erano attenti e attivi, desiderosi di svolgere bene il loro lavoro.

พวกเขาตื่นตัวและกระตือรือร้นที่จะทำงานของตนให้ดี

Si irritavano ferocemente per qualsiasi cosa provocasse ritardi o confusione.

พวกเขาเริ่มรู้สึกหงุดหงิดอย่างรุนแรงเมื่อทำอะไรก็ตามที่ทำให้เกิดความล่าช้าหรือสับสน

Il duro lavoro sulle redini era il centro del loro intero essere.

การทำงานหนักในการบังคับสายบังเหียนคือศูนย์กลางของตัวตนทั้งงหมดของพวกเขา

Sembrava che l'unica cosa che gli piacesse davvero fosse tirare la slitta.

การลากเลื่อนดูเหมือนจะเป็นสิ่งเดียวที่พวกเขาสนุกจริงๆ

Dave era in fondo al gruppo, il più vicino alla slitta.

เดฟอยู่ด้านหลังของกลุ่ม ใกล้กับรถเลื่อนมากที่สุด

Buck fu messo davanti a Dave e Solleks superò Buck.

บัคถูกวางไว้ข้างหน้าเดฟ และโซเลกส์ก็เดินไปข้างหน้าบัค

Il resto dei cani era disposto in fila indiana davanti a loro.

สุนัขที่เหลือทั้งหมดยืนเรียงแถวข้างหน้าเป็นแถวเดียว

La posizione di testa in prima linea era occupata da Spitz.

ตำแหน่งผู้นำที่ด้านหน้าถูกครอบครองโดยสปีทซ์

Buck era stato messo tra Dave e Solleks per essere istruito.

บัคได้รับการวางไว้ระหว่างเดฟกับโซเลกส์เพื่อรับคำแนะนำ

Lui imparava in fretta e gli insegnanti erano risoluti e capaci.

เขาเป็นคนเรียนรู้เร็วและพวกเขาก็เป็นครูที่มั่นคงและมีความสามา
รถ

Non permisero mai a Buck di restare a lungo nell'errore.

พวกเขาไม่เคยอนุญาตให้บัคอยู่ในความผิดพลาดเป็นเวลานาน

Quando necessario, impartivano le lezioni con denti affilati.

พวกเขาสอนบทเรียนด้วยฟันที่แหลมคมเมื่อจำเป็น

Dave era giusto e dimostrava una saggezza pacata e seria.

เดฟเป็นคนยุติธรรมและเป็นคนฉลาดและจริงจัง

Non mordeva mai Buck senza una buona ragione.

เขาไม่เคยกัดบัคโดยไม่มีเหตุผลที่ดีที่จะทำเช่นนั้น

Ma non mancava mai di mordere quando Buck aveva
bisogno di essere corretto.

แต่เขาไม่เคยล้มเหลวที่จะกัดเมื่อบัคต้องการการแก้ไข

La frusta di François era sempre pronta e sosteneva la loro
autorità.

แส้ของฟรานซัวส์พร้อมเสมอและสนับสนุนอำนาจของพวกเขา

Buck scoprì presto che era meglio obbedire che reagire.

ในไม่ช้าบัคก็พบว่าการเชื่อฟังนั้นดีกว่าการต่อสู้กลับ

Una volta, durante un breve riposo, Buck rimase impigliato
nelle redini.

ครั้งหนึ่งในช่วงพักสั้นๆ บัคได้ติดสายบังเหียน

Ritardò la partenza e confuse i movimenti della squadra.

เขาทำให้การเริ่มต้นล่าช้าและทำให้การเคลื่อนไหวของทีมสับสน

Dave e Solleks si avventarono su di lui e lo picchiarono
duramente.

เดฟและโซเลกส์บินเข้าหาเขาและทุบตีเขาอย่างรุนแรง

La situazione peggiorò ulteriormente, ma Buck imparò bene
la lezione.

แม้ปัญหาจะแย่ลง แต่บัคก็เรียนรู้บทเรียนของเขาได้ดี

Da quel momento in poi tenne le redini tese e lavorò con
attenzione.

ตั้งแต่นั้นเป็นต้นมาเขาคอยคุมบังเหียนให้ตึงและทำงานอย่างระมัด
ระวัง

Prima che la giornata finisse, Buck aveva portato a termine
gran parte del suo compito.

ก่อนสิ้นวัน บัคก็ได้ทำภารกิจของเขาสำเร็จไปมากแล้ว

I suoi compagni di squadra quasi smisero di correggerlo o di
morderlo.

เพื่อนร่วมทีมของเขาเกือบจะหยุดแก้ไขหรือกัดเขาแล้ว

La frusta di François schioccava nell'aria sempre meno
spesso.

แส้ของฟรานซัวส์ฟาดผ่านอากาศน้อยลงเรื่อยๆ

Perrault sollevò addirittura i piedi di Buck ed esaminò
attentamente ogni zampa.

เพอร์โรลต์ยกเท้าของบัคขึ้นและตรวจสอบอุ้งเท้าแต่ละข้างอย่างระ
มัดระวัง

Era stata una giornata di corsa dura, lunga ed estenuante per
tutti loro.

มันเป็นวันวิ่งที่ยากลำบาก ยาวนาน

และเหนื่อยล้าสำหรับพวกเขาทุกคน

Risalirono il Cañon, attraversarono Sheep Camp e
superarono le Scales.

พวกเขาเดินทางขึ้น Cañon ผ่าน Sheep Camp และผ่าน Scales

Superarono il limite della vegetazione arborea, poi ghiacciai e cumuli di neve alti diversi metri.

พวกเขาข้ามแนวไม้

จากนั้นก็ผ่านธารน้ำแข็งและหิมะที่สูงถึงหลายฟุต

Scalarono il grande e freddo Chilkoot Divide.

พวกเขาปีนขึ้นไปบนหุบเขาชิลคูตที่หนาวเหน็บและอันตราย

Quella cresta elevata si ergeva tra l'acqua salata e l'interno ghiacciato.

สันเขาสูงนั้นตั้งอยู่ระหว่างน้ำเค็มและภายในที่เป็นน้ำแข็ง

Le montagne custodivano il triste e solitario Nord con ghiaccio e ripide salite.

ภูเขาปกป้องดินแดนทางเหนืออันเศร้าโศกและเปล่าเปลี่ยวด้วยน้ำแข็งและการไต่เขาที่สูงชัน

Scesero rapidamente lungo una lunga catena di laghi sotto la dorsale.

พวกเขาใช้เวลาอย่างดีไปตามห่วงโซ่ทะเลสาบอันยาวที่อยู่ใต้แนวแบ่ง

Questi laghi riempivano gli antichi crateri di vulcani spenti.

ทะเลสาบเหล่านี้เต็มไปด้วยปล่องภูเขาไฟที่ดับสนิทในอดีต

Quella notte tardi raggiunsero un grande accampamento presso il lago Bennett.

ดึกคืนนั้น พวกเขาก็มาถึงค่ายใหญ่ที่ทะเลสาบเบนเนตต์

Migliaia di cercatori d'oro erano lì, intenti a costruire barche per la primavera.

มีผู้แสวงหาทองคำนับพันคนมาที่นั่นเพื่อสร้างเรือสำหรับฤดูใบไม้ผลิ

Il ghiaccio si sarebbe presto rotto e dovevano essere pronti.

น้ำแข็งกำลังจะแตกในเร็วๆ นี้ และพวกเขาต้องเตรียมพร้อมไว้

Buck scavò la sua buca nella neve e cadde in un sonno profondo.

บัคขุดหลุมในหิมะแล้วหลับไปอย่างสนิท

Dormiva come un lavoratore, esausto dopo una dura giornata di lavoro.

เขาหลับเหมือนคนทำงานที่เหนื่อยล้าจากการตรากตรำทำงานหนัก

มาตลอดทั้งวัน

Ma venne strappato al sonno troppo presto, nell'oscurità.

แต่ในความมืดเร็วเกินไป เขาก็ถูกดึงออกมาจากการหลับใหล

Fu nuovamente imbrigliato insieme ai suoi compagni e attaccato alla slitta.

เขาถูกนำกลับมาผูกกับเพื่อนๆ

ของเขาอีกครั้งและผูกเข้ากับรถเลื่อน

Quel giorno percorsero quaranta miglia, perché la neve era ben calpestata.

วันนั้นพวกเขาเดินไปได้ประมาณสี่สิบไมล์ เพราะมีหิมะตกมาก

Il giorno dopo, e per molti giorni a seguire, la neve era soffice.

วันรุ่งขึ้น และอีกหลายวันต่อจากนั้น หิมะก็เริ่มอ่อนลง

Dovettero farsi strada da soli, lavorando di più e muovendosi più lentamente.

พวกเขาต้องสร้างเส้นทางเองโดยทำงานหนักขึ้นและเดินช้าลง

Di solito, Perrault camminava davanti alla squadra con le ciaspole palmate.

โดยปกติแล้ว

เพอร์โรลต์จะเดินไปข้างหน้าทีมโดยสวมรองเท้าเดินหิมะแบบมีพั

งผืด

I suoi passi compattavano la neve, facilitando lo spostamento della slitta.

ขั้นบันไดของเขาทำให้หิมะแน่นเพื่อให้เลื่อนได้สะดวกขึ้น

François, che era al timone della barca a vela, a volte prendeva il comando.

ฟรานซัวส์ ซึ่งบังคับจากเสาจี ก็เข้ามาควบคุมเป็นบางครั้ง

Ma era raro che François prendesse l'iniziativa

แต่การที่ฟรานซัวส์ได้เป็นผู้นำนั้นถือเป็นเรื่องยาก

perché Perrault aveva fretta di consegnare le lettere e i pacchi.

เพราะเพอร์โรลต์กำลังเร่งรีบที่จะส่งจดหมายและพัสดุ

Perrault era orgoglioso della sua conoscenza della neve, e in particolare del ghiaccio.

เปอร์โรลต์ภูมิใจในความรู้ของเขาเกี่ยวกับหิมะ โดยเฉพาะน้ำแข็ง

Questa conoscenza era essenziale perché il ghiaccio autunnale era pericolosamente sottile.

ความรู้ดังกล่าวมีความจำเป็น

เนื่องจากน้ำแข็งในฤดูใบไม้ร่วงนั้นบางจนเป็นอันตราย

Dove l'acqua scorreva rapidamente sotto la superficie non c'era affatto ghiaccio.

บริเวณที่มีน้ำไหลแรงใต้ผิวดินนั้น ไม่มีน้ำแข็งอยู่เลย

Giorno dopo giorno, la stessa routine si ripeteva senza fine.

วันแล้ววันเล่า กิจวัตรเดิมๆ จะเกิดขึ้นซ้ำแล้วซ้ำเล่าไม่มีที่สิ้นสุด

Buck lavorava senza sosta con le redini, dall'alba alla sera.

บัคทำงานหนักอย่างไม่มีที่สิ้นสุดในบังเหียนจากรุ่งเช้าจรดค่ำ

Lasciarono l'accampamento al buio, molto prima che sorgesse il sole.

พวกเขาออกจากค่ายในความมืดนานก่อนพระอาทิตย์จะขึ้น

Quando spuntò l'alba, avevano già percorso molti chilometri.

เมื่อฟ้าสว่างขึ้น ก็พบว่าพวกเขามีระยะทางหลายไมล์แล้ว

Si accamparono dopo il tramonto, mangiando pesce e scavando buche nella neve.

พวกเขาตั้งค่ายพักหลังจากมืดค่ำ โดยกินปลาและขุดรูในหิมะ.

Buck era sempre affamato e non era mai veramente soddisfatto della sua razione.

บัคหิวตลอดเวลาและ ไม่เคยพอใจกับอาหารที่เขาได้รับจริงๆ

Riceveva ogni giorno mezzo chilo di salmone essiccato.

เขาได้รับปลาแซลมอนแห้งหนึ่งปอนด์ครึ่งทุกวัน

Ma il cibo sembrò svanire dentro di lui, lasciandogli solo la fame.

แต่ดูเหมือนว่าอาหารจะหายไปจากตัวเขา

ทิ้งไว้เพียงความหิวเท่านั้น

Soffriva di continui morsi della fame e sognava di avere più cibo.

เขาต้องทนทุกข์ทรมานจากความหิวโหยตลอดเวลา

และฝันถึงอาหารมื้ออื่นๆ

Gli altri cani hanno ricevuto solo mezzo chilo di cibo, ma sono rimasti forti.

สุนัขตัวอื่นได้รับอาหารเพียงหนึ่งปอนด์เท่านั้น

แต่พวกมันก็ยังแข็งแรงอยู่

Erano più piccoli ed erano nati in una società nordica.

พวกเขาตัวเล็กกว่า และเกิดในโลกภาคเหนือ

Perse rapidamente la pignoleria che aveva caratterizzato la sua vecchia vita.

เขาสูญเสียความพิถีพิถันที่เคยติดตัวมาตั้งแต่ชีวิตเก่าของเขาไปอย่างรวดเร็ว

Fino a quel momento era stato un mangiatore prelibato, ma ora non gli era più possibile.

เขาเคยเป็นคนกินอาหารจุมาก

แต่ตอนนี้ไม่สามารถเป็นแบบนั้นได้อีกต่อไปแล้ว

I suoi compagni arrivarono primi e gli rubarono la razione rimasta.

เพื่อนๆ ของเขาเสร็จก่อนและขโมยอาหารที่ยังไม่หมดของเขาไป

Una volta cominciati, non c'era più modo di difendere il cibo da loro.

เมื่อพวกเขาเริ่มต้นแล้วไม่มีทางที่จะปกป้องอาหารของเขาจากพวกมันได้

Mentre lui lottava contro due o tre cani, gli altri rubarono il resto.

ในขณะที่เขาต่อสู้กับสุนัขสองสามตัว ตัวอื่นก็ขโมยตัวที่เหลือไป

Per risolvere il problema, cominciò a mangiare velocemente come mangiavano gli altri.

เพื่อแก้ไขปัญหานี้ เขาจึงเริ่มกินเร็วเท่ากับคนอื่น ๆ

La fame lo spingeva così forte che arrivò persino a prendere del cibo non suo.

ความหิวทำให้เขาต้องหิวมากจนถึงขั้นต้องกินอาหารที่ไม่ใช่ของตัวเอง

Osservò gli altri e imparò rapidamente dalle loro azioni.

เขาเฝ้าดูคนอื่นๆ

และเรียนรู้จากการกระทำของพวกเขาได้อย่างรวดเร็ว

Vide Pike, un nuovo cane, rubare una fetta di pancetta a Perrault.

เขาเห็นไพค์ สุนัขตัวใหม่ ขโมยเบคอนจากเพอร์โรลต์

Pike aveva aspettato che Perrault gli voltasse le spalle per rubare la pagnotta.

ไพค์รอจนกระทั่งเพอร์โรลต์หันหลังกลับเพื่อขโมยเบคอน

Il giorno dopo, Buck copiò Pike e rubò l'intero pezzo.

วันรุ่งขึ้น บัคก็เลียนแบบไพค์ และขโมยชิ้นส่วนทั้งหมดไป

Seguì un gran tumulto, ma Buck non fu sospettato.

เกิดความโกลาหลครั้งใหญ่ตามมา แต่บั๊กไม่ได้ถูกสงสัย

Al suo posto venne punito Dub, un cane goffo che veniva sempre beccato.

ดับ สุนัขขี้เซาที่โดนจับได้ตลอดกลับถูกทำโทษแทน

Quel primo furto fece di Buck un cane adatto a sopravvivere al Nord.

การโจรกรรมครั้งแรกนั้นทำให้บั๊กกลายเป็นสุนัขที่เหมาะจะมีชีวิต

รอดในภาคเหนือ

Ha dimostrato di sapersi adattare alle nuove condizioni e di saper imparare rapidamente.

เขาแสดงให้เห็นว่าเขาสามารถปรับตัวเข้ากับเงื่อนไขใหม่ๆ

และเรียนรู้ได้อย่างรวดเร็ว

Senza tale adattabilità, sarebbe morto rapidamente e gravemente.

หากขาดความสามารถในการปรับตัวเช่นนี้

เขาคงเสียชีวิตอย่างรวดเร็วและทรมาน

Segnò anche il crollo della sua natura morale e dei suoi valori passati.

นอกจากนี้ยังเป็นเครื่องหมายที่แสดงถึงการเสื่อมสลายของธรรมช

าติทางศีลธรรมและค่านิยมในอดีตของเขาด้วย

Nel Southland aveva vissuto secondo la legge dell'amore e della gentilezza.

ในดินแดนทางใต้

เขาใช้ชีวิตอยู่ภายใต้กฎแห่งความรักและความเมตตา

Lì aveva senso rispettare la proprietà e i sentimenti degli altri cani.

ตรงนั้นมันสมเหตุสมผลที่จะเคารพทรัพย์สินและความรู้สึกของสุ
นัขตัวอื่น

Ma i Northland seguivano la legge del bastone e la legge della zanna.

แต่ดินแดนเหนือปฏิบัติตามกฎแห่งไม้กระบองและกฎแห่งเขี้ยว

Chiunque rispettasse i vecchi valori era uno sciocco e avrebbe fallito.

ผู้ใดที่เคารพค่านิยมเก่าแก่ที่นี่เป็นผู้โง่เขลาและจะล้มเหลว

Buck non rifletté su tutto questo nella sua mente.

บัคไม่ได้คิดเหตุผลทั้งหมดนี้ในใจของเขา

Era in forma e quindi si adattò senza pensarci due volte.

เขามีสุขภาพแข็งแรงและปรับตัวได้โดยไม่ต้องคิดมาก

In tutta la sua vita non era mai fuggito da una rissa.

ตลอดชีวิตของเขาเขาไม่เคยหนีจากการต่อสู้เลย

Ma la mazza di legno dell'uomo con il maglione rosso cambiò la regola.

แต่ไม้กระบองของชายผู้สวมเสื้อกันหนาวสีแดงได้เปลี่ยนกฎนั้นไ
ป

Ora seguiva un codice più profondo e antico, inscritto nel suo essere.

ตอนนี้เขาติดตามรหัสที่เก่ากว่าและลึกซึ้งกว่าซึ่งเขียนไว้ในตัวเขา

Non rubava per piacere, ma per il dolore della fame.

เขาไม่ได้ขโมยเพราะความสุข

แต่ขโมยมาจากความเจ็บปวดของความหิว

Non rubava mai apertamente, ma rubava con astuzia e attenzione.

เขาไม่เคยขโมยอย่างเปิดเผยแต่ขโมยด้วยไหวพริบและระมัดระวัง

Agì per rispetto verso la clava di legno e per paura delle zanne.

เขากระทำการดังกล่าวเพราะเคารพไม้กระบองและกลัวเขี้ยว

In breve, ha fatto ciò che era più facile e sicuro che non farlo.

โดยสรุปแล้ว เขาทำสิ่งที่ง่ายกว่าและปลอดภัยกว่าการไม่ทำ

Il suo sviluppo, o forse il suo ritorno ai vecchi istinti, fu rapido.

พัฒนาการของเขา—หรือบางทีการกลับคืนสู่สัญชาตญาณเก่าๆ—

เกิดขึ้นอย่างรวดเร็ว

I suoi muscoli si indurirono fino a diventare forti come il ferro.

กล้ามเนื้อของเขาแข็งแกร่งขึ้นจนรู้สึกได้ความแข็งแกร่งเทียบเท่า

หลึก

Non gli importava più del dolore, a meno che non fosse grave.

เขาไม่สนใจความเจ็บปวดอีกต่อไป เว้นแต่ว่ามันจะร้ายแรง

Divenne efficiente dentro e fuori, senza sprecare nulla.

เขาเริ่มมีประสิทธิภาพทั้งภายในและภายนอก

โดยไม่สูญเปล่าสิ่งใดเลย

Poteva mangiare cose disgustose, marce o difficili da digerire.

เขาสามารถกินสิ่งที่น่ารังเกียจ เน่าเสีย หรือย่อยยากได้

Qualunque cosa mangiasse, il suo stomaco ne sfruttava ogni singolo pezzetto di valore.

ไม่ว่าเขาจะกินอะไร ท้องของเขาก็จะใช้ของมีค่าจนหมด

Il suo sangue trasportava i nutrienti in tutto il suo potente corpo.

เลือดของเขาพาสารอาหารไปทั่วร่างกายอันทรงพลังของเขา

Ciò gli ha permesso di sviluppare tessuti forti che gli hanno conferito un'incredibile resistenza.

สิ่งนี้สร้างเนื้อเยื่อที่แข็งแรงซึ่งทำให้เขามีความอดทนอย่างเหลือเชื่อ

La sua vista e il suo olfatto diventarono molto più sensibili di prima.

การมองเห็นและการได้กลิ่นของเขามีความละเอียดอ่อนมากขึ้นกว่าก่อนมาก

Il suo udito diventò così acuto che riusciva a percepire anche i suoni più deboli durante il sonno.

การได้ยินของเขามีพัฒนาการแหลมคมมากจนสามารถได้ยินเสียงแผ่วเบาในขณะนอนหลับได้

Nei sogni sapeva se quei suoni significavano sicurezza o pericolo.

เขารู้ในฝันว่าเสียงเหล่านั้นหมายถึงความปลอดภัยหรืออันตราย

Imparò a mordere con i denti il ghiaccio tra le dita dei piedi.

เขาเรียนรู้ที่จะกัดน้ำแข็งระหว่างนิ้วเท้าด้วยฟัน

Se una pozza d'acqua si ghiacciava, lui rompeva il ghiaccio con le gambe.

หากมีหลุมน้ำแข็งขึ้นมา เขาจะทุบน้ำแข็งให้แตกด้วยขาของเขา

Si impennò e colpì duramente il ghiaccio con gli arti anteriori rigidi.

เขาผงะตัวขึ้นและฟาดน้ำแข็งอย่างแรงด้วยขาหน้าอันแข็งแกร่ง

La sua abilità più sorprendente era quella di prevedere i cambiamenti del vento durante la notte.

ความสามารถที่โดดเด่นที่สุดของเขาคือการทำนายการเปลี่ยนแปลงของลมในช่วงกลางคืน

Anche quando l'aria era immobile, sceglieva luoghi riparati dal vento.

แม้ว่าอากาศจะนิ่งอยู่ เขาก็เลือกจุดที่ลมไม่พัด

Ovunque scavasse il nido, il vento del giorno dopo lo
superava.

ไม่ว่าเขาจะขุดรังที่ใด ลมแห่งวันรุ่งขึ้นก็จะพัดผ่านเขาไป

Alla fine si ritrovava sempre al sicuro e protetto, al riparo dal
vento.

เขามักจะจบลงอย่างอบอุ่นและได้รับการปกป้องโดยหลีกเลี่ยงลม

Buck non solo imparò dall'esperienza: anche il suo istinto
tornò.

บัคไม่เพียงแต่เรียนรู้จากประสบการณ์เท่านั้น

แต่สัญชาตญาณของเขาก็กลับคืนมาด้วยเช่นกัน

Le abitudini delle generazioni addomesticate cominciarono
a scomparire.

นิสัยของคนรุ่นก่อนเริ่มลดลง

Ricordava vagamente i tempi antichi della sua razza.

เขาจำช่วงเวลาโบราณของสายพันธุ์ของเขาได้อย่างคลุมเครือ

Ripensò a quando i cani selvatici correvano in branco nelle
foreste.

เขาคิดย้อนกลับไปถึงเมื่อสุนัขป่าวิ่งเป็นฝูงในป่า

Avevano inseguito e ucciso la loro preda mentre la
inseguivano.

พวกเขาไล่ตามและฆ่าเหยื่อของพวกเขาในขณะที่วิ่งไล่ตามมัน

Per Buck fu facile imparare a combattere con forza e velocità.

สำหรับบัคแล้ว

มันเป็นเรื่องง่ายที่เขาจะเรียนรู้วิธีต่อสู้ด้วยฟันและความเร็ว

Come i suoi antenati, usava tagli, squarci e schiocchi rapidi.

เขาใช้วิธีการเฉือนและฟันอย่างรวดเร็วเช่นเดียวกับบรรพบุรุษของ
เขา

Quegli antenati si risvegliarono in lui e risvegliarono la sua
natura selvaggia.

บรรพบุรุษเหล่านั้นเคลื่อนไหวอยู่ในตัวเขา

และปลุกธรรมชาติอันป่าเถื่อนของเขาให้ตื่นขึ้น

Le loro vecchie abilità gli erano state trasmesse attraverso la linea di sangue.

ทักษะเก่าๆ ของพวกเขาถูกส่งต่อเข้าสู่เขาโดยทางสายเลือด

Ora i loro trucchi erano suoi, senza bisogno di pratica o sforzo.

ตอนนี้กลอุบายของพวกเขาเป็นของเขาแล้ว

โดยไม่จำเป็นต้องฝึกฝนหรือพยายามใดๆ

Nelle notti fredde e tranquille, Buck sollevava il naso e ululò.

ในคืนที่ยังคงหนาวเย็น บัคจะยกจมูกขึ้นและหอน

Ululò a lungo e profondamente, come facevano i lupi tanto tempo fa.

เขาส่งเสียงหอนยาวและลึกเช่นเดียวกับที่หมาป่าเคยทำเมื่อนานมาแล้ว

Attraverso di lui, i suoi antenati defunti puntarono il naso e ulularono.

บรรพบุรุษที่ตายไปแล้วของเขาชี้จมูกและโวยวายผ่านเขา

Hanno ululato attraverso i secoli con la sua voce e la sua forma.

พวกมันคำรามมาหลายศตวรรษด้วยเสียงและรูปร่างของเขา

Le sue cadenze erano le loro, vecchi gridi che parlavano di dolore e di freddo.

จังหวะของเขาเป็นของพวกเขา เสียงร้องเก่าๆ

ที่บอกถึงความเศร้าโศกและความหนาวเย็น

Cantavano dell'oscurità, della fame e del significato dell'inverno.

พวกเขาขับขานถึงความมืด ความหิวโหย

และความหมายของฤดูหนาว

Buck ha dimostrato come la vita sia plasmata da forze che vanno oltre noi stessi,

บัคพิสูจน์ให้เห็นว่าชีวิตถูกหล่อหลอมโดยพลังที่อยู่เหนือตัวเรา

l'antico canto risuonò nelle vene di Buck e si impadronì della sua anima.

บทเพลงโบราณดังขึ้นในจิตใจของบัคและเข้าครอบงำวิญญาณขอ

งเขา

Ritrovò se stesso perché gli uomini avevano trovato l'oro nel Nord.

เขาค้นพบตัวเองเพราะมนุษย์ค้นพบทองคำในภาคเหนือ

E lo trovò perché Manuel, l'aiutante giardiniere, aveva bisogno di soldi.

และเขาบว่าตัวเองกำลังเดือดร้อนเพราะมานูเอล

ผู้ช่วยคนสวนต้องการเงิน

La Bestia Primordiale Dominante
สัตว์ร้ายดั้งเดิมที่มีอำนาจเหนือกว่า

La bestia primordiale dominante era più forte che mai in Buck.

สัตว์ดึกดำบรรพ์ที่มีอำนาจเหนือกว่าก็ยังคงแข็งแกร่งเช่นเคยในบัค

Ma la bestia primordiale dominante era rimasta dormiente in lui.

แต่สัตว์ดึกดำบรรพ์ที่มีอำนาจเหนือกว่าได้แฝงตัวอยู่ในตัวเขา

La vita sui sentieri era dura, ma rafforzava la bestia che era in Buck.

ชีวิตบนเส้นทางนั้นช่างโหดร้าย

แต่มันทำให้สัตว์ร้ายภายในตัวของบั๊กแข็งแกร่งขึ้น

Segretamente la bestia diventava sempre più forte ogni giorno.

โดยลับๆ สัตว์ร้ายนั้นก็แข็งแกร่งขึ้นเรื่อยๆ ทุกวัน

Ma quella crescita interiore è rimasta nascosta al mondo esterno.

แต่การเจริญเติบโตภายในนั้นยังคงซ่อนอยู่จากโลกภายนอก

Una forza primordiale calma e silenziosa si stava formando dentro Buck.

พลังดั้งเดิมอันเงียบสงบกำลังสร้างขึ้นภายในบัค

Una nuova astuzia diede a Buck equilibrio, calma e compostezza.

ความฉลาดแกมโกงแบบใหม่ทำให้บัคมีความสมดุล

ควบคุมได้อย่างสงบ และมีสติ

Buck si concentrò molto sull'adattamento, senza mai sentirsi completamente rilassato.

บัคเน้นการปรับตัวอย่างหนักแต่ไม่เคยรู้สึกผ่อนคลายอย่างเต็มที่

Evitava i conflitti, non iniziava mai litigi e non cercava mai guai.

เขาหลีกเลี่ยงความขัดแย้ง ไม่เคยก่อเรื่องทะเลาะ

และไม่หาเรื่องเดือดร้อน

Ogni mossa di Buck era scandita da una riflessione lenta e costante.

ความรอบคอบที่ช้าและมั่นคงเป็นตัวกำหนดทุกการเคลื่อนไหวของบัค

Evitava scelte avventate e decisioni improvvise e sconsiderate.

เขาหลีกเลี่ยงการเลือกอย่างหุนหันพลันแล่นและการตัดสินใจอย่างฉับพลันและเสี่ยงอันตราย

Sebbene Buck odiasse profondamente Spitz, non gli mostrò alcuna aggressività.

แม้ว่าบัคจะเกลียดสปิตซ์มาก

แต่เขาก็ไม่ได้แสดงท่าทีก้าวร้าวต่อสปิตซ์เลย

Buck non provocò mai Spitz e mantenne le sue azioni moderate.

บั๊กไม่เคยยั่วสปิตซ์และควบคุมการกระทำของเขาไม่ให้รุนแรงขึ้น

Spitz, d'altro canto, percepì il pericolo crescente in Buck.

ในทางกลับกัน

สปิตซ์สัมผัสได้ถึงความอันตรายที่เพิ่มมากขึ้นในตัวบัค

Vedeva Buck come una minaccia e una seria sfida al suo potere.

เขาเห็นบัคเป็นภัยคุกคามและเป็นความท้าทายที่ร้ายแรงต่ออำนาจของเขา

Coglieva ogni occasione per ringhiare e mostrare i suoi denti aguzzi.

เขาใช้ทุกโอกาสในการขู่คำรามและแสดงฟันอันแหลมคมของเขา

Stava cercando di dare inizio allo scontro mortale che sarebbe dovuto avvenire.

เขากำลังพยายามเริ่มการต่อสู้อันร้ายแรงที่จะมาถึง

All'inizio del viaggio, tra loro scoppiò quasi una lite.

ในช่วงเริ่มต้นการเดินทาง

เกือบเกิดการทะเลาะวิวาทระหว่างพวกเขา

Ma un incidente inaspettato impedì che il combattimento avesse luogo.

แต่แล้วอุบัติเหตุที่ไม่คาดฝันก็ทำให้การต่อสู้ไม่สามารถเกิดขึ้นได้

Quella sera si accamparono sul gelido lago Le Barge.

เย็นวันนั้น

พวกเขาตั้งค่ายพักแรมที่ทะเลสาบเลอบาร์จอันหนาวเหน็บ

La neve cadeva fitta e il vento era tagliente come una lama.

หิมะกำลังตกลงมาอย่างหนัก และลมก็พัดกรรโชกแรงเหมือนมีด

La notte era scesa troppo in fretta e l'oscurità li aveva avvolti.

เมื่อคืนผ่านไปเร็วเกินไป และความมืดก็ปกคลุมพวกเขาไปหมด

Difficilmente avrebbero potuto scegliere un posto peggiore per riposare.

พวกเขาแทบไม่สามารถเลือกสถานที่พักผ่อนที่แย่ไปกว่านี้อีกแล้ว

I cani cercavano disperatamente un posto dove sdraiarsi.

สุนัขค้นหาสถานที่ที่จะนอนอย่างสิ้นหวัง

Dietro il piccolo gruppo si ergeva un'alta parete rocciosa.

กำแพงหินสูงชันตั้งอยู่ด้านหลังกลุ่มเล็กๆ ของพวกเขา

Per alleggerire il carico, la tenda era stata lasciata a Dyea.

เต็นท์ดังกล่าวถูกทิ้งไว้ที่ Dyea เพื่อช่วยแบ่งเบาภาระ

Non avevano altra scelta che accendere il fuoco direttamente sul ghiaccio.

พวกเขาไม่มีทางเลือกอื่นนอกจากการก่อไฟบนน้ำแข็งโดยตรง

Stendevano i loro accappatoi direttamente sul lago ghiacciato.

พวกเขานำชุดนอนไปปูลงบนทะเลสาบที่เป็นน้ำแข็งโดยตรง

Qualche pezzo di legno galleggiante dava loro un po' di fuoco.

กิ่งไม้ที่พัดมาเกยตื้นเพียงไม่กี่กิ่งก็ทำให้มีไฟลุกโชนขึ้นเล็กน้อย

Ma il fuoco è stato acceso sul ghiaccio e attraverso di esso si è scongelato.

แต่ไฟได้ก่อตัวขึ้นบนน้ำแข็ง และละลายหายไป

Alla fine cenarono al buio.

ในที่สุดพวกเขาก็รับประทานอาหารเย็นกันในความมืด

Buck si rannicchiò accanto alla roccia, al riparo dal vento freddo.

บัคนอนขดตัวอยู่ข้างก้อนหินเพื่อหลบลมหนาว

Il posto era così caldo e sicuro che Buck non voleva andarsene.

สถานที่นั้นอบอุ่นและปลอดภัยมากจนบัคไม่อยากจะย้ายออกไป

Ma François aveva scaldato il pesce e stava distribuendo le razioni.

แต่ฟรานซัวส์ได้อุ่นปลาไว้และกำลังแจกอาหารอยู่

Buck finì di mangiare in fretta e tornò a letto.

บัคกินเสร็จอย่างรวดเร็วและกลับไปนอนบนเตียงของเขา

Ma Spitz ora giaceva dove Buck aveva preparato il suo letto.

แต่ตอนนี้ สปิทซ์กำลังนอนอยู่ที่เดิมที่บัคปูเตียงไว้

Un ringhio basso avvertì Buck che Spitz si rifiutava di muoversi.

เสียงคำรามต่ำเตือนบัคว่าสปิตซ์ปฏิเสธที่จะเคลื่อนไหว

Finora Buck aveva evitato lo scontro con Spitz.

จนถึงตอนนี้ บัคก็หลีกเลี่ยงการต่อสู้กับสปิทซ์ครั้งนี้

Ma nel profondo di Buck la bestia alla fine si liberò.

แต่ลึกๆ ในตัวของบัค เจ้าสัตว์ร้ายตัวนี้ก็ได้หลุดออกมาในที่สุด

Il furto del suo posto letto era troppo da tollerare.

การขโมยที่นอนของเขาเป็นเรื่องที่เกินความสามารถที่จะทนได้

Buck si lanciò contro Spitz, pieno di rabbia e furore.

บั๊กพุ่งเข้าหาสปิทซ์อย่างเต็มไปด้วยความโกรธและความเดือดดาล

Fino a quel momento Spitz aveva pensato che Buck fosse solo un grosso cane.

จนกระทั่งถึงตอนนี้ สปิทซ์คิดว่าบัคเป็นเพียงสุนัขตัวใหญ่เท่านั้น

Non pensava che Buck fosse sopravvissuto grazie al suo spirito.

เขาไม่คิดว่าบัครอดชีวิตมาได้ด้วยจิตวิญญาณของเขา

Si aspettava paura e codardia, non furia e vendetta.

เขาคาดหวังถึงความกลัวและความขี้ขลาด

ไม่ใช่ความโกรธและการแก้แค้น

François rimase a guardare mentre entrambi i cani schizzavano fuori dal nido in rovina.

ฟรานซัวส์จ้องมองขณะที่สุนัขทั้งสองตัววิ่งออกมาจากรังที่พังทลาย

Capì subito cosa aveva scatenato quella violenta lotta.

เขาเข้าใจทันทีว่าอะไรเป็นจุดเริ่มต้นของการต่อสู้ดุเดือด

"Aa-ah!" gridò François in sostegno del cane marrone.

“อา-อา!” ฟรานซัวส์ร้องออกมาเพื่อสนับสนุนสุนัขสีน้ำตาล

"Dategli una bella lezione! Per Dio, punite quel ladro furbo!"

“ตีมันซะ! ลงโทษไอ้โจรเจ้าเล่ห์นั่นซะ!”

Spitz dimostrò altrettanta prontezza e fervore nel combattere.

สปิทซ์แสดงให้เห็นถึงความพร้อมและความกระตือรือร้นที่จะต่อสู้อย่างดุเดือดเท่าเทียมกัน

Gridò di rabbia mentre girava velocemente in tondo, cercando un varco.

เขาตะโกนออกมาด้วยความโกรธขณะบินวนอย่างรวดเร็วเพื่อหาช่องเปิด

Buck mostrò la stessa fame di combattere e la stessa cautela.

บัคแสดงให้เห็นถึงความหิวโหยในการต่อสู้และความระมัดระวังเช่นเดียวกัน

Anche lui girò intorno al suo avversario, cercando di avere la meglio nella battaglia.

เขายังวนรอบคู่ต่อสู้ของเขาด้วยเช่นกัน

พยายามที่จะได้เปรียบในการต่อสู้

Poi accadde qualcosa di inaspettato e cambiò tutto.

จากนั้นมีเหตุการณ์ที่ไม่คาดคิดเกิดขึ้นและทำให้ทุกอย่างเปลี่ยนไป

Quel momento ritardò l'eventuale lotta per la leadership.

ช่วงเวลาดังกล่าวทำให้การต่อสู้เพื่อชิงตำแหน่งผู้นำล่าช้าออกไป

Ci sarebbero ancora molti chilometri di sentiero e di lotta da percorrere prima della fine.

เส้นทางหลายไมล์และการต่อสู้ยังคงรออยู่ก่อนถึงจุดสิ้นสุด

Perrault urlò un'imprecazione mentre una mazza colpiva l'osso.

เพอร์โรลต์ตะโกนคำสาบานในขณะที่กระบองถูกตบเข้ากับกระดูก

Seguì un acuto grido di dolore, poi il caos esplose tutt'intorno.

มีเสียงร้องโหยหวนด้วยความเจ็บปวดตามมา

และจากนั้นความโกลาหลก็ระเบิดขึ้นทั่วบริเวณ

Forme scure si muovevano nell'accampamento: husky selvatici, affamati e feroci.

รูปร่างอันดำมืดเคลื่อนตัวเข้ามาในค่าย ฮัสกี้ป่า หิวโหย และดุร้าย

Quattro o cinque dozzine di husky avevano fiutato l'accampamento da molto lontano.

สุนัขฮัสกี้สี่ถึงห้าสิบตัวได้ดมกลิ่นค่ายมาจากระยะไกล

Si erano introdotti furtivamente mentre i due cani litigavano lì vicino.

พวกมันแอบเข้ามาอย่างเงียบๆ

ในขณะที่สุนัขทั้งสองตัวกำลังต่อสู้กันอยู่ใกล้ๆ

François e Perrault si lanciarono all'attacco, colpendo con i manganelli gli invasori.

ฟรานซัวส์และเพอร์โรลต์โจมตีและฟาดไม้เข้าที่ผู้รุกราน

Gli husky affamati mostrarono i denti e si dibatterono freneticamente.

ฮัสกี้ที่อดอยากโชว์เขี้ยวและต่อสู้กลับอย่างบ้าคลั่ง

L'odore della carne e del pane li aveva fatti superare ogni paura.

กลิ่นของเนื้อและขนมปังทำให้พวกเขากลัวจนไม่กล้าแตะต้องอีกต่อไป

Perrault picchiò un cane che aveva nascosto la testa nella buca delle vivande.

เพอร์โรลต์ตีสุนัขที่ฝังหัวไว้ในกล่องอาหาร

Il colpo fu violento e la scatola si ribaltò, facendo fuoriuscire il cibo.

แรงกระแทกรุนแรงมาก และกล่องก็พลิกคว่ำ อาหารก็หกออกมา

Nel giro di pochi secondi, una ventina di bestie feroci si avventarono sul pane e sulla carne.

ภายใน ไม่กี่วินาที สัตว์ป่านับสิบตัวก็ฉีกขนมปังและเนื้อออกไป

I bastoni degli uomini sferrarono un colpo dopo l'altro, ma nessun cane si allontanò.

สโมสรชายต่างก็โจมตีกันไปมา แต่ไม่มีสุนัขตัวใดหันหนี

Urlavano di dolore, ma continuarono a lottare finché non rimase più cibo.

พวกมันร้องโหยหวนด้วยความเจ็บปวดแต่ก็ต่อสู้จนกระทั่งไม่มีอา

หารเหลืออยู่

Nel frattempo i cani da slitta erano saltati giù dalle loro culle innevate.

ในขณะเดียวกัน สุนัขลากเลื่อนก็กระโดดลงมาจากเตียงหิมะ

Furono immediatamente attaccati dai feroci e affamati husky.

พวกมันถูกโจมตีโดยสุนัขฮัสกี้หิวโหยดุร้ายทันที

Buck non aveva mai visto prima creature così selvagge e affamate.

บัคไม่เคยเห็นสัตว์ป่าและอดอาหารขนาดนี้มาก่อน

La loro pelle pendeva flaccida, nascondendo a malapena lo scheletro.

ผิวหนังของพวกเขาห้อยหลวมแทบไม่สามารถซ่อนโครงกระดูกไ

ด้เลย

C'era un fuoco nei loro occhi, per fame e follia

มีไฟในดวงตาของพวกเขาจากความหิวโหยและความบ้าคลั่ง

Non c'era modo di fermarli, di resistere al loro assalto selvaggio.

ไม่มีอะไรจะหยุดพวกมันได้

ไม่มีการต้านทานการบุกจู่โจมอันโหดร้ายของพวกมัน

I cani da slitta vennero spinti indietro e premuti contro la parete della scogliera.

สุนัขลากเลื่อนถูกผลักกลับไป กดไว้ที่ผนังหน้าผา

Tre husky attaccarono Buck contemporaneamente, lacerandogli la carne.

สุนัขฮัสกี้สามตัวโจมตีบั๊กพร้อมๆ กันจนเนื้อของเขาฉีกขาด

Il sangue gli colava dalla testa e dalle spalle, dove era stato tagliato.

เลือดไหลออกมาจากศีรษะและไหล่ของเขาซึ่งเป็นบริเวณที่เขาถูก

ตัด

Il rumore riempì l'accampamento: ringhi, guaiti e grida di dolore.

เสียงดังสนั่นไปทั่วค่าย มีทั้งเสียงคำราม เสียงร้องโหยหวน

และเสียงร้องด้วยความเจ็บปวด

Billee pianse forte, come al solito, presa dal panico e dalla mischia.

บิลลี่ร้องให้เสียงดังเหมือนเช่นเคย

ท่ามกลางความสับสนวุ่นวายและความตื่นตระหนก

Dave e Solleks rimasero fianco a fianco, sanguinanti ma con aria di sfida.

เดฟและโซเลกส์ยืนเคียงข้างกัน โดยมีเลือดไหลแต่ก็ท้าทาย

Joe lottava come un demonio, mordendo tutto ciò che gli si avvicinava.

โจต่อสู้เหมือนปีศาจ กัดทุกสิ่งที่เข้ามาใกล้

Con un violento schiocco di mascelle schiacciò la zampa di un husky.

เขาขย้ำขาของสุนัขไซบีเรียนฮัสกี้ด้วยการกัดเพียงครั้งเดียวอย่างโ

หดร้าย

Pike saltò sull'husky ferito e gli ruppe il collo all'istante.

ไพค์กระโจนใส่ฮัสกี้ที่บาดเจ็บจนคอหักทันที

Buck afferrò un husky per la gola e gli strappò la vena.

บัคจับคอสุนัขฮัสกี้แล้วฉีกเส้นเลือดออก

Il sangue schizzò e il sapore caldo mandò Buck in delirio.

เลือดพุ่งกระจาย และรสชาติที่อบอุ่นทำให้บัคเกิดความคลั่งไคล้

Si lanciò contro un altro aggressore senza esitazione.

เขาพุ่งเข้าหาผู้จู่โจมอีกคนโดยไม่ลังเล

Nello stesso momento, denti aguzzi si conficcarono nella gola di Buck.

ขณะเดียวกัน ฟันอันแหลมคมก็จิกเข้าไปในลำคอของบัค

Spitz aveva colpito di lato, attaccando senza preavviso.

สปิทซ์ได้โจมตีจากด้านข้างโดยไม่ได้เตือนล่วงหน้า

Perrault e François avevano sconfitto i cani rubando il cibo.

เปอร์โรลต์และฟรานซัวส์ได้เอาชนะสุนัขที่ขโมยอาหารไปได้

Ora si precipitarono ad aiutare i loro cani a respingere gli aggressori.

ตอนนี้พวกเขารีบเข้าไปช่วยสุนัขของพวกเขาต่อสู้กับผู้โจมตี

I cani affamati si ritirarono mentre gli uomini roteavano i loro manganelli.

สุนัขที่หิวโหยถอยหนีไป

ขณะที่ผู้ชายกำลังฟาดไม้กระบองของตน

Buck riuscì a liberarsi dall'attacco, ma la fuga fu breve.

บั๊กสามารถหลบหนีจากการโจมตีได้

แต่ก็สามารถหลบหนีได้เพียงระยะสั้นๆ

Gli uomini corsero a salvare i loro cani e gli husky tornarono ad attaccarli.

คนเหล่านั้นวิ่งไปช่วยสุนัขของพวกเขา

และสุนัขไซบีเรียนฮัสกี้ก็กลับมารุมกันอีกครั้ง

Billee, spaventato e coraggioso, si lanciò nel branco di cani.

บิลลี่ตกใจจนต้องกล้าหาญและกระโดดขึ้นไปบนฝูงสุนัข

Ma poi fuggì attraverso il ghiaccio, in preda al terrore e al panico.

แต่แล้วเขาก็วิ่งหนีข้ามน้ำแข็งด้วยความหวาดกลัวและตื่นตระหนก

Pike e Dub li seguirono da vicino, correndo per salvarsi la vita.

ไพค์และดับตามมาอย่างกระชั้นชิดและวิ่งหนีเพื่อเอาชีวิตรอด

Il resto della squadra si disperse e li inseguì.

ส่วนทีมที่เหลือก็แยกย้ายกันตามไป

Buck raccolse le forze per correre, ma poi vide un lampo.

บั๊กรวบรวมพลังเพื่อวิ่ง แต่แล้วก็เห็นแสงวาบ

Spitz si lanciò verso Buck, cercando di buttarlo a terra.

สปิตซ์พุ่งเข้าหาบัค พยายามจะผลักเขาลงพื้น

Sotto quella banda di husky, Buck non avrebbe avuto scampo.

ภายใต้ฝูงฮัสกี้เหล่านั้น บัคคงไม่มีทางหนีรอดไปได้

Ma Buck rimase fermo e si preparò al colpo di Spitz.

แต่บัคยืนหยัดมั่นคงและเตรียมรับมือกับการโจมตีจากสปิตซ์

Poi si voltò e corse sul ghiaccio con la squadra in fuga.

จากนั้นเขาก็หันหลังแล้ววิ่งออกไปบนน้ำแข็งพร้อมกับทีมที่กำลัง
หลบหนี

Più tardi i nove cani da slitta si radunarono al riparo del bosco.

ต่อมาสุนัขลากเลื่อนทั้งเก้าตัวก็มารวมตัวกันที่บริเวณพักพิงกลางป่
า

Nessuno li inseguiva più, ma erano malconci e feriti.

ไม่มีใครไล่ตามพวกเขาอีกต่อไป

แต่พวกเขากลับถูกทุบตีและได้รับบาดเจ็บ

Ogni cane presentava delle ferite: quattro o cinque tagli profondi su ogni corpo.

สุนัขแต่ละตัวมีบาดแผล มีรอยแผลลึกประมาณสี่ถึงห้ารอยตามตัว

Dub aveva una zampa posteriore ferita e ora faceva fatica a camminare.

ดับได้รับบาดเจ็บที่ขาหลังและต้องดิ้นรนที่จะเดินตอนนี้

Dolly, l'ultimo cane arrivato da Dyea, aveva la gola tagliata.

ดอลลี่ สุนัขตัวใหม่ที่สุดจากไดอา มีคอที่ถูกเฉือน

Joe aveva perso un occhio e l'orecchio di Billee era stato tagliato a pezzi

โจสูญเสียตาข้างหนึ่ง และหูของบิลลี่ก็ถูกตัดเป็นชิ้นเล็กชิ้นน้อย

Tutti i cani piansero per il dolore e la sconfitta durante la notte.

สุนัขทุกตัวร้องไห้ด้วยความเจ็บปวดและพ่ายแพ้ตลอดคืน

All'alba tornarono lentamente all'accampamento, doloranti e distrutti.

เมื่อรุ่งสางพวกเขาก็ค่อยๆ

คืบคลานกลับค่ายในสภาพเจ็บปวดและแตกหัก

Gli husky erano scomparsi, ma il danno era fatto.

พวกฮัสกี้หายไปแล้ว แต่ความเสียหายก็เกิดขึ้นแล้ว

Perrault e François erano di pessimo umore e osservavano le rovine.

เปอร์โรลต์และฟรานซัวส์ยืนด้วยอารมณ์หงุดหงิดใจเกี่ยวกับซากป

รักหักพัง

Metà del cibo era sparito, rubato dai ladri affamati.

อาหารหายไปครึ่งหนึ่ง ถูกโจรผู้หิวโหยขโมยไป

Gli husky avevano strappato le corde e la tela della slitta.

สุนัขฮัสกี้ฉีกเชือกที่ผูกรถเลื่อนและผ้าใบขาด

Tutto ciò che aveva odore di cibo era stato divorato completamente.

ทุกสิ่งทุกอย่างที่มีกลิ่นอาหารถูกกินจนหมดสิ้น

Mangiarono un paio di stivali da viaggio in pelle di alce di Perrault.

พวกเขาได้กินรองเท้าบูทเดินทางทำจากหนังมูสของ Perrault หนึ่งคู่

Hanno masticato le pelli e rovinato i cinturini rendendoli inutilizzabili.

พวกมันเคี้ยวหนังวัวและทำลายสายรัดจนไม่สามารถใช้งานได้อีก

François smise di fissare la frusta strappata per controllare i cani.

ฟรานซัวส์หยุดจ้องเชือกที่ขาดเพื่อตรวจสอบสุนัข

«Ah, amici miei», disse con voce bassa e preoccupata.

"โอ้ เพื่อนของฉัน"

เขากล่าวด้วยน้ำเสียงต่ำและเต็มไปด้วยความกังวล

"Forse tutti questi morsi vi trasformeranno in bestie pazze."

"บางทีการกัดเหล่านี้อาจทำให้คุณกลายเป็นสัตว์บ้าได้"

"Forse tutti cani rabbiosi, sacredam! Che ne pensi, Perrault?"

"บางทีพวกหมาบ้าทั้งหลายก็อาจจะบ้าเหมือนกันนะ นักบุญ!

คุณคิดยังไงบ้าง เพอร์โรลต์?"

Perrault scosse la testa, con gli occhi scuri per la preoccupazione e la paura.

เพอร์โรลต์ส่ายหัว ดวงตามืดมนไปด้วยความกังวลและความกลัว

C'erano ancora quattrocento miglia tra loro e Dawson.

ระหว่างพวกเขากับดอว์สันยังมีระยะทางอีกสี่ร้อยไมล์

La follia dei cani potrebbe ormai distruggere ogni possibilità di sopravvivenza.

ความบ้าคลั่งของสุนัขในตอนนี้อาจทำลายโอกาสในการมีชีวิตรอดได้

Hanno passato due ore a imprecare e a cercare di riparare l'attrezzatura.

พวกเขาใช้เวลาสองชั่วโมงในการด่าทอและพยายามซ่อมเกียร์

La squadra ferita alla fine lasciò l'accampamento, distrutta e
sconfitta.

ทีมที่ได้รับบาดเจ็บในที่สุดก็ออกจากค่ายด้วยความพ่ายแพ้และแต

กสลาย

Questo è stato il sentiero più duro finora e ogni passo è stato
doloroso.

นี่เป็นเส้นทางที่ยากที่สุด และแต่ละก้าวก็เจ็บปวดมาก

Il fiume Thirty Mile non era ghiacciato e scorreva
impetuoso.

แม่น้ำเธิร์ตี้ไมล์ยังไม่แข็งตัว แต่ไหลเชี่ยวอย่างรุนแรง

Soltanto nei punti calmi e nei vortici il ghiaccio riusciva a
resistere.

มีเพียงจุดสงบและกระแสน้ำวนเท่านั้นที่น้ำแข็งสามารถจับตัวได้

Trascorsero sei giorni di duro lavoro per percorrere le trenta
miglia.

หกวันแห่งความยากลำบากผ่านไปจนกระทั่งเดินทางได้สามสิบไม

ล์

Ogni miglio del sentiero porta con sé pericoli e minacce di
morte.

ทุกๆ

ไมล์ของเส้นทางเต็มไปด้วยอันตรายและภัยคุกคามแห่งความตาย

Uomini e cani rischiavano la vita a ogni passo doloroso.

คนและสุนัขเสี่ยงชีวิตในทุกย่างก้าวอันเจ็บปวด

Perrault riuscì a superare i sottili ponti di ghiaccio una
dozzina di volte.

เปอร์โรลต์ทะลุสะพานน้ำแข็งบางๆ มาแล้วนับสิบครั้ง

Prese un palo e lo lasciò cadere nel buco creato dal suo
corpo.

เขาถือเสาแล้วปล่อยให้มันตกไปตามรูที่ร่างกายของเขาเจาะไว้

Quel palo salvò Perrault più di una volta dall'annegamento.

เสาไม้ต้นนั้นสามารถช่วยชีวิตเปอร์โรลต์จากการจมน้ำได้มากกว่าหนึ่งครั้ง

L'ondata di freddo persisteva, la temperatura era di cinquanta gradi sotto zero.

คลื่นความหนาวเย็นยังคงรุนแรง อุณหภูมิอยู่ที่ 50 องศาต่ำกว่าศูนย์

Ogni volta che cadeva, Perrault era costretto ad accendere un fuoco per sopravvivere.

ทุกครั้งที่เขาล้มลง เพอร์โรลต์จะต้องจุดไฟเพื่อเอาชีวิตรอด

Gli abiti bagnati si congelavano rapidamente, perciò li faceva asciugare vicino al calore cocente.

เสื้อผ้าเปียกจะแข็งตัวเร็วมาก

ดังนั้นเขาจึงต้องทำให้แห้ง โดยแทบไม่ต้องตากแดด

Perrault non provava mai paura, e questo faceva di lui un corriere.

เปอร์โรลต์ไม่เคยเผชิญกับความกลัวใดๆ

และนั่นทำให้เขากลายเป็นผู้ส่งสาร

Fu scelto per affrontare il pericolo e lo affrontò con silenziosa determinazione.

เขาถูกเลือกเพราะความอันตราย

และเขารับมือกับมันอย่างมั่นคงและแน่วแน่

Si spinse in avanti controvento, con il viso raggrinzito e congelato.

เขาก้าวไปข้างหน้าฝ่าลม ใบหน้าเหี่ยวเฉาของเขาถูกน้ำแข็งกัดกิน

Perrault li guidò in avanti dall'alba al tramonto.

ตั้งแต่รุ่งสางจนค่ำ เพอร์โรลต์นำพวกเขาเดินหน้าต่อไป

Camminava sul ghiaccio sottile che scricchiolava a ogni passo.

เขาเดินบนขอบน้ำแข็งแคบๆ ที่แตกร้าวทุกครั้งที่ก้าวเดิน

Non osavano fermarsi: ogni pausa rischiava di provocare un crollo mortale.

พวกเขาไม่กล้าหยุดเลย—

การหยุดแต่ละครั้งเสี่ยงต่อการพังทลายอันร้ายแรง

Una volta la slitta si ruppe, trascinando dentro Dave e Buck.

ครั้งหนึ่งรถเลื่อนทะลุออกมาและดึงเดฟและบัคเข้ามา

Quando furono liberati, entrambi erano quasi congelati.

ตอนที่พวกเขาถูกดึงออกไป ทั้งสองแทบจะแข็งเป็นน้ำแข็งแล้ว

Gli uomini accesero rapidamente un fuoco per salvare Buck e Dave.

คนเหล่านั้นก่อไฟอย่างรวดเร็วเพื่อให้บัคและเดฟมีชีวิตอยู่

I cani erano ricoperti di ghiaccio dal naso alla coda, rigidi come legno intagliato.

สุนัขมีร่างกายปกคลุมไปด้วยน้ำแข็งตั้งแต่จมูกจรดหาง

แข็งราวกับไม้แกะสลัก

Gli uomini li fecero correre in cerchio vicino al fuoco per scongelarne i corpi.

พวกผู้ชายวิ่งเป็นวงกลมใกล้กองไฟเพื่อละลายร่างกายของพวกเขา

Si avvicinarono così tanto alle fiamme che la loro pelliccia rimase bruciacchiata.

พวกมันเข้ามาใกล้เปลวไฟมากจนขนของพวกมันไหม้เกรียม

Spitz ruppe poi il ghiaccio, trascinando dietro di sé la squadra.

จากนั้น สปิตซ์ก็ทะลุน้ำแข็งไปและลากทีมที่อยู่ข้างหลังเขาเข้ามา

La frenata arrivava fino al punto in cui Buck stava tirando.

การแตกหักนั้นเกิดขึ้นถึงบริเวณที่บัคกำลังดึงอยู่

Buck si appoggiò bruscamente allo schienale, con le zampe che scivolavano e tremavano sul bordo.

บัคเอนตัวไปด้านหลังอย่างแรง อุ้งเท้าลื่นและสั่นอยู่บนขอบ

Anche Dave si sforzò all'indietro, proprio dietro Buck sulla linea.

เดฟยังฝืนถอยหลังไปเล็กน้อย ขณะอยู่หลังบัคบนเส้น

François tirava la slitta e i suoi muscoli scricchiolavano per lo sforzo.

ฟรานซัวส์ลากเลื่อน โดยที่กล้ามเนื้อของเขาตึงเพราะออกแรงมาก

Un'altra volta, il ghiaccio del bordo si è crepato davanti e dietro la slitta.

ครั้งหนึ่งขอบน้ำแข็งแตกร้าวทั้งก่อนและหลังรถเลื่อน

Non avevano altra via d'uscita se non quella di arrampicarsi su una parete ghiacciata.

พวกเขาไม่มีทางออกใด ๆ ยกเว้นต้องปีนหน้าผาที่เป็นน้ำแข็ง

In qualche modo Perrault riuscì a scalare il muro: un miracolo lo tenne in vita.

เปอร์โรลต์สามารถปีนกำแพงขึ้นไปได้อย่างไม่น่าเชื่อ

แต่ปาฏิหาริย์ทำให้เขารอดชีวิตมาได้

François rimase sottocoperta, pregando che gli capitasse la stessa fortuna.

ฟรานซัวส์อยู่ข้างล่างเพื่ออธิษฐานให้โชคดีเช่นเดียวกัน

Legarono ogni cinghia, legatura e tirante in un'unica lunga corda.

พวกเขาผูกสายรัด เชือกผูก

และเชือกตามยาวเข้าด้วยกันเป็นเชือกเส้นเดียว

Gli uomini trascinarono i cani uno alla volta fino in cima.

คนเหล่านั้นลากสุนัขแต่ละตัวขึ้นไปด้านบนทีละตัว

François salì per ultimo, dopo la slitta e tutto il carico.

ฟรานซัวส์เป็นคนปีนขึ้นเป็นคนสุดท้าย

รองจากเลื่อนและสัมภาระทั้งหมด

Poi iniziò una lunga ricerca di un sentiero che scendesse dalle scogliere.

จากนั้นจึงเริ่มการค้นหาทางลงจากหน้าผาอันยาวนาน

Alla fine scesero utilizzando la stessa corda che avevano costruito.

ในที่สุดพวกเขาก็ลงมาโดยใช้เชือกเส้นเดียวกับที่พวกเขาทำไว้

Scese la notte mentre tornavano al letto del fiume, esausti e doloranti.

เมื่อถึงเวลากลางคืน

พวกเขาก็กลับมาที่แม่น้ำด้วยความเหนื่อยล้าและเจ็บปวด

Avevano impiegato un giorno intero per percorrere solo un quarto di miglio.

พวกเขาใช้เวลาทั้งวันเพื่อเดินทางเพียงแค่หนึ่งในสี่ไมล์

Quando giunsero all'Hootalinqua, Buck era sfinito.

ตอนที่พวกเขาไปถึงฮูทาลินควา บัคก็เหนื่อยล้าแล้ว

Anche gli altri cani soffrivano le stesse condizioni del sentiero.

สุนัขตัวอื่นๆ ก็ได้รับความทุกข์ทรมานจากสภาพเส้นทางเช่นกัน

Ma Perrault aveva bisogno di recuperare tempo e li spingeva avanti giorno dopo giorno.

แต่เปอร์โรลต์จำเป็นต้องคืนเวลาและผลักดันพวกเขาต่อไปในแต่ล

ะวัน

Il primo giorno percorsero trenta miglia fino a Big Salmon.

วันที่แรกพวกเขาเดินทางสามสิบไมล์ไปยังบิ๊กแซลมอน

Il giorno dopo percorsero trentacinque miglia fino a Little Salmon.

วันรุ่งขึ้น พวกเขาเดินทางได้ประมาณ 35

ไมล์จนถึงลิตเติลแซลมอน

Il terzo giorno percorsero quaranta miglia ghiacciate.

ในวันที่สาม

พวกเขาต้องเดินทางผ่านเส้นทางอันหนาวเหน็บยาวนานถึงสี่สิบไ
มล์

A quel punto si stavano avvicinando all'insediamento di
Five Fingers.

ในเวลานั้น พวกเขาใกล้จะถึงถิ่นฐานของ Five Fingers แล้ว

I piedi di Buck erano più morbidi di quelli duri degli husky
autoctoni.

เท้าของบัคมีความนุ่มนวลกว่าเท้าที่แข็งของสุนัขฮัสกี้พื้นเมือง

Le sue zampe erano diventate tenere nel corso di molte
generazioni civilizzate.

อุ้งเท้าของเขามีความอ่อนนุ่มมาหลายชั่วรุ่นแล้ว

Molto tempo fa, i suoi antenati erano stati addomesticati
dagli uomini del fiume o dai cacciatori.

เมื่อนานมาแล้ว

บรรพบุรุษของเขาถูกฝึกให้เชื่องโดยชาวแม่น้ำหรือพรานล่าสัตว์

Ogni giorno Buck zoppicava per il dolore, camminando con
le zampe screpolate e doloranti.

ทุกวันบัคจะต้องเดินกะเผลกเพราะความเจ็บปวด

อุ้งเท้าเจ็บและปวด

Giunto all'accampamento, Buck cadde come un corpo senza
vita sulla neve.

เมื่อถึงค่าย บัคก็ล้มลงเหมือนร่างไร้ชีวิตบนหิมะ

Sebbene fosse affamato, Buck non si alzò per consumare il
pasto serale.

แม้ว่าจะหิวโหย บัคก็ไม่ยอมลุกขึ้นมาทานมื้อเย็น

François portò la sua razione a Buck, mettendogli del pesce
vicino al muso.

ฟรานซัวส์นำอาหารมาให้บัคโดยวางปลาไว้ตรงปากกระบอกปืน

Ogni notte l'autista massaggiava i piedi di Buck per mezz'ora.

ทุกคืนคนขับจะนวดเท้าบัคเป็นเวลาครึ่งชั่วโมง

François arrivò persino a tagliare i suoi mocassini per farne delle calzature per cani.

ฟรานซัวส์ยังตัดรองเท้าโมคาซินของตัวเองเพื่อทำเป็นรองเท้าสุนัขอีกด้วย

Quattro scarpe calde diedero a Buck un grande e gradito sollievo.

รองเท้าที่อบอุ่นสี่คู่ทำให้บัครู้สึกโล่งใจอย่างมาก

Una mattina François dimenticò le scarpe e Buck si rifiutò di alzarsi.

เช้าวันหนึ่ง ฟรานซัวส์ลืมรองเท้ามา และบัคก็ไม่ยอมลุกขึ้น

Buck giaceva sulla schiena, con i piedi in aria, e li agitava in modo pietoso.

บัคนอนหงายโดยยกเท้าขึ้นและโบกมืออย่างน่าสงสาร

Persino Perrault sorrise alla vista dell'appello drammatico di Buck.

แม้แต่เพอร์โรลต์ยังยิ้มเมื่อเห็นคำวิงวอนอันน่าตื่นเต้นของบัค

Ben presto i piedi di Buck diventarono duri e le scarpe poterono essere tolte.

ใน ไม่ช้าเท้าของบัคก็แข็งขึ้น และรองเท้าก็ถูกทิ้งไปได้

A Pelly, durante il periodo in cui veniva imbrigliata, Dolly emise un ululato terribile.

ระหว่างเวลาที่เพลลี่รัดคอ ดอลลี่ก็ส่งเสียงหอนอย่างน่ากลัว

Il grido era lungo e pieno di follia, e fece tremare tutti i cani.

เสียงร้องนั้นยาวและเต็มไปด้วยความบ้าคลั่ง ทำให้สุนัขทุกตัวสั่น

Ogni cane si rizzava per la paura, senza capirne il motivo.

สุนัขแต่ละตัวขนลุกซู่ด้วยความกลัวโดยไม่ทราบสาเหตุ

Dolly era impazzita e si era scagliata contro Buck.

ดอลลี่คลั่งและพุ่งตัวเข้าหาบัคโดยตรง

Buck non aveva mai visto la follia, ma l'orrore gli riempì il cuore.

บัคไม่เคยเห็นความบ้าคลั่ง

แต่ความสยองขวัญก็เข้าครอบงำหัวใจของเขา

Senza pensarci due volte, si voltò e fuggì in preda al panico più assoluto.

โดยไม่คิดอะไร

เขาหันหลังแล้ววิ่งหนีไปด้วยความตื่นตระหนกอย่างยิ่ง

Dolly lo inseguì, con gli occhi selvaggi e la saliva che le colava dalle fauci.

ดอลลี่ไล่ตามเขา ดวงตาของเธอดูร้าย

น้ำลายไหลออกมาจากปากของเธอ

Si tenne sempre dietro a Buck, senza mai guadagnare terreno e senza mai indietreggiare.

เธอเดินตามหลังบัคมาตลอด ไม่เคยได้อะไรกลับมา

และ ไม่เคยถอยกลับ

Buck corse attraverso i boschi, giù per l'isola, sul ghiaccio frastagliato.

บัควิ่งผ่านป่า ลงไปตามเกาะ และข้ามน้ำแข็งที่ขรุขระ

Attraversò un'isola, poi un'altra, per poi tornare indietro verso il fiume.

เขาข้ามไปยังเกาะหนึ่งแล้วข้ามไปอีกเกาะหนึ่งแล้ววนกลับมาที่แม่น้ำ

Dolly continuava a inseguirlo, ringhiando sempre più forte a ogni passo.

ดอลลี่ยังคงไล่ตามเขาโดยส่งเสียงคำรามตามติดทุกก้าวย่าง

Buck poteva sentire il suo respiro e la sua rabbia, anche se non osava voltarsi indietro.

บัคได้ยินเสียงหายใจและความโกรธของเธอ

แม้ว่าเขาจะไม่กล้ามองกลับไปก็ตาม

François gridò da lontano e Buck si voltò verso la voce.

ฟรานซัวส์ตะโกนมาจากที่ไกล และบัคก็หันไปทางเสียงนั้น

Ancora senza fiato, Buck corse oltre, riponendo ogni speranza in François.

บัควิ่งผ่านไปโดยยังหายใจไม่ออก

โดยฝากความหวังไว้ที่ฟรานซัวส์

Il conducente del cane sollevò un'ascia e aspettò che Buck gli passasse accanto.

คนขับสุนัขยกขวานขึ้นและรอขณะที่บั๊กบินผ่านไป

L'ascia calò rapidamente e colpì la testa di Dolly con forza mortale.

ขวานลงมาอย่างรวดเร็วและฟาดศีรษะของดอลลี่ด้วยพลังอันร้ายแรง

Buck crollò vicino alla slitta, ansimando e incapace di muoversi.

บัคล้มลงใกล้กับรถเลื่อน

หายใจมีเสียงหวีดและไม่สามารถขยับตัวได้

Quel momento diede a Spitz la possibilità di colpire un nemico esausto.

ช่วงเวลานั้นทำให้ Spitz มีโอกาสที่จะโจมตีศัตรูที่เหนื่อยล้า

Morse Buck due volte, strappandogli la carne fino all'osso bianco.

เขาได้กัดบั๊กสองครั้ง จนเนื้อถูกฉีกออกถึงกระดูกสีขาว

La frusta di François schioccò, colpendo Spitz con tutta la sua forza, con furia.

แส้ของฟรานซัวส์ฟาดอย่างดังและโจมตีสปิทซ์อย่างรุนแรง

Buck guardò con gioia Spitz mentre riceveva il pestaggio più duro fino a quel momento.

บัคเฝ้าดูด้วยความดีใจขณะที่สปิทซ์โดนตีอย่างรุนแรงที่สุดเท่าที่เคยมีมา

«È un diavolo, quello Spitz», borbottò Perrault tra sé e sé.

"เขาเป็นปีศาจนะ สปิทซ์"

เพอร์โรลต์พึมพำกับตัวเองอย่างหม่นหมอง

"Un giorno o l'altro, quel cane maledetto ucciderà Buck, lo giuro."

"สักวันหนึ่งในไม่ช้านี้ สุนัขคำสาปตัวนั้นจะฆ่าบัค ฉันสาบาน"

«Quel Buck ha due diavoli dentro di sé», rispose François annuendo.

"บัคนั้นมีปีศาจสองตัวอยู่ในตัว" ฟรานซัวส์ตอบด้วยการพยักหน้า

"Quando osservo Buck, so che dentro di lui si cela qualcosa di feroce."

"เมื่อผมดูบัค ผมรู้ว่ามีบางอย่างที่ดุร้ายรออยู่ในตัวเขา"

"Un giorno, si infurierà come il fuoco e farà a pezzi Spitz."

"สักวันหนึ่ง

เขาจะโกรธจัดเหมือนไฟและฉีกสปิทซ์เป็นชิ้นเล็กชิ้นน้อย"

"Masticherà quel cane e lo sputerà sulla neve ghiacciata."

"เขาจะเคี้ยวสุนัขตัวนั้นแล้วถุยมันลงบนหิมะที่แข็งตัว"

"Certo, lo so fin nel profondo."

"แน่นอนว่าฉันรู้เรื่องนี้ลึกๆ อยู่ในกระดูกของฉัน"

Da quel momento in poi, i due cani furono in guerra tra loro.

ตั้งแต่นั้นเป็นต้นมาสุนัขทั้งสองก็กลายเป็นคู่ต่อสู้กัน

Spitz guidava la squadra e deteneva il potere, ma Buck lo sfidava.

สปีตซ์เป็นผู้นำทีมและรักษาอำนาจไว้ได้ แต่บัคท้าทายในเรื่องนั้น

Spitz si rese conto che il suo rango era minacciato da questo strano straniero del Sud.

สปีตซ์เห็นว่าตำแหน่งของเขาถูกคุกคามโดยชายแปลกหน้าจากดินแดนใต้ผู้นี้

Buck era diverso da tutti i cani del sud che Spitz aveva conosciuto fino ad allora.

บัคเป็นสุนัขพันธุ์ทางใต้ที่สปีตซ์เคยรู้จักมาก่อน

La maggior parte di loro fallì: troppo deboli per sopravvivere al freddo e alla fame.

พวกเขาส่วนใหญ่ล้มเหลว

อ่อนแอเกินกว่าจะทนอยู่ท่ามกลางความหนาวและความหิวโหยได้

Morirono rapidamente a causa del lavoro, del gelo e del lento bruciare della carestia.

พวกเขาตายอย่างรวดเร็วภายใต้แรงงาน ความเย็นยะเยือก

และความอดอยากที่ค่อยๆ ทวีความรุนแรงขึ้น

Buck si distingueva: ogni giorno più forte, più intelligente e più selvaggio.

บัคโดดเด่นกว่าคนอื่น แข็งแกร่งกว่า ฉลาดกว่า

และดุร้ายกว่าทุกวัน

Ha prosperato nonostante le difficoltà, crescendo al pari degli husky del nord.

เขาเจริญเติบโตท่ามกลางความยากลำบาก

และเติบโตจนทัดเทียมกับสุนัขพันธุ์ฮัสกี้ทางเหนือ

Buck era dotato di forza, abilità straordinaria e un istinto paziente e letale.

บัคมีพละกำลัง ทักษะอันดุเดือด

และสัญชาตญาณอันอดทนและอันตราย

L'uomo con la mazza aveva annientato Buck per fargli perdere la temerarietà.

ชายที่ถือไม้กระบองได้ทุบตีความความหุนหันพลันแล่นของบั๊ก

La furia cieca se n'era andata, sostituita da un'astuzia silenziosa e dal controllo.

ความโกรธอย่างโง่เขลาได้หายไป

ถูกแทนที่ด้วยความฉลาดแกมโกงและการควบคุมอันเงียบสงบ

Attese, calmo e primordiale, in attesa del momento giusto.

เขาคอยอย่างสงบและดั้งเดิมเพื่อเฝ้าสังเกตหาจังหวะที่เหมาะสม

La loro lotta per il comando divenne inevitabile e chiara.

การต่อสู้เพื่อแย่งชิงคำสั่งของพวกเขากลายเป็นสิ่งที่หลีกเลี่ยงไม่ได้

และชัดเจน

Buck desiderava la leadership perché il suo spirito la richiedeva.

บัคต้องการความเป็นผู้นำเพราะจิตวิญญาณของเขาต้องการมัน

Era spinto da quello strano orgoglio che nasceva dal sentiero e dall'imbracatura.

เขาถูกขับเคลื่อนโดยความภาคภูมิใจที่แปลกประหลาดซึ่งเกิดจากก

ารเดินบนเส้นทางและบังเหียน

Quell'orgoglio faceva sì che i cani tirassero fino a crollare sulla neve.

ความภาคภูมิใจนั้นทำให้สุนัขดึงจนล้มลงบนหิมะ

L'orgoglio li spinse a dare tutta la forza che avevano.

ความภาคภูมิใจล่อลวงพวกเขาให้ยอมทุ่มกำลังทั้งหมดที่พวกเขามี

L'orgoglio può trascinare un cane da slitta fino al punto di ucciderlo.

ความภาคภูมิใจสามารถล่อลวงสุนัขลากเลื่อนได้แม้กระทั่งเมื่อใกล้

จะตาย

Perdere l'imbracatura rendeva i cani deboli e senza scopo.

การทำสายรัดหายทำให้สุนัขหักและไม่มีจุดหมาย

Il cuore di un cane da slitta può essere spezzato dalla vergogna quando va in pensione.

หัวใจของสุนัขลากเลื่อนอาจจะถูกทำลายด้วยความอับอายเมื่อมันเกษียณ

Dave viveva con questo orgoglio mentre trascinava la slitta da dietro.

เดฟใช้ชีวิตด้วยความภาคภูมิใจในขณะที่เขาลากเลื่อนจากด้านหลัง

Anche Solleks diede il massimo con cupa forza e lealtà.

โซลเลกส์เองก็ทุ่มเทอย่างเต็มที่ด้วยความแข็งแกร่งและความภักดี

Ogni mattina l'orgoglio li trasformava da amareggiati a determinati.

ในแต่ละเช้า

ความภูมิใจเปลี่ยนจากความขมขื่นให้กลายเป็นความมุ่งมั่น

Spinsero per tutto il giorno, poi tacquero una volta giunti alla fine dell'accampamento.

พวกเขาผลักดันกันตลอดทั้งวัน จากนั้นก็เงียบหายไปที่ปลายค่าย

Quell'orgoglio diede a Spitz la forza di mettere in riga i fannulloni.

ความภาคภูมิใจนั้นทำให้ Spitz

มีความแข็งแกร่งในการเอาชนะผู้หลบเลี่ยงให้เข้าแถว

Spitz temeva Buck perché Buck nutriva lo stesso profondo orgoglio.

สปิทซ์กลัวบัค

เนื่องจากบัคก็มีความภาคภูมิใจอย่างลึกซึ้งเช่นเดียวกัน

L'orgoglio di Buck ora si agitò contro Spitz, ma lui non si fermò.

ตอนนี้ความภูมิใจของบัคเริ่มต่อต้านสปิทซ์ และเขาก็ไม่ได้หยุด

Buck sfidò il potere di Spitz e gli impedì di punire i cani.

บัคขัดขืนพลังของสปิตซ์และขัดขวางไม่ให้เขาลงโทษสุนัข

Quando gli altri fallivano, Buck si frapponeva tra loro e il loro capo.

เมื่อคนอื่นๆ ล้มเหลว

บัคก็เข้ามาขวางระหว่างพวกเขากับผู้นำของพวกเขา

Lo fece con intenzione, rendendo la sua sfida aperta e chiara.

เขาทำสิ่งนี้ด้วยเจตนาเพื่อท้าทายอย่างเปิดเผยและชัดเจน

Una notte una forte nevicata coprì il mondo in un profondo silenzio.

คืนหนึ่ง หิมะที่ตกหนักปกคลุมโลกด้วยความเงียบสงบ

La mattina dopo, Pike, pigro come sempre, non si alzò per andare al lavoro.

เช้าวันรุ่งขึ้น ไพค์ยังคงขี้เกียจเช่นเคย และไม่ลุกขึ้นไปทำงาน

Rimase nascosto nel suo nido sotto uno spesso strato di neve.

เขาซ่อนตัวอยู่ในรังของเขาใต้ชั้นหิมะหนาทึบ

François gridò e cercò, ma non riuscì a trovare il cane.

ฟรานซัวส์ตะโกนออกไปและค้นหาแต่ไม่พบสุนัข

Spitz si infuriò e si scagliò contro l'accampamento coperto di neve.

สปิทซ์โกรธมากและบุกฝ่าค่ายที่ปกคลุมไปด้วยหิมะ

Ringhiò e annusò, scavando freneticamente con gli occhi fiammeggianti.

เขาขู่และดมกลิ่นอย่างบ้าคลั่งด้วยดวงตาที่ลุกโชน

La sua rabbia era così violenta che Pike tremava sotto la neve per la paura.

ความโกรธของเขารุนแรงมากจนทำให้ไพค์สั่นเทาด้วยความกลัว

Quando finalmente Pike fu trovato, Spitz si lanciò per punire il cane nascosto.

เมื่อพบไพค์ในที่สุด สปิทซ์ก็พุ่งเข้าลงโทษสุนัขที่ซ่อนอยู่

Ma Buck si scagliò tra loro con una furia pari a quella di Spitz.

แต่บัคก็กระโจนเข้ามาระหว่างพวกเขาด้วยความโกรธไม่แพ้สปิตซ์เลย

L'attacco fu così improvviso e astuto che Spitz cadde a terra.

การโจมตีนั้นกะทันหันและชาญฉลาดมากจนสปิตซ์ล้มลง

Pike, che tremava, trasse coraggio da questa sfida.

ไพค์ที่กำลังสั่นอยู่รู้สึกมีกำลังใจจากการท้าทายครั้งนี้

Seguendo l'audace esempio di Buck, saltò sullo Spitz caduto.

เขากระโจนใส่สุนัขพันธุ์สปิตซ์ที่ล้มลง

โดยทำตามตัวอย่างอันกล้าหาญของบัค

Buck, non più vincolato dall'equità, si unì allo sciopero di Spitz.

บัคซึ่งไม่ผูกพันด้วยความยุติธรรมอีกต่อไป

จึงเข้าร่วมการประท้วงสปิตซ์

François, divertito ma fermo nella disciplina, agitò la sua pesante frusta.

ฟรานซัวส์รู้สึกขบขันแต่ก็มั่นคงในระเบียบวินัย

และฟาดแส้อันหนักหน่วงของเขา

Colpì Buck con tutta la sua forza per interrompere la rissa.

เขาโจมตีบัคด้วยพละกำลังทั้งหมดของเขาเพื่อยุติการต่อสู้

Buck si rifiutò di muoversi e rimase in groppa al capo caduto.

บั๊กปฏิเสธที่จะเคลื่อนไหวและอยู่เหนือผู้นำที่ล้มลง

François allora usò il manico della frusta e colpì Buck con violenza.

จากนั้นฟรานซัวส์ก็ใช้ด้ามแส้ตีบั๊กอย่างแรง

Barcollando per il colpo, Buck cadde all'indietro sotto l'assalto.

บัคเซไปเซมาหลังจากโดนโจมตี และล้มลงอีกครั้ง

François colpì più volte mentre Spitz puniva Pike.

ฟรานซัวส์โจมตีซ้ำแล้วซ้ำเล่าในขณะที่สปิทซ์ลงโทษไพค์

Passarono i giorni e Dawson City si avvicinava sempre di più.

วันเวลาผ่านไป และเมือง Dawson City ก็ใกล้เข้ามาเรื่อยๆ

Buck continuava a intromettersi, infilandosi tra Spitz e gli altri cani.

บัคคอยเข้าไปแทรกแซง โดยลอดระหว่างสปิทซ์กับสุนัขตัวอื่นๆ

Sceglieva bene i suoi momenti, aspettando sempre che François se ne andasse.

เขาเลือกช่วงเวลาได้ดีมาก โดยคอยรอให้ฟรานซัวส์จากไปเสมอ

La ribellione silenziosa di Buck si diffuse e il disordine prese piede nella squadra.

การกบฏอันเงียบงันของบัคแพร่กระจาย

และความวุ่นวายก็หยั่งรากลึกในทีม

Dave e Solleks rimasero leali, ma altri diventarono indisciplinati.

เดฟและโซเลกส์ยังคงภักดี แต่บางคนกลับดื้อรั้น

La squadra peggiorò: divenne irrequieta, litigiosa e fuori luogo.

ทีมแย่ลงเรื่อยๆ ไม่สงบ ทะเลาะเบาะแว้ง และไร้ระเบียบ

Ormai niente filava liscio e le liti diventavano all'ordine del giorno.

ไม่มีอะไรทำงานราบรื่นอีกต่อไป

และการต่อสู้ก็กลายเป็นเรื่องปกติ

Buck rimase sempre al centro dei guai, provocando disordini.

บัคอยู่ที่ใจกลางปัญหาและคอยกระตุ้นให้เกิดความไม่สงบอยู่เสมอ

François rimase vigile, temendo la lotta tra Buck e Spitz.

ฟรานซัวส์ยังคงระมัดระวัง

เพราะกลัวการต่อสู้ระหว่างบั๊กกับสปิทซ์

Ogni notte veniva svegliato da zuffe e temeva che finalmente fosse arrivato l'inizio.

ในแต่ละคืน การทะเลาะวิวาทจะปลุกเขาให้ตื่น

เพราะกลัวว่าจุดเริ่มต้นจะมาถึงในที่สุด

Balzò fuori dalla veste, pronto a interrompere la rissa.

เขาถอดเสื้อคลุมออกพร้อมที่จะหยุดการต่อสู้

Ma il momento non arrivò mai e alla fine raggiunsero Dawson.

แต่เวลานั้นไม่เคยมาถึง และพวกเขาก็ไปถึงเมืองดอว์สันในที่สุด

La squadra entrò in città in un pomeriggio cupo, teso e silenzioso.

ทีมมาถึงเมืองในบ่ายวันหนึ่งอันมืดหม่น เงียบสงบ และตึงเครียด

La grande battaglia per la leadership era ancora sospesa nell'aria gelida.

การต่อสู้อันยิ่งใหญ่เพื่อชิงความเป็นผู้นำยังคงแขวนลอยอยู่ในอากาศอันหนาวเหน็บ

Dawson era piena di uomini e cani da slitta, tutti impegnati nel lavoro.

Dawson เต็มไปด้วยคนและสุนัขลากเลื่อน

ซึ่งทุกคนต่างก็ยุ่งกับงาน

Buck osservava i cani trainare i carichi dalla mattina alla sera.

บัคเฝ้าดูสุนัขลากของจากเช้าจรดค่ำ

Trasportavano tronchi e legna da ardere e spedivano rifornimenti alle miniere.

พวกเขาลากท่อนไม้และ ไม้ฟืน และขนเสบียงไปที่เหมืองแร่

Nel Southland, dove un tempo lavoravano i cavalli, ora lavoravano i cani.

ในบริเวณตอนใต้ของทวีปอเมริกา เคยมีม้าทำงาน แต่ปัจจุบัน

สุนัขกลับทำงานหนัก

Buck vide alcuni cani provenienti dal Sud, ma la maggior parte erano husky simili a lupi.

บั๊กเห็นสุนัขบางตัวจากทางใต้

แต่ส่วนใหญ่เป็นสุนัขพันธุ์ฮัสกี้ที่มีลักษณะคล้ายหมาป่า

Di notte, puntuali come un orologio, i cani alzavano la voce e cantavano.

ในเวลากลางคืน สุนัขก็จะส่งเสียงร้องตามอย่างไม่หยุดหย่อน

Alle nove, a mezzanotte e di nuovo alle tre, il canto cominciò.

เวลาเก้าโมง เวลาเที่ยงคืน และเวลาสามโมงอีกครั้ง

การร้องเพลงก็เริ่มขึ้น

Buck amava unirsi al loro canto inquietante, selvaggio e antico nel suono.

บั๊กชอบร่วมร้องเพลงสวดอันน่าขนลุกของพวกเขา

ซึ่งมีเสียงที่ดุร้ายและเก่าแก่

L'aurora fiammeggiava, le stelle danzavano e la neve ricopriva la terra.

แสงเหนือเปล่งประกาย ดวงดาวเต้นรำ

และหิมะปกคลุมไปทั่วแผ่นดิน

Il canto dei cani si elevava come un grido contro il silenzio e il freddo pungente.

เสียงร้องของสุนัขดังขึ้นท่ามกลางความเงียบและความหนาวเหน็บ

Ma il loro urlo esprimeva tristezza, non sfida, in ogni lunga nota.

แต่เสียงคร่ำครวญของพวกเขาเต็มไปด้วยความเศร้าโศก

ไม่ใช่การท้าทายในทุก ๆ โน้ตยาว ๆ

Ogni lamento era pieno di supplica: il peso stesso della vita.

เสียงคร่ำครวญแต่ละเสียงเต็มไปด้วยการวิงวอนซึ่งเป็นภาระของชี

วิตเอง

Quella canzone era vecchia, più vecchia delle città e più vecchia degli incendi

เพลงนั้นเก่ามาก—เก่ากว่าเมือง และเก่ากว่าไฟ

Quel canto era più antico perfino delle voci degli uomini.

เพลงนั้นเก่าแก่ยิ่งกว่าเสียงมนุษย์เสียอีก

Era una canzone del mondo dei giovani, quando tutte le canzoni erano tristi.

เป็นเพลงจากโลกวัยรุ่นที่เพลงทุกเพลงล้วนเศร้า

La canzone porta con sé il dolore di innumerevoli generazioni di cani.

บทเพลงนี้ถ่ายทอดความโศกเศร้าของสุนัขนับไม่ถ้วนรุ่น

Buck percepì profondamente la melodia, gemendo per un dolore radicato nei secoli.

บัครู้สึกถึงทำนองเพลงได้อย่างลึกซึ้ง

คร่ำครวญถึงความเจ็บปวดที่หยั่งรากลึกในยุคสมัยต่างๆ

Singhiozzava per un dolore antico quanto il sangue selvaggio nelle sue vene.

เขาสะอื้นไห้ด้วยความเศร้าโศกเท่ากับเลือดป่าที่อยู่ในเส้นเลือดขอ

งเขา

Il freddo, l'oscurità e il mistero toccarono l'anima di Buck.

ความหนาวเย็น ความมืด และความลึกลับ

สัมผัสจิตวิญญาณของบัค

Quella canzone dimostrava quanto Buck fosse tornato alle sue origini.

เพลงนั้นพิสูจน์ให้เห็นว่าบัคได้ย้อนกลับไปยังต้นกำเนิดของเขาไกลแค่ไหน

Tra la neve e gli ululati aveva trovato l'inizio della sua vita.

ท่ามกลางหิมะและเสียงหอน

เขาได้พบจุดเริ่มต้นของชีวิตของเขาเอง

Sette giorni dopo l'arrivo a Dawson, ripartirono.

หลังจากมาถึงเมืองดอว์สันได้เจ็ดวัน พวกเขาก็ออกเดินทางอีกครั้ง

La squadra si è lanciata dalla caserma fino allo Yukon Trail.

ทีมได้ออกเดินทางจากค่ายทหารมายังเส้นทางยูคอน

Iniziarono il viaggio di ritorno verso Dyea e Salt Water.

พวกเขาเริ่มเดินทางกลับไปยัง Dyea และ Salt Water

Perrault trasmise dispacci ancora più urgenti di prima.

เปอร์โรลต์ส่งข่าวสารที่มีความเร่งด่วนมากกว่าเดิม

Era anche preso dall'orgoglio per la corsa e puntava a stabilire un record.

เขายังรู้สึกภาคภูมิใจในเส้นทางและตั้งเป้าที่จะสร้างสถิติ

Questa volta Perrault aveva diversi vantaggi.

ครั้งนี้ มีข้อได้เปรียบหลายประการอยู่ฝ่ายของเพอร์โรลต์

I cani avevano riposato per un'intera settimana e avevano ripreso le forze.

สุนัขได้พักผ่อนมาหนึ่งสัปดาห์เต็ม และกลับมามีกำลังอีกครั้ง

La pista che avevano tracciato era ora battuta da altri.

เส้นทางที่พวกเขาเดินก่อนหน้านี้

ตอนนี้ถูกคนอื่นเหยียบจนแน่นแล้ว

In alcuni punti la polizia aveva immagazzinato cibo sia per i cani che per gli uomini.

ในสถานที่ต่างๆ ตำรวจได้เก็บอาหารไว้สำหรับทั้งสุนัขและผู้ชาย

Perrault viaggiava leggero, si muoveva velocemente e aveva poco a cui aggrapparsi.

เพอร์โรลต์เดินทางเบาๆ

และเคลื่อนที่เร็วโดยไม่มีอะไรถ่วงน้ำหนักเขาไว้

La prima sera raggiunsero la Sixty-Mile, una corsa lunga 50 miglia.

พวกเขาวิ่งถึงระยะทาง 60 ไมล์ในคืนแรก

Il secondo giorno risalirono rapidamente lo Yukon in direzione di Pelly.

ในวันที่สอง พวกเขารีบเร่งไปตามแม่น้ำยูคอนเข้าหาเพลลี

Ma questi grandi progressi comportarono anche molta fatica per François.

แต่ความก้าวหน้าที่ดีเช่นนี้มาพร้อมกับแรงกดดันอย่างมากสำหรับ

ฟรานซัวส์

La ribellione silenziosa di Buck aveva infranto la disciplina della squadra.

การกบฏอันเงียบงันของบัคทำให้วินัยของทีมพังทลาย

Non si univano più come un'unica bestia al comando.

พวกเขาไม่ดึงกันเข้าด้วยกันเหมือนสัตว์ตัวเดียวในบังเหียนอีกต่อไป

Buck aveva spinto altri alla sfida con il suo coraggioso esempio.

บัคได้นำคนอื่นๆ ให้ท้าทายด้วยตัวอย่างที่กล้าหาญของเขา

L'ordine di Spitz non veniva più accolto con timore o rispetto.

คำสั่งของสปิทซ์ไม่ได้รับการตอบรับด้วยความกลัวหรือความเคาร

พอีกต่อไป

Gli altri persero ogni timore reverenziale nei suoi confronti e osarono opporsi al suo governo.

คนอื่นๆ สูญเสียความเกรงขามต่อเขา

และกล้าต่อต้านการปกครองของเขา

Una notte, Pike rubò mezzo pesce e lo mangiò sotto gli occhi di Buck.

คืนหนึ่ง ไพค์ขโมยปลาไปครึ่งตัวแล้วกินใต้ตาของบัค

Un'altra notte, Dub e Joe combatterono contro Spitz e rimasero impuniti.

อีกคืนหนึ่ง ดับและโจสู้กับสปิทซ์และไม่ได้รับการลงโทษ

Anche Billee gemette meno dolcemente e mostrò una nuova acutezza.

แม้แต่บิลลี่ก็ยังครางหวานน้อยลงและแสดงความเฉียบคมใหม่

Buck ringhiava a Spitz ogni volta che si incrociavano.

บัคขู่สปิทซ์ทุกครั้งที่พวกเขาเดินผ่านกัน

L'atteggiamento di Buck divenne audace e minaccioso, quasi come quello di un bullo.

ทัศนคติของบัคกลายเป็นกล้าหาญและคุกคาม

เหมือนกับคนรังแกคนอื่น

Camminava avanti e indietro davanti a Spitz con un'andatura spavalda e piena di minaccia beffarda.

เขาเดินไปมาต่อหน้าสปิทซ์ด้วยท่าทางทะนงตนและเต็มไปด้วยกา

รเยาะเย้ยคุกคาม

Questo crollo dell'ordine si diffuse anche tra i cani da slitta.

การล่มสลายของระเบียบดังกล่าวยังแพร่กระจายไปสู่พวกสุนัขลา

กเลื่อนด้วย

Litigarono e discussero più che mai, riempiendo l'accampamento di rumore.

พวกเขาต่อสู้และโต้เถียงกันมากขึ้นกว่าเดิม

จนทำให้ค่ายเต็มไปด้วยเสียงดัง

Ogni notte la vita nel campeggio si trasformava in un caos selvaggio e ululante.

ชีวิตในค่ายกลายเป็นความโกลาหลวุ่นวายทุกคืน

Solo Dave e Solleks rimasero fermi e concentrati.

มีเพียงเดฟและโซเลกส์เท่านั้นที่ยังคงมั่นคงและมีสมาธิ

Ma anche loro diventarono irascibili a causa delle continue risse.

แต่ถึงกระนั้นพวกเขาก็ยังมีอารมณ์ฉุนเฉียวจากการทะเลาะวิวาทอย่างต่อเนื่อง

François imprecò in lingue strane e batté i piedi per la frustrazione.

ฟรานซัวส์สาปแช่งด้วยภาษาแปลกๆ

และกระทืบเท้าด้วยความหงุดหงิด

Si strappò i capelli e urlò mentre la neve gli volava sotto i piedi.

เขาฉีกผมของตัวเองและตะโกนขณะที่หิมะปลิวว่อนใต้เท้า

La sua frusta schioccò contro il gruppo, ma a malapena riuscì a tenerli in riga.

แส้ของเขาฟาดข้ามฝูงศัตรูแต่แทบจะควบคุมพวกมันไว้ไม่ได้

Ogni volta che voltava le spalle, la lotta ricominciava.

เมื่อใดก็ตามที่เขาหันหลังกลับ การต่อสู้ก็เกิดขึ้นอีกครั้ง

François usò la frusta per Spitz, mentre Buck guidava i ribelli.

ฟรานซัวส์ใช้แส้กับสปิตซ์ ในขณะที่บัคเป็นผู้นำกลุ่มกบฏ

Ognuno conosceva il ruolo dell'altro, ma Buck evitava di addossare ogni colpa.

แต่ละคนรู้บทบาทของอีกฝ่าย แต่บัดเลี่ยงที่จะตำหนิใคร

François non ha mai colto Buck mentre iniziava una rissa o si sottraeva al suo lavoro.

ฟรานซัวส์ไม่เคยจับได้ว่าบัคเริ่มการต่อสู้หรือหลบเลี่ยงงานของเขา ๆ

Buck lavorava duramente ai finimenti: la fatica ora gli dava entusiasmo.

บั๊กทำงานหนักมากในการฝึกม้า—

ความเหน็ดเหนื่อยนี้ทำให้จิตวิญญาณของเขาตื่นเต้น

Ma trovava ancora più gioia nel fomentare risse e caos nell'accampamento.

แต่เขาพบความสุขมากกว่าในการยุยงปลุกปั่นและความวุ่นวายใน ค่าย

Una sera, alla foce del Tahkeena, Dub spaventò un coniglio.

เย็นวันหนึ่งที่ปากของ Tahkeena ดับทำให้กระต่ายตกใจ

Mancò la presa e il coniglio con la racchetta da neve balzò via.

เขาพลาดการจับและกระต่ายหิมะก็กระโจนหนีไป

Nel giro di pochi secondi, l'intera squadra di slitte si lanciò all'inseguimento, gridando a squarciagola.

ภายใน ไม่กี่วินาที ทีมลากเลื่อนทั้งทีมก็ไล่ตามด้วยเสียงร้องลั่น

Nelle vicinanze, un accampamento della polizia del nord-ovest ospitava cinquanta cani husky.

ใกล้ๆ

กันมีค่ายตำรวจทางตะวันตกเฉียงเหนือที่เลี้ยงสุนัขพันธุ์ไซบีเรียน ฮัสกี้ไว้ 50 ตัว

Si unirono alla caccia, scendendo insieme il fiume ghiacciato.

พวกเขาร่วมออกตามล่าและล่องลงมาในแม่น้ำที่เป็นน้ำแข็งด้วยกัน

Il coniglio lasciò il fiume e fuggì lungo il letto ghiacciato di un ruscello.

กระต่ายเดินออกจากแม่น้ำแล้ววิ่งหนีขึ้นไปตามลำธารที่เป็นน้ำแข็ง

Il coniglio saltellava leggero sulla neve mentre i cani si facevano strada a fatica.

กระต่ายกระโดดเบา ๆ บนหิมะ ขณะที่สุนัขดิ้นรนฝ่าไป

Buck guidava l'enorme branco di sessanta cani attorno a ogni curva tortuosa.

บั๊กนำฝูงสุนัขจำนวนมากถึง 60 ตัวผ่านโค้งที่คดเคี้ยวแต่ละแห่ง

Si spinse in avanti, basso e impaziente, ma non riuscì a guadagnare terreno.

เขาก้าวไปข้างหน้าอย่างต่ำและกระตือรือร้นแต่ไม่สามารถได้พื้นที่คืนมา

Il suo corpo brillava sotto la pallida luna a ogni potente balzo.

ร่างของเขาเปล่งประกายภายใต้แสงจันทร์สีซีดจากการกระโดดอันทรงพลังในแต่ละครั้ง

Davanti a loro, il coniglio si muoveva come un fantasma, silenzioso e troppo veloce per essere catturato.

ข้างหน้ากระต่ายเคลื่อนไหวราวกับผี เงียบงัน

และเร็วเกินกว่าจะจับได้

Tutti quei vecchi istinti, la fame, l'eccitazione, attraversarono Buck.

สัญชาตญาณเก่าๆ ทั้งหมด ทั้งความหิว ความตื่นเต้น
พุ่งพล่านในตัวบัค

A volte gli esseri umani avvertono questo istinto e sono spinti a cacciare con armi da fuoco e proiettili.

มนุษย์รู้สึกถึงสัญชาตญาณนี้บางครั้ง

ซึ่งถูกผลักดันให้ล่าสัตว์ด้วยปืนและกระสุน

Ma Buck provava questa sensazione a un livello più profondo e personale.

แต่บัครู้สึกถึงความรู้สึกนี้ในระดับที่ลึกซึ้งและเป็นส่วนตัวมากขึ้น

Non riuscivano a percepire la natura selvaggia nel loro sangue come Buck.

พวกเขาไม่รู้สึกถึงความป่าเถื่อนในเลือดของพวกเขาในแบบที่บัครู้สึกได้

Inseguiva la carne viva, pronto a uccidere con i denti e ad assaggiare il sangue.

เขาไล่ตามเนื้อที่มีชีวิตพร้อมที่จะฆ่าด้วยฟันและลิ้มรสเลือด

Il suo corpo si tendeva per la gioia, desiderando immergersi nel caldo rosso della vita.

ร่างกายของเขาตึงเครียดด้วยความสุข

อยากอาบน้ำในชีวิตสีแดงอันอบอุ่น

Una strana gioia segna il punto più alto che la vita possa mai raggiungere.

ความยินดีที่แปลกประหลาดเป็นจุดสูงสุดที่ชีวิตสามารถไปถึงได้

La sensazione di raggiungere un picco in cui i vivi dimenticano di essere vivi.

ความรู้สึกของจุดสูงสุดที่คนเป็นลืมไปด้วยซ้ำว่าตนยังมีชีวิตอยู่

Questa gioia profonda tocca l'artista immerso in un'ispirazione ardente.

ความสุขลึกๆ

นี้สัมผัสได้ถึงศิลปินที่จมอยู่กับแรงบันดาลใจอันร้อนแรง

Questa gioia afferra il soldato che combatte selvaggiamente e non risparmia alcun nemico.

ความยินดีนี้จะเข้าครอบงำทหารที่ต่อสู้ดุเดือดและไม่ละเว้นศัตรู

Questa gioia ora colpì Buck mentre guidava il branco in preda alla fame primordiale.

ความสุขนี้ครอบครองบัคไปแล้ว

ขณะที่เขาเป็นผู้นำฝูงในการหิวโหยดั้งเดิม

Ululò con l'antico grido del lupo, emozionato per l'inseguimento.

เขาส่งเสียงหอนดังเหมือนหมาป่าโบราณ

รู้สึกตื่นเต้นกับการไล่ตามอย่างมีชีวิต

Buck fece appello alla parte più antica di sé, persa nella natura selvaggia.

บัคได้สัมผัสกับส่วนที่เก่าแก่ที่สุดในตัวเอง ซึ่งหลงอยู่ในป่า

Scavò in profondità dentro di sé, oltre la memoria, fino al tempo grezzo e antico.

เขาเข้าถึงส่วนลึกภายในความทรงจำในอดีต

สู่กาลเวลาอันดิบและโบราณ

Un'ondata di vita pura pervase ogni muscolo e tendine.

คลื่นแห่งชีวิตอันบริสุทธิ์พุ่งผ่านกล้ามเนื้อและเส้นเอ็นทุกส่วน

Ogni salto gridava che viveva, che attraversava la morte.

การกระโดดแต่ละครั้งเป็นการตะโกนว่าเขายังมีชีวิตอยู่

และเขาได้ก้าวผ่านความตายมาแล้ว

Il suo corpo si librava gioioso su una terra immobile e fredda che non si muoveva mai.

ร่างของเขาทะยานขึ้นไปอย่างมีความสุขบนดินแดนอันนิ่งสงบและหนาวเย็นที่ไม่เคยเคลื่อนไหวเลย

Spitz rimase freddo e astuto anche nei suoi momenti più selvaggi.

สปิทซ์ยังคงเย็นชาและเจ้าเล่ห์ แม้กระทั่งในช่วงเวลาที่ดุร้ายที่สุด

Lasciò il sentiero e attraversò un terreno dove il torrente formava una curva ampia.

เขาออกจากเส้นทางแล้วเดินข้ามดินแดนที่ลำธารโค้งกว้าง

Buck, ignaro di ciò, rimase sul sentiero tortuoso del coniglio.

บัคไม่รู้เรื่องนี้และเดินต่อไปตามทางคดเคี้ยวของกระต่าย

Poi, mentre Buck svoltava dietro una curva, il coniglio spettrale si trovò davanti a lui.

เมื่อบัคเลี้ยวโค้ง กระต่ายที่ดูเหมือนผีก็อยู่ตรงหน้าเขา

Vide una seconda figura balzare dalla riva precedendo la preda.

เขาเห็นร่างที่สองกระโดดลงมาจากฝั่งเพื่อรอเหยื่อ

La figura era Spitz, atterrato proprio sulla traiettoria del coniglio in fuga.

ร่างนั้นคือสปิทซ์ ที่กำลังลงจอดตรงทางของกระต่ายที่กำลังวิ่งหนี

Il coniglio non riuscì a girarsi e incontrò le fauci di Spitz a mezz'aria.

กระต่ายไม่สามารถหันตัวได้และพุ่งเข้าโจมตีขากรรไกรของสปิทซ์ในกลางอากาศ

La spina dorsale del coniglio si spezzò con un grido acuto come il grido di un essere umano morente.

กระดูกสันหลังของกระต่ายหักด้วยเสียงกรี๊ดที่แหลมคมเท่ากับเสียงร้องของมนุษย์ที่กำลังจะตาย

A quel suono, il passaggio dalla vita alla morte, il branco ululò forte.

เมื่อได้ยินเสียงนั้น—การตกจากชีวิตสู่ความตาย—ฝูงสัตว์ก็หอนดัง

Un coro selvaggio si levò da dietro Buck, pieno di oscura gioia.

เสียงร้องประสานเสียงอันดุร้ายดังขึ้นจากด้านหลังของบัค

ซึ่งเต็มไปด้วยความสุขอันมืดมน

Buck non emise alcun grido, nessun suono e si lanciò dritto verso Spitz.

บัคไม่ส่งเสียงร้องหรือส่งเสียงใดๆ และพุ่งเข้าใส่สปิทซ์โดยตรง

Mirò alla gola, ma colpì invece la spalla.

เขาเล็งไปที่ลำคอแต่กลับถูกไหล่แทน

Caddero nella neve soffice, i loro corpi erano intrappolati in un combattimento.

พวกเขาล้มลงไปในหิมะที่อ่อนนุ่ม

ร่างกายของพวกเขาล็อคกันเพื่อต่อสู้

Spitz balzò in piedi rapidamente, come se non fosse mai stato atterrato.

สปิทซ์กระโจนขึ้นอย่างรวดเร็ว ราวกับว่าไม่เคยถูกกระแทกล้มเลย

Colpì Buck alla spalla e poi balzò fuori dalla mischia.

เขาฟันไหล่ของบัค จากนั้นก็กระโจนหนีจากการต่อสู้

Per due volte i suoi denti schioccarono come trappole d'acciaio, e le sue labbra si arricciarono e si fecero feroci.

ฟันของเขาหักสองครั้งเหมือนกับดักเหล็ก

ริมฝีปากของเขาโค้งงอและดุร้าย

Arretrò lentamente, cercando un terreno solido sotto i piedi.

เขาก้าวถอยออกไปอย่างช้าๆ เพื่อหาจุดที่มั่นคงใต้เท้า

Buck comprese il momento all'istante e pienamente.

บัคเข้าใจช่วงเวลานั้นทันทีและอย่างสมบูรณ์

Il momento era giunto: la lotta sarebbe stata una lotta all'ultimo sangue.

ถึงเวลาแล้ว การต่อสู้จะต้องเป็นการต่อสู้จนตาย

I due cani giravano in cerchio, ringhiando, con le orecchie piatte e gli occhi socchiusi.

สุนัขทั้งสองตัวเดินวนไปมาพร้อมกับคำราม หูตั้งชัน และตาหรี่ลง

Ogni cane aspettava che l'altro mostrasse debolezza o facesse un passo falso.

สุนัขแต่ละตัวต่างรอให้สุนัขตัวอื่นแสดงจุดอ่อนหรือก้าวพลาด

Buck percepiva quella scena come stranamente nota e profondamente ricordata.

สำหรับบัค ฉากนั้นดูเหมือนคุ้นเคยและจดจำได้อย่างลึกซึ้ง

I boschi bianchi, la terra fredda, la battaglia al chiaro di luna.

ป่าสีขาว พื้นดินอันหนาวเย็น การต่อสู้ใต้แสงจันทร์

Un silenzio pesante, profondo e innaturale riempiva la terra.

ความเงียบอันหนักหน่วงแผ่ปกคลุมไปทั่วแผ่นดิน

ลึกล้ำและดูผิดธรรมชาติ

Nessun vento si alzava, nessuna foglia si muoveva, nessun suono rompeva il silenzio.

ไม่มีลมพัด ไม่มีใบไม้เคลื่อนไหว

ไม่มีเสียงใดมาทำลายความเงียบสงบ

Il respiro dei cani si levava come fumo nell'aria gelida e silenziosa.

ลมหายใจของสุนัขพวยพุ่งขึ้นเหมือนควันในอากาศอันเงียบสงบแ

ละเย็นยะเยือก

Il coniglio era stato dimenticato da tempo dal branco di animali selvatici.

กระต่ายนั้นถูกลืมโดยฝูงสัตว์ป่ามานานแล้ว

Questi lupi semiaddomesticati ora stavano fermi in un ampio cerchio.

หมาป่าที่เชื่องเพียงครึ่งเดียวเหล่านี้ยืนนิ่งเป็นวงกลมกว้าง

Erano silenziosi, solo i loro occhi luminosi rivelavano la loro fame.

พวกเขาเงียบงัน

มีเพียงดวงตาที่เปล่งประกายเผยให้เห็นความหิวโหยของพวกเขา

Il loro respiro saliva, mentre osservavano l'inizio dello scontro finale.

ลมหายใจของพวกเขาลอยขึ้นไปเพื่อเฝ้าดูการต่อสู้ครั้งสุดท้ายเริ่มต้นขึ้น

Per Buck questa battaglia era vecchia e attesa, per niente strana.

สำหรับบัค การต่อสู้ครั้งนี้เป็นเรื่องเก่าและเป็นที่คาดเดาได้

ไม่ใช่เรื่องแปลกเลย

Era come il ricordo di qualcosa che doveva accadere da sempre.

มันรู้สึกเหมือนเป็นความทรงจำถึงสิ่งที่มักจะเกิดขึ้นเสมอ

Spitz era un cane da combattimento addestrato, affinato da innumerevoli risse selvagge.

สปิทซ์เป็นสุนัขต่อสู้ที่ผ่านการฝึกฝนมาเพื่อต่อสู้อย่างดุเดือดนับไม่ถ้วน

Dallo Spitzbergen al Canada, aveva sconfitto molti nemici.

ตั้งแต่สปิทซ์เบอร์เกนไปจนถึงแคนาดา

เขาได้ฝึกฝนศัตรูมาแล้วมากมาย

Era pieno di rabbia, ma non cedette mai il controllo alla rabbia.

เขาเต็มไปด้วยความโกรธ แต่ไม่เคยควบคุมความโมโหได้เลย

La sua passione era acuta, ma sempre temperata dal duro istinto.

ความหลงใหลของเขารุนแรง

แต่ก็ถูกควบคุมโดยสัญชาตญาณที่รุนแรงอยู่เสมอ

Non ha mai attaccato finché non ha avuto la sua difesa pronta.

เขาไม่เคยโจมตีจนกว่าการป้องกันของตนเองจะพร้อม

Buck provò più volte a raggiungere il collo vulnerabile di Spitz.

บัคพยายามซ้ำแล้วซ้ำเล่าที่จะเอื้อมถึงคอที่เปราะบางของสปิทซ์

Ma ogni colpo veniva accolto da un fendente dei denti affilati di Spitz.

แต่การโจมตีทุกครั้งจะต้องเจอกับฟันอันแหลมคมของสปิทซ์

Le loro zanne si scontrarono ed entrambi i cani sanguinarono dalle labbra lacerate.

เขี้ยวของพวกมันปะทะกัน

และสุนัขทั้งสองตัวมีเลือดออกจากริมฝีปากที่ฉีกขาด

Nonostante i suoi sforzi, Buck non riusciva a rompere la difesa.

ไม่ว่าบัคจะพุ่งทะยานอย่างไร

เขาก็ไม่สามารถทำลายการป้องกันได้

Divenne sempre più furioso e si lanciò verso di lui con violente esplosioni di potenza.

เขายิ่งโกรธมากขึ้น รีบพุ่งพลังเข้ามาอย่างดุเดือด

Buck colpì ripetutamente la bianca gola di Spitz.

บัคโจมตีลำคอสีขาวของสปิทซ์ซ้ำแล้วซ้ำเล่า

Ogni volta Spitz schivava e contrattaccava con un morso tagliente.

แต่ละครั้งที่สปิทซ์หลบเลี่ยงและตอบโต้ด้วยการกัดแบบเฉือน

Poi Buck cambiò tattica, avventandosi di nuovo come se volesse colpirlo alla gola.

จากนั้น บั๊กก็เปลี่ยนกลยุทธ์

รีบเข้ามาเหมือนจะโจมตีที่ลำคออีกครั้ง

Ma a metà attacco si è ritirato, girandosi per colpire di lato.

แต่เขากลับถอยกลับระหว่างการโจมตี

และหันกลับมาโจมตีจากด้านข้าง

Colpì Spitz con una spallata, con l'intento di buttarlo a terra.

เขาเหวี่ยงไหล่ไปที่สปิทซ์ ตั้งใจที่จะล้มเขาลง

Ogni volta che ci provava, Spitz lo schivava e rispondeva con un fendente.

ทุกครั้งที่เขาพยายาม สปิทซ์จะหลบและโต้ตอบด้วยการฟัน

La spalla di Buck si faceva scorticare mentre Spitz si liberava dopo ogni colpo.

ไหล่ของบัคปวดร้าวเมื่อสปิทซ์กระโดดหนีหลังจากโดนตีทุกครั้ง

Spitz non era stato toccato, mentre Buck sanguinava dalle numerose ferite.

สปิทซ์ไม่ได้ถูกแตะต้อง

ในขณะที่บัคมีเลือดไหลจากบาดแผลหลายแห่ง

Il respiro di Buck era affannoso e pesante, il suo corpo era viscido di sangue.

ลมหายใจของบัคเร็วและหนัก ร่างกายของเขาเปื้อนเลือด

La lotta diventava più brutale a ogni morso e carica.

การต่อสู้กลายเป็นเรื่องโหดร้ายมากขึ้นเมื่อถูกกัดและโจมตีแต่ละครั้ง

Attorno a loro, sessanta cani silenziosi aspettavano che il primo cadesse.

รอบๆ ตัวพวกเขามีสุนัขเงียบๆ หกสิบตัวที่รอให้ตัวแรกตกลงมา

Se un cane fosse caduto, il branco avrebbe posto fine alla lotta.

หากสุนัขตัวใดตัวหนึ่งหลุดออกไป ฝูงสุนัขจะต้องยุติการต่อสู้

Spitz vide Buck indebolirsi e cominciò ad attaccare.

สปิทซ์เห็นว่าบัคเริ่มอ่อนแรง และเริ่มกดดันโจมตี

Mantenne Buck sbilanciato, costringendolo a lottare per restare in piedi.

เขาทำให้บัคเสียสมดุล ทำให้เขาต้องสู้เพื่อทรงตัว

Una volta Buck inciampò e cadde, e tutti i cani si rialzarono.

ครั้งหนึ่งบัคสะดุดและล้ม สุนัขทุกตัวก็ลุกขึ้น

Ma Buck si raddrizzò a metà caduta e tutti ricaddero.

แต่บัคก็ลุกขึ้นมาได้ในขณะที่ล้มลง และทุกคนก็ล้มลงไปอีกครั้ง

Buck aveva qualcosa di raro: un'immaginazione nata da un profondo istinto.

บัคมีสิ่งที่หายาก

นั่นก็คือจินตนาการที่เกิดจากสัญชาตญาณส่วนลึก

Combatté per istinto naturale, ma combatté anche con astuzia.

เขาต่อสู้โดยใช้แรงขับเคลื่อนตามธรรมชาติ

แต่เขาก็ต่อสู้ด้วยความฉลาดแกมโกงด้วยเช่นกัน

Tornò ad attaccare come se volesse ripetere il trucco dell'attacco alla spalla.

เขาชาร์จอีกครั้งราวกับว่ากำลังทำท่าโจมตีไหล่ซ้ำๆ

Ma all'ultimo secondo si abbassò e passò sotto Spitz.

แต่ในวินาทีสุดท้าย เขาได้ลดตัวลงมาและกวาดไปใต้สปิทซ์

I suoi denti si bloccarono sulla zampa anteriore sinistra di Spitz con uno schiocco.

ฟันของเขาล็อคเข้าที่ขาหน้าซ้ายของสปิทซ์อย่างรวดเร็ว

Spitz ora era instabile e il suo peso gravava solo su tre zampe.

ขณะนี้ สปิทซ์ยืน ไม่มั่นคง โดยมีน้ำหนักอยู่บนขาเพียงสามขา

Buck colpì di nuovo e tentò tre volte di atterrarlo.

บัคโจมตีอีกครั้ง พยายามสามครั้งที่จะล้มเขาลง

Al quarto tentativo ha usato la stessa mossa con successo

ในความพยายามครั้งที่สี่

เขาใช้การเคลื่อนไหวเดียวกันและประสบความสำเร็จ

Questa volta Buck riuscì a mordere la zampa destra di Spitz.

คราวนี้บัคสามารถกัดขาขวาของสปิทซ์ได้สำเร็จ

Spitz, benché storpio e in agonia, continuò a lottare per sopravvivere.

แม้ว่าสปิทซ์จะพิการและทรมาน แต่ก็ยังคงดิ้นรนเพื่อเอาชีวิตรอด

Vide il cerchio degli husky stringersi, con le lingue fuori e gli occhi luminosi.

เขามองเห็นสุนัขฮัสกี้ตัวหนึ่งขดตัวแน่น

แลบลิ้นและดวงตาเป็นประกาย

Aspettarono di divorarlo, proprio come avevano fatto con gli altri.

พวกมันคอยที่จะกลืนกินเขาเหมือนอย่างที่พวกเขาทำกับผู้อื่น

Questa volta era lui al centro, sconfitto e condannato.

คราวนี้เขามายืนอยู่ตรงกลาง พ่ายแพ้และพินาศ

Ormai il cane bianco non aveva più alcuna possibilità di fuga.

ตอนนี้ไม่มีทางเลือกอื่นนอกจากต้องหลบหนีสำหรับสุนัขสีขาวแล้

ว

Buck non mostrò alcuna pietà, perché la pietà non era a posto nella natura selvaggia.

บัคไม่แสดงความเมตตา เพราะความเมตตาไม่ควรมีอยู่ในป่า

Buck si mosse con cautela, preparandosi per la carica finale.

บัคเคลื่อนไหวอย่างระมัดระวังเพื่อเตรียมพร้อมสำหรับการชาร์จครั้งสุดท้าย

Il cerchio degli husky si stringeva; lui sentiva i loro respiri caldi.

ฝูงสุนัขไซบีเรียนฮัสกี้เดินเข้ามาใกล้ เขาสัมผัสได้ถึงลมหายใจอุ่น ๆ ของพวกมัน

Si accovacciarono, pronti a scattare quando fosse giunto il momento.

พวกมันหมอบตัวต่ำเตรียมที่จะกระโจนเมื่อถึงเวลา

Spitz tremava nella neve, ringhiando e cambiando posizione.

สปิทซ์ตัวสั่นในหิมะ ส่งเสียงขู่คำรามและเปลี่ยนท่าทาง

I suoi occhi brillavano, le labbra si arricciavano, i denti brillavano in un'espressione disperata e minacciosa.

เขาจ้องมองด้วยดวงตาที่ดุร้าย ริมฝีปากที่โค้งงอ

ฟันที่กระพริบเป็นสัญญาณคุกคามอย่างสิ้นหวัง

Barcollò, cercando ancora di resistere al freddo morso della morte.

เขาเซไปข้างหน้า

พยายามต้านทานความหนาวเหน็บแห่งความตายเอาไว้

Aveva già visto situazioni simili, ma sempre dalla parte dei vincitori.

เขาเคยเห็นแบบนี้มาก่อนแต่เป็นฝ่ายชนะเสมอ

Ora era dalla parte perdente; lo sconfitto; la preda; la morte.

บัดนี้เขาอยู่ในฝ่ายที่แพ้ ฝ่ายพ่ายแพ้ ฝ่ายตกเป็นเหยื่อ ฝ่ายความตาย

Buck si preparò al colpo finale, mentre il cerchio dei cani si faceva sempre più stretto.

บั๊กเดินวนเพื่อโจมตีครั้งสุดท้าย

วงแหวนของสุนัขก็เข้ามาใกล้มากขึ้น

Poteva sentire i loro respiri caldi; erano pronti a uccidere.

เขาสัมผัสได้ถึงลมหายใจร้อนๆ ของพวกมัน พร้อมที่จะสังหาร

Calò il silenzio; tutto era al suo posto; il tempo si era fermato.

ความเงียบสงบเริ่มเข้ามาแทนที่ ทุกสิ่งอยู่ในที่ของมัน

เวลาหยุดนิ่งไป

Persino l'aria fredda tra loro si congelò per un ultimo istante.

แม้แต่ลมเย็นระหว่างพวกเขาก็ยังแข็งตัวเป็นวินาทีสุดท้าย

Soltanto Spitz si mosse, cercando di trattenere la sua fine amara.

มีเพียงสปิทซ์เท่านั้นที่เคลื่อนไหว

เพื่อพยายามระงับอารมณ์ที่ขมขื่นของเขาเอาไว้

Il cerchio dei cani si stava stringendo attorno a lui, come era suo destino.

วงสุนัขกำลังปิดล้อมเขาเช่นเดียวกับชะตากรรมของเขา

Ora era disperato, sapendo cosa stava per accadere.

ตอนนี้เขาหมดหวังแล้ว เพราะรู้ว่ากำลังจะเกิดอะไรขึ้น

Buck balzò dentro e la sua spalla incontrò la sua spalla per l'ultima volta.

บัคกระโจนเข้ามา ไหล่ชนไหล่เป็นครั้งสุดท้าย

I cani si lanciarono in avanti, nascondendo Spitz nell'oscurità della neve.

สุนัขวิ่งไปข้างหน้า

ปกคลุมสปิทซ์ด้วยความมืดมิดที่เต็มไปด้วยหิมะ

Buck osservava, eretto e fiero; il vincitore in un mondo selvaggio.

บัดเฝ้าดูอย่างยืนหยัดอย่างสง่า เขาเป็นผู้ชนะในโลกที่โหดร้าย

La bestia primordiale dominante aveva fatto la sua uccisione, e la aveva fatta bene.

สัตว์ดึกดำบรรพ์ที่มีอำนาจเหนือกว่าได้สังหารมันแล้ว

และมันก็เป็นเรื่องดี

Colui che ha conquistato la maestria
ผู้ที่ได้ชัยชนะสู่ความเป็นเจ้านาย

"Eh? Cosa ho detto? Dico la verità quando dico che Buck è
un diavolo."

"เอ๊ะ ฉันพูดอะไรนะ ฉันพูดจริงนะที่บอกว่าบัคเป็นปีศาจ"

François raccontò questo la mattina dopo aver scoperto la
scomparsa di Spitz.

ฟรานซัวส์พูดเช่นนี้ในเช้าวันรุ่งขึ้นหลังจากพบว่าสปิทซ์หายไป

Buck rimase lì, coperto di ferite causate dal violento
combattimento.

บัคยืนอยู่ที่นั่น

ร่างกายเต็มไปด้วยบาดแผลจากการต่อสู้อันโหดร้าย

François tirò Buck vicino al fuoco e indicò le ferite.

ฟรานซัวส์ดึงบั๊กเข้ามาใกล้กองไฟแล้วชี้ไปที่บาดแผล

«Quello Spitz ha combattuto come il Devik», disse Perrault,
osservando i profondi tagli.

"สปิทซ์ตัวนั้นต่อสู้เหมือนกับเดวิค"

เพอร์โรลต์กล่าวขณะจ้องมองบาดแผลลึก

«E quel Buck si batteva come due diavoli», rispose subito
François.

"และบัคก็ต่อสู้ราวกับเป็นปีศาจสองตัว" ฟรานซัวส์ตอบทันที

"Ora faremo buon passo; niente più Spitz, niente più guai."

"ตอนนี้เราจะใช้เวลาให้คุ้มค่า ไม่มี Spitz อีกต่อไป

ไม่มีปัญหาอีกต่อไป"

Perrault stava preparando l'attrezzatura e caricò la slitta con
cura.

เพอร์โรลต์กำลังบรรจุอุปกรณ์และบรรทุกเลื่อนอย่างระมัดระวัง

François bardò i cani per prepararli alla corsa della giornata.

ฟรานซัวส์เตรียมสุนัขให้พร้อมสำหรับการวิ่งในแต่ละวัน

Buck trotterellò dritto verso la posizione di testa, precedentemente occupata da Spitz.

บัควิ่งตรงไปสู่ตำแหน่งผู้นำที่เคยครองโดยสปิทซ์

Ma François, senza accorgersene, condusse Solleks in prima linea.

แต่ฟรานซัวส์ไม่ทันสังเกต เขาก็พาโซเลกส์ไปข้างหน้า

Secondo François, Solleks era ora il miglior cane da corsa.

ในความเห็นของ François Solleks

เป็นสุนัขนำทางที่ดีที่สุดในขณะนี้

Buck si scagliò furioso contro Solleks e lo respinse indietro in segno di protesta.

บัคกระโจนเข้าหาโซเลกส์ด้วยความโกรธและขับไล่เขากลับไปเพื่

อประท้วง

Si fermò dove un tempo si era fermato Spitz, rivendicando la posizione di comando.

เขายืนอยู่ที่เดิมที่สปิทซ์เคยยืน โดยอ้างตำแหน่งผู้นำ

"Eh? Eh?" esclamò François, dandosi una pacca sulle cosce divertito.

"เอ๊ะ? เอ๊ะ?"

ฟรานซัวส์ร้องขึ้นพร้อมตบต้นขาตัวเองด้วยความขบขัน

"Guarda Buck: ha ucciso Spitz, ora vuole prendersi il posto!"

"ดูบัคสิ เขาฆ่าสปิตซ์ ตอนนี้เขาอยากจะรับงานนี้!"

"Vattene via, Chook!" urlò, cercando di scacciare Buck.

"ไปให้พ้นนะ นก!" เขาตะโกนพยายามไล่บั๊กออกไป

Ma Buck si rifiutò di muoversi e rimase immobile nella neve.

แต่บัคปฏิเสธที่จะเคลื่อนไหวและยืนหยัดมั่นคงท่ามกลางหิมะ

François afferrò Buck per la collottola e lo trascinò da parte.

ฟรานซัวส์คว้าคอของบัคแล้วลากเขาออกไป

Buck ringhiò basso e minaccioso, ma non attaccò.

บัคคำรามต่ำและคุกคามแต่ไม่ได้โจมตี

François rimette Solleks in testa, cercando di risolvere la disputa

ฟรานซัวส์พาโซลเลกส์กลับมาเป็นผู้นำอีกครั้งและพยายามยุติข้อพิพาท

Il vecchio cane mostrò paura di Buck e non voleva restare.

สุนัขแก่ตัวนี้แสดงอาการกลัวบัคและไม่อยากอยู่ต่อ

Quando François gli voltò le spalle, Buck scacciò di nuovo Solleks.

เมื่อฟรานซัวส์หันหลัง บัคก็ไล่โซเลกส์ออกไปอีกครั้ง

Solleks non oppose resistenza e si fece di nuovo da parte in silenzio.

โซลเลกส์ไม่ได้ต่อต้านและก้าวถอยไปอย่างเงียบๆ อีกครั้ง

François si arrabbiò e urlò: "Per Dio, ti sistemo!"

ฟรานซัวส์โกรธมากและตะโกนว่า "ด้วยพระเจ้า ฉันจะรักษาคุณ!"

Si avvicinò a Buck tenendo in mano una pesante mazza.

เขาเดินเข้ามาหาบัคโดยถือไม้กระบองหนักๆ ไว้ในมือ

Buck ricordava bene l'uomo con il maglione rosso.

บัคจำชายผู้สวมเสื้อกันหนาวสีแดงได้ดี

Si ritirò lentamente, osservando François ma ringhiando profondamente.

เขาถอยกลับอย่างช้าๆ พลางมองฟรานซัวส์

แต่คำรามอย่างหนักแน่น

Non si affrettò a tornare indietro, nemmeno quando Solleks si mise al suo posto.

เขาไม่รีบกลับแม้ว่าโซเลคส์จะยืนอยู่ในตำแหน่งของเขาก็ตาม

Buck si girò in cerchio, appena fuori dalla sua portata, ringhiando furioso e protestando.

บั๊กเดินวนไปจนสุดระยะแล้วขู่คำรามด้วยความโกรธและประท้วง

Teneva gli occhi fissi sulla mazza, pronto a schivare il colpo se François l'avesse lanciata.

เขาเฝ้าจับตาดูสโมสรเพื่อเตรียมพร้อมหลบหากฟรานซัวส์ขว้าง

Era diventato saggio e cauto nei confronti degli uomini che maneggiavano le armi.

เขาเริ่มฉลาดและระมัดระวังในวิถีทางของชายผู้ถืออาวุธ

François si arrese e chiamò di nuovo Buck al suo vecchio posto.

ฟรานซัวส์ยอมแพ้และเรียกบัคกลับไปที่เดิมของเขาอีกครั้ง

Ma Buck fece un passo indietro con cautela, rifiutandosi di obbedire all'ordine.

แต่บัคกลับก้าวถอยกลับด้วยความระมัดระวัง

ปฏิเสธที่จะปฏิบัติตามคำสั่ง

François lo seguì, ma Buck indietreggiò solo di pochi passi.

ฟรานซัวส์เดินตามไป แต่บัคเพียงถอยกลับไปอีกไม่กี่ก้าว

Dopo un po' François gettò a terra l'arma, frustrato.

หลังจากนั้นไม่นาน ฟรานซัวส์ก็โยนอาวุธลงด้วยความหงุดหงิด

Pensava che Buck avesse paura di essere picchiato e che avrebbe fatto lo stesso senza far rumore.

เขาคิดว่าบัคกลัวโดนตีจึงจะมาอย่างเงียบๆ

Ma Buck non stava evitando la punizione: stava lottando per ottenere un rango.

แต่บัคไม่ได้หลบเลี่ยงการลงโทษ เขากำลังต่อสู้เพื่อยศศักดิ์

Si era guadagnato il posto di capobranco combattendo fino alla morte

เขาได้รับตำแหน่งสุนัขนำทางจากการต่อสู้จนตาย

non si sarebbe accontentato di niente di meno che di essere il leader.

เขาจะไม่ยอมตกลงกับอะไรที่น้อยกว่าการเป็นผู้นำ

Perrault si unì all'inseguimento per aiutare a catturare il ribelle Buck.

เพอร์โรลต์ร่วมไล่ตามเพื่อช่วยจับบัคผู้ก่อกบฏ

Insieme lo portarono in giro per l'accampamento per quasi un'ora.

พวกเขาพาเขาเดินรอบค่ายด้วยกันเกือบหนึ่งชั่วโมง

Gli scagliarono contro dei bastoni, ma Buck li schivò abilmente uno per uno.

พวกมันขว้างกระบองใส่เขา

แต่บั๊กก็หลบแต่ละกระบองได้อย่างชำนาญ

Maledissero lui, i suoi antenati, i suoi discendenti e ogni suo capello.

พวกเขาสาปแช่งเขา บรรพบุรุษของเขา ลูกหลานของเขา

และผมทุกเส้นบนตัวเขา

Ma Buck si limitò a ringhiare e a restare appena fuori dalla loro portata.

แต่บัคกลับขู่คำรามและอยู่ให้พ้นจากการเอื้อมถึงของพวกเขา

Non cercò mai di scappare, ma continuò a girare intorno all'accampamento deliberatamente.

เขาไม่เคยพยายามที่จะวิ่งหนีแต่เดินวนรอบค่ายอย่างจงใจ

Disse chiaramente che avrebbe obbedito una volta ottenuto ciò che voleva.

เขาชี้แจงให้ชัดเจนว่าเขาจะเชื่อฟังเมื่อพวกเขาให้สิ่งที่เขาต้องการ

Alla fine François si sedette e si grattò la testa, frustrato.

ในที่สุดฟรานซัวส์ก็นั่งลงและเกาหัวด้วยความหงุดหงิด

Perrault controllò l'orologio, imprecò e borbottò qualcosa sul tempo perso.

เพอร์โรลต์ตรวจสอบนาฬิกาของเขา สาบาน

และบ่นพึมพำถึงเวลาที่หายไป

Era già trascorsa un'ora, mentre avrebbero dovuto essere sulle tracce.

เวลาผ่านไปหนึ่งชั่วโมงแล้วเมื่อพวกเขาควรออกเดินตามเส้นทาง

François alzò le spalle timidamente, guardando il corriere, che sospirò sconfitto.

ฟรานซัวส์ยักไหล่อย่างเขินอายให้กับคนส่งสารที่ถอนหายใจด้วยความพ่ายแพ้

Poi François si avvicinò a Solleks e chiamò ancora una volta Buck.

จากนั้น ฟรานซัวส์ก็เดินไปหาโซเลกส์และเรียกบัคอีกครั้ง

Buck rise come ride un cane, ma mantenne una cauta distanza.

บัคหัวเราะเหมือนสุนัข แต่ยังคงรักษาระยะห่างอย่างระมัดระวัง

François tolse l'imbracatura a Solleks e lo rimise al suo posto.

ฟรานซัวส์ถอดสายรัดของโซเลกส์และนำเขากลับไปไว้ที่เดิม

La squadra di slittini era completamente imbracata, con un solo posto libero.

ทีมรถเลื่อนยืน โดยมีสายรัดครบ เหลือที่ว่างเพียงจุดเดียว

La posizione di comando rimase vuota, chiaramente riservata solo a Buck.

ตำแหน่งผู้นำยังคงว่างอยู่ ชัดเจนว่าเป็นของบัคเพียงคนเดียว

François chiamò di nuovo e di nuovo Buck rise e mantenne la sua posizione.

ฟรานซัวส์เรียกอีกครั้ง และบัคก็หัวเราะและยืนหยัดต่อไปอีกครั้ง

«Gettate giù la mazza», ordinò Perrault senza esitazione.

"โยนไม้กระบองลง" เปอร์โรลต์สั่งโดยไม่ลังเล

François obbedì e Buck si lanciò subito avanti con orgoglio.
ฟรานซัวส์เชื่อฟัง

และบัคก็เดินเร็วไปข้างหน้าด้วยความภาคภูมิใจทันที

Rise trionfante e assunse la posizione di comando.
เขาหัวเราะอย่างชัยชนะและก้าวขึ้นเป็นผู้นำ

François fissò le corde e la slitta si staccò.
ฟรานซัวส์รักษาร่องรอยของเขาไว้ และเลื่อนก็หลุดออก

Entrambi gli uomini corsero fianco a fianco mentre la
squadra si lanciava lungo il sentiero del fiume.
ชายทั้งสองวิ่งไปพร้อม ๆ

กันในขณะที่ทีมกำลังแข่งขันกันบนเส้นทางริมแม่น้ำ

François aveva avuto una grande stima dei "due diavoli" di
Buck,
ฟรานซัวส์มีความคิดเห็นที่ดีเกี่ยวกับ "ปีศาจสองตน" ของบัค

ma ben presto si rese conto di aver in realtà sottovalutato il
cane.
แต่ไม่นานเขาก็ตระหนักได้ว่าที่จริงแล้วเขาประเมินสุนัขตัวนี้ต่ำไ
ป

Buck assunse rapidamente la leadership e si comportò in
modo eccellente.
บัครับตำแหน่งผู้นำอย่างรวดเร็วและมีผลงานที่ยอดเยี่ยม

Buck superò Spitz per capacità di giudizio, rapidità di
pensiero e rapidità di azione.
ในเรื่องของการตัดสินใจ การคิดอย่างรวดเร็ว

และการกระทำที่รวดเร็ว บัคก็แซงหน้าสปิตซ์ไป

François non aveva mai visto un cane pari a quello che Buck
mostrava ora.

ฟรานซัวส์ไม่เคยเห็นสุนัขที่ทัดเทียมกับสิ่งที่บัคแสดงให้เห็นตอน
นี้มาก่อน

Ma Buck eccelleva davvero nel far rispettare l'ordine e nel
imporre rispetto.

แต่บัคมีความโดดเด่นในด้านการรักษาความสงบเรียบร้อยและการ
สั่งให้คนอื่นเคารพ

Dave e Solleks accettarono il cambiamento senza
preoccupazioni o proteste.

เดฟและโซเลกส์ยอมรับการเปลี่ยนแปลงโดยปราศจากความกังวล
หรือการประท้วง

Si concentravano solo sul lavoro e tiravano forte le redini.

พวกเขาเน้นแต่เรื่องการทำงานและการดึงบังเหียนอย่างหนัก

A loro importava poco chi guidasse, purché la slitta
continuasse a muoversi.

พวกเขาไม่สนใจว่าใครจะเป็นผู้นำตราบใดที่รถเลื่อนยังคงเคลื่อน
ที่ต่อไป

Billee, quella allegra, avrebbe potuto comandare per quel
che volevano.

บิลลี่ผู้ร่าเริงสามารถนำได้เท่าที่พวกเขาสนใจ

Ciò che contava per loro era la pace e l'ordine tra i ranghi.

สิ่งที่สำคัญสำหรับพวกเขาคือสันติภาพและความสงบเรียบร้อยใน
หมู่ทหาร

Il resto della squadra era diventato indisciplinato durante il
declino di Spitz.

ส่วนที่เหลือของทีมเติบโตขึ้นอย่างไม่เป็นระเบียบในช่วงที่ Spitz
เสื่อมถอย

Rimasero scioccati quando Buck li riportò immediatamente all'ordine.

พวกเขาตกตะลึงเมื่อบัคนำพวกมันมาสั่งทันที

Pike era sempre stato pigro e aveva sempre tergiversato dietro a Buck.

ไพค์เป็นคนขี้เกียจและชอบลากเท้าตามหลังบัคอยู่เสมอ

Ma ora è stato severamente disciplinato dalla nuova leadership.

แต่ตอนนี้ได้รับการฝึกฝนอย่างเข้มงวดจากผู้นำคนใหม่

E imparò rapidamente a dare il suo contributo alla squadra.

และเขาเรียนรู้ที่จะดึงน้ำหนักของเขาในทีมได้อย่างรวดเร็ว

Alla fine della giornata, Pike lavorò più duramente che mai.

เมื่อสิ้นสุดวัน ไพค์ก็ทำงานหนักมากกว่าที่เคย

Quella notte all'accampamento, Joe, il cane scontroso, fu finalmente domato.

คืนนั้นในค่าย โจ เจ้าหมาเปรี้ยว ได้ถูกปราบลงในที่สุด

Spitz non era riuscito a disciplinarlo, ma Buck non aveva fallito.

สปิทซ์ล้มเหลวในการลงโทษเขา แต่บัคไม่ล้มเหลว

Sfruttando il suo peso maggiore, Buck sopraffece Joe in pochi secondi.

บัคใช้พลังน้ำหนักที่มากขึ้นเอาชนะ โจได้ภายในไม่กี่วินาที

Morse e picchiò Joe finché questi non si mise a piagnucolare e smise di opporre resistenza.

เขาขบและทุบตีโจจนกระทั่งเขาครางและหยุดต่อต้าน

Da quel momento in poi l'intera squadra migliorò.

ทั้งทีมได้รับการปรับปรุงนับตั้งแต่วินาทีนั้นเป็นต้นมา

I cani ritrovarono la loro antica unità e disciplina.

สุนัขกลับมามีความสามัคคีและมีวินัยเหมือนเช่นเคย

A Rink Rapids si sono uniti al gruppo due nuovi husky autoctoni, Teek e Koona.
ที่ Rink Rapids สุนัขฮัสกี้พื้นเมือง 2 ตัวใหม่ชื่อ Teek และ Koona ได้เข้าร่วมด้วย

La rapidità con cui Buck li addestramento stupì perfino François.
การฝึกอย่างรวดเร็วของบัคทำให้แม้แต่ฟรานซัวส์ก็ประหลาดใจ

"Non è mai esistito un cane come quel Buck!" esclamò stupito.
"ไม่เคยมีหมาตัวไหนเหมือนบัคตัวนั้นเลย!"

เขาร้องด้วยความประหลาดใจ

"No, mai! Vale mille dollari, per Dio!"
"ไม่หรอก ไม่มีวัน! เขามีค่าหนึ่งพันเหรียญแน่ พระเจ้า!"

"Eh? Che ne dici, Perrault?" chiese con orgoglio.
"เอ๊ะ คุณว่ายังไงบ้าง เปอร์โรลต์" เขาถามด้วยความภาคภูมิใจ

Perrault annuì in segno di assenso e controllò i suoi appunti.
เพอร์โรลต์พยักหน้าเห็นด้วยและตรวจสอบบันทึกของเขา

Siamo già in anticipo sui tempi e guadagniamo sempre di più ogni giorno.
เราก้าวหน้ากว่ากำหนดแล้วและได้รับมากขึ้นทุกวัน

Il sentiero era compatto e liscio, senza neve fresca.
เส้นทางเป็นพื้นแข็งและเรียบ ไม่มีหิมะตกใหม่

Il freddo era costante, con temperature che si aggiravano sempre sui cinquanta gradi sotto zero.
อากาศหนาวเย็นคงที่ อยู่ที่ประมาณ 50 องศาต่ำกว่าศูนย์ตลอด

Per scaldarsi e guadagnare tempo, gli uomini si alternavano a cavallo e a correre.
ผู้ชายขี่และวิ่งสลับกันเพื่อให้ร่างกายอบอุ่นและเพื่อประหยัดเวลา

I cani correvano veloci, fermandosi di rado, spingendosi sempre in avanti.

สุนัขวิ่งเร็วมาก โดยมีการหยุดเพียงไม่กี่ครั้ง

และพยายามวิ่งไปข้างหน้าเสมอ

Il fiume Thirty Mile era per la maggior parte ghiacciato e facile da attraversare.

แม่น้ำเธิร์ตี้ไมล์ส่วนใหญ่เป็นน้ำแข็งและสามารถสัญจรข้ามได้ง่าย

In un giorno realizzarono ciò che per arrivare aveva impiegato dieci giorni.

พวกเขาออกไปภายในหนึ่งวัน แต่ใช้เวลาเดินทางถึงสิบวัน

Percorsero circa 96 chilometri dal lago Le Barge a White Horse.

พวกเขาวิ่งระยะทาง 60

ไมล์จากทะเลสาบเลอบาร์จไปยังไวท์ฮอร์ส

Si muovevano a velocità incredibile attraverso i laghi Marsh, Tagish e Bennett.

เมื่อข้ามทะเลสาบ Marsh, Tagish และ Bennett

พวกมันก็เคลื่อนที่เร็วมาก

L'uomo che correva veniva trainato dietro la slitta con una corda.

ชายที่กำลังวิ่งอยู่ถูกดึงไปด้านหลังรถเลื่อนด้วยเชือก

L'ultima notte della seconda settimana giunsero a destinazione.

ในคืนสุดท้ายของสัปดาห์ที่สองพวกเขาก็มาถึงจุดหมายปลายทาง

Insieme avevano raggiunto la cima del White Pass.

พวกเขามาถึงยอดไวท์พาสพร้อมกัน

Scesero fino al livello del mare, con le luci dello Skaguay sotto di loro.

พวกเขาดำดิ่งลงสู่ระดับน้ำทะเล โดยมีแสงไฟ Skaguay

อยู่ด้านล่าง

Era stata una corsa da record attraverso chilometri di fredda natura selvaggia.

เป็นการวิ่งที่สร้างสถิติใหม่ผ่านป่าดงดิบอันหนาวเหนีบเป็นระยะทางหลายไมล์

Per quattordici giorni di fila percorsero in media circa quaranta miglia.

พวกเขาวิ่งได้เฉลี่ยระยะทาง 40 ไมล์ติดต่อกันเป็นเวลา 14 วัน

A Skaguay, Perrault e François trasportavano merci attraverso la città.

ในเมืองสเกกวัย เปอร์โรลต์และฟรานซัวส์ขนส่งสินค้าผ่านเมือง

Furono applauditi e ricevettero numerose bevande dalla folla ammirata.

พวกเขาได้รับเสียงเชียร์และเสนอเครื่องดื่มมากมายจากฝูงชนที่ชื่นชม

I cacciatori di cani e gli operai si sono riuniti attorno alla famosa squadra cinofila.

บรรดาผู้ปราบปรามสุนัขและคนงานมารวมตัวกันรอบ ๆ ทีมสุนัขชื่อดัง

Poi i fuorilegge del West giunsero in città e subirono una violenta sconfitta.

จากนั้นพวกนอกกฎหมายชาวตะวันตกก็เข้ามาในเมืองและพบกับความพ่ายแพ้อย่างรุนแรง

La gente si dimenticò presto della squadra e si concentrò sul nuovo dramma.

ผู้คนลืมทีมงานไปในไม่ช้าและหันไปสนใจละครใหม่

Poi arrivarono i nuovi ordini che cambiarono tutto in un colpo.

จากนั้นก็มาถึงคำสั่งใหม่ที่เข้ามาเปลี่ยนแปลงทุกสิ่งทุกอย่างทันที

François chiamò Buck e lo abbracciò con orgoglio e lacrime.

ฟรานซัวส์เรียกบัคมาหาเขาและกอดเขาด้วยน้ำตาแห่งความภูมิใจ

Quel momento fu l'ultima volta che Buck vide di nuovo
François.

ช่วงเวลานั้นเป็นครั้งสุดท้ายที่บัคได้พบกับฟรานซัวส์อีกครั้ง

Come molti altri uomini prima di lui, sia François che
Perrault se n'erano andati.

เช่นเดียวกับผู้ชายหลายคนก่อนหน้านี้

ทั้งฟรานซัวส์และแปร์โรลต์ต่างก็จากไป

Un meticcio scozzese si prese cura di Buck e dei suoi
compagni di squadra con i cani da slitta.

สุนัขพันธุ์ผสมสก็อตรับหน้าที่ดูแลบัคและเพื่อนร่วมทีมสุนัขลาก
เลื่อนของเขา

Con una dozzina di altre mute di cani, ritornarono lungo il
sentiero fino a Dawson.

พวกมันพร้อมสุนัขอีกหลายฝูงเดินทางกลับมาตามเส้นทางสู่เมือง
ดอว์สัน

Non si trattava più di una corsa veloce, ma solo di un duro
lavoro con un carico pesante ogni giorno.

ตอนนี้มันไม่ได้เป็นการวิ่งเร็วอีกต่อไป

แต่เป็นเพียงงานหนักที่ต้องแบกรับภาระมากมายในแต่ละวัน

Si trattava del treno postale che portava notizie ai cercatori
d'oro vicino al Polo.

นี่คือรถไฟไปรษณีย์ที่นำข่าวไปยังนักล่าทองคำใกล้ขั้วโลก

Buck non amava il lavoro, ma lo sopportò bene, essendo
orgoglioso del suo impegno.

บัคไม่ชอบงานชิ้นนี้แต่ก็ทนมันได้ดี

และภูมิใจในความพยายามของเขา

Come Dave e Solleks, Buck dimostrava dedizione in ogni
compito quotidiano.

เช่นเดียวกับเดฟและโซเลกส์

บัคแสดงให้เห็นถึงความทุ่มเทในการทำงานแต่ละวัน

Si è assicurato che tutti i suoi compagni di squadra dessero il massimo.

เขาทำให้แน่ใจว่าเพื่อนร่วมทีมของเขาแต่ละคนดึงน้ำหนักที่ยุติธรร

มของพวกเขา

La vita sui sentieri divenne noiosa e si ripeteva con la precisione di una macchina.

ชีวิตบนเส้นทางนั้นน่าเบื่อหน่าย

ซ้ำแล้วซ้ำเล่าด้วยความแม่นยำเหมือนเครื่องจักร

Ogni giorno era uguale, una mattina si fondeva con quella successiva.

แต่ละวันรู้สึกเหมือนกัน เช้าวันหนึ่งค่อยๆ กลายเป็นเช้าวันใหม่

Alla stessa ora, i cuochi si alzarono per accendere il fuoco e preparare il cibo.

ในเวลาเดียวกัน พ่อครัวก็ลุกขึ้นก่อไฟและปรุงอาหาร

Dopo colazione alcuni lasciarono l'accampamento mentre altri attaccarono i cani.

หลังจากรับประทานอาหารเช้าแล้ว บางคนก็ออกจากค่าย

ในขณะที่บางคนก็จูงสุนัข

Raggiunsero il sentiero prima che il pallido segnale dell'alba sfiorasse il cielo.

พวกเขาออกเดินทางก่อนที่เสียงเตือนรุ่งอรุณจะดังขึ้นบนท้องฟ้า

Di notte si fermavano per accamparsi, e a ogni uomo veniva assegnato un compito.

เมื่อถึงกลางคืนพวกเขาก็หยุดพักเพื่อตั้งค่าย

โดยแต่ละคนมีหน้าที่ที่แตกต่างกันออกไป

Alcuni montarono le tende, altri tagliarono la legna da ardere e raccolsero rami di pino.

บางคนก็กางเต็นท์ บางคนก็ตัดฟืนและเก็บกิ่งสน

Acqua o ghiaccio venivano portati ai cuochi per la cena serale.

น้ำและน้ำแข็งถูกนำกลับไปให้พ่อครัวเพื่อรับประทานมื้อเย็น

I cani vennero nutriti e per loro quello fu il momento migliore della giornata.

สุนัขได้กินอาหารแล้ว

และนี่คือช่วงเวลาที่ดีที่สุดของวันสำหรับพวกมัน

Dopo aver mangiato il pesce, i cani si rilassarono e oziarono vicino al fuoco.

หลังจากกินปลาแล้ว สุนัขก็พักผ่อนและนอนเล่นใกล้กองไฟ

Nel convoglio c'erano un centinaio di altri cani con cui socializzare.

มีสุนัขอีกนับร้อยตัวในขบวนที่ต้องเข้าร่วมด้วย

Molti di quei cani erano feroci e pronti a combattere senza preavviso.

สุนัขหลายตัวเหล่านี้ดุร้ายและต่อสู้อย่างรวดเร็วโดยไม่ทันตั้งตัว

Ma dopo tre vittorie, Buck riuscì a domare anche i combattenti più feroci.

แต่หลังจากได้รับชัยชนะสามครั้ง

บัคก็สามารถเอาชนะแม้แต่ผู้ต่อสู้ที่ดุร้ายที่สุดได้

Ora, quando Buck ringhiò e mostrò i denti, loro si fecero da parte.

เมื่อบัคขู่และแสดงฟัน พวกมันก็ถอยไปข้างๆ

Forse la cosa più bella di tutte era che a Buck piaceva sdraiarsi vicino al fuoco tremolante.

สิ่งที่ดีที่สุดก็คือ บัคชอบนอนใกล้กองไฟที่กำลังสั่นไหว

Si accovacciò, con le zampe posteriori ripiegate e quelle anteriori distese in avanti.

เขานอนหมอบโดยพับขาหลังไว้และเหยียดขาหน้าไปข้างหน้า

Teneva la testa sollevata e sbatteva dolcemente le palpebre verso le fiamme ardenti.

ศีรษะของเขาเงยขึ้นขณะที่เขากระพริบตาเบาๆ ไปที่เปลวไฟที่เรืองแสง

A volte ricordava la grande casa del giudice Miller a Santa Clara.

บางครั้งเขาก็นึกถึงบ้านหลังใหญ่ของผู้พิพากษามิลเลอร์ในซานตา คลารา

Pensò alla piscina di cemento, a Ysabel e al carlino di nome Toots.

เขาคิดถึงสระซีเมนต์ของอิซาเบลและสุนัขพันธุ์ปั๊กที่ชื่อทูทส์

Ma più spesso si ricordava del bastone dell'uomo con il maglione rosso.

แต่บ่อยครั้งที่เขาจำโมสรของชายที่สวมเสื้อสเวตเตอร์สีแดงได้มากกว่า

Ricordava la morte di Curly e la sua feroce battaglia con Spitz.

เขาจดจำการตายของเคอร์ลี่และการต่อสู้อันดุเดือดของเขากับสปิทซ์ได้

Ricordava anche il buon cibo che aveva mangiato o che ancora sognava.

เขายังนึกถึงอาหารดีๆ ที่เขาเคยกินหรือยังคงฝันถึงอีกด้วย

Buck non aveva nostalgia di casa: la valle calda era lontana e irreale.

บัคไม่ได้คิดถึงบ้าน—หุบเขาอันอบอุ่นอยู่ห่างไกลและไม่จริง

I ricordi della California non avevano più alcun fascino su di lui.

ความทรงจำเกี่ยวกับแคลิฟอร์เนียไม่ได้ดึงดูดเขาอีกต่อไป

Più forti della memoria erano gli istinti radicati nella sua stirpe.

แข็งแกร่งยิ่งกว่าความทรงจำคือสัญชาตญาณที่ฝังลึกอยู่ในสายเลือ
ดของเขา

Le abitudini un tempo perdute erano tornate, ravvivate dal
sentiero e dalla natura selvaggia.
นิสัยที่เคยหายไปก็กลับคืนมา

โดยได้รับการฟื้นคืนมาจากเส้นทางและความเป็นธรรมชาติ

Mentre Buck osservava la luce del fuoco, a volte questa
diventava qualcos'altro.
เมื่อบัคมองดูแสงไฟ บางครั้งก็กลายเป็นสิ่งอื่น

Vide alla luce del fuoco un altro fuoco, più vecchio e più
profondo di quello attuale.
เขาเห็นไฟอีกดวงหนึ่งในแสงไฟ

ซึ่งเก่ากว่าและเข้มกว่าดวงปัจจุบัน

Accanto all'altro fuoco era accovacciato un uomo che non
somigliava per niente al cuoco meticcio.
ข้างๆ ไฟอีกกองหนึ่งมีชายคนหนึ่งหมอบอยู่

ไม่เหมือนพ่อครัวลูกครึ่ง

Questa figura aveva gambe corte, braccia lunghe e muscoli
duri e contratti.
รูปร่างนี้มีขาที่สั้น แขนยาว และกล้ามเนื้อที่แข็งเป็นปม

I suoi capelli erano lunghi e arruffati, e gli scendevano
all'indietro a partire dagli occhi.
ผมของเขายาวและยุ่งเหยิงลาดลงมาด้านหลังจากดวงตา

Emetteva strani suoni e fissava l'oscurità con paura.
เขาส่งเสียงแปลกๆ และจ้องมองออกไปด้วยความกลัวในความมืด

Teneva bassa una mazza di pietra, stretta saldamente nella
sua mano lunga e ruvida.

เขาถือกระบองหินไว้ต่ำโดยกำไว้แน่นด้วยมือที่ยาวและหยาบของเ
ขา

L'uomo indossava ben poco: solo una pelle carbonizzata che
gli pendeva lungo la schiena.
ชายผู้นั้นสวมเสื้อผ้าเพียงน้อยชิ้น

มีเพียงผิวหนังที่ไหม้เกรียมห้อยลงมาตามหลังของเขา

Il suo corpo era ricoperto da una folta peluria sulle braccia,
sul petto e sulle cosce.
ร่างกายของเขาปกคลุมไปด้วยขนหนาตามแขน หน้าอก และต้นขา

Alcune parti del pelo erano aggrovigliate e formavano
chiazze di pelo ruvido.
เส้นผมบางส่วนพันกันเป็นปื้นๆ เหมือนขนหยาบๆ

Non stava dritto, ma era piegato in avanti dai fianchi alle
ginocchia.
เขาไม่ได้ยืนตัวตรง แต่โน้มตัวไปข้างหน้าตั้งแต่สะโพกถึงเข่า

I suoi passi erano elastici e felini, come se fosse sempre
pronto a scattare.
ก้าวเดินของเขามีความยืดหยุ่นเหมือนแมว

ราวกับว่าเขาพร้อมที่จะกระโดดอยู่เสมอ

C'era una forte allerta, come se vivesse nella paura costante.
มีอารมณ์ตื่นตัวอย่างรุนแรง

เหมือนกับว่าเขามีชีวิตอยู่ด้วยความหวาดกลัวตลอดเวลา

Quest'uomo anziano sembrava aspettarsi il pericolo,
indipendentemente dal fatto che questo venisse visto o
meno.
ชายในสมัยก่อนผู้นี้ดูเหมือนจะคาดหวังถึงอันตราย

ไม่ว่าจะมองเห็นอันตรายนั้นหรือไม่ก็ตาม

A volte l'uomo peloso dormiva accanto al fuoco, con la testa
tra le gambe.

บางครั้งชายที่มีขนดกจะนอนหลับอยู่ข้างกองไฟ

โดยเอาหัวซุกไว้ระหว่างขา

Teneva i gomiti sulle ginocchia e le mani giunte sopra la testa.

ข้อศอกของเขาวางอยู่บนเข่าและมือของเขาประสานกันไว้เหนือศีรษะ

Come un cane, usava le sue braccia pelose per proteggersi dalla pioggia che cadeva.

เขาใช้แขนที่มีขนดกปัดน้ำฝนออกไปเหมือนกับสุนัข

Oltre la luce del fuoco, Buck vide due carboni ardenti che ardevano nell'oscurità.

เหนือแสงไฟ บัคมองเห็นถ่านแฝดเรืองแสงในความมืด

Sempre a due a due, erano gli occhi delle bestie da preda.

พวกมันเป็นดวงตาของสัตว์ร้ายที่กำลังล่าเหยื่ออยู่เสมอ

โดยจ้องมาที่สองต่อสองเสมอ

Sentì corpi che si infrangevano tra i cespugli e rumori provenienti dalla notte.

เขาได้ยินเสียงร่างกายกระแทกเข้ากับพุ่มไม้และเสียงดังที่เกิดขึ้นในยามค่ำคืน

Sdraiato sulla riva dello Yukon, sbattendo le palpebre, Buck sognò accanto al fuoco.

บัคนอนอยู่ริมฝั่งแม่น้ำยูคอน กระพริบตาและฝันถึงกองไฟ

Le immagini e i suoni di quel mondo selvaggio gli fecero rizzare i capelli.

ภาพและเสียงของโลกอันดุร้ายนั้นทำเอาผมของเขาลุกตั้งขึ้น

La pelliccia gli si drizzò lungo la schiena, sulle spalle e sul collo.

ขนลุกไปตามหลัง ไหล่ และคอของเขา

Gemeva piano o emetteva un ringhio basso dal profondo del petto.

เขาครางเบาๆ หรือส่งเสียงคำรามลึกๆ ลงในอกของเขา

Allora il cuoco meticcio urlò: "Ehi, Buck, svegliati!"

จากนั้นพ่อครัวลูกครึ่งก็ตะโกนว่า "เฮ้ คุณบัค ตื่นได้แล้ว!"

Il mondo dei sogni svanì e la vera vita tornò agli occhi di Buck.

โลกแห่งความฝันหายไป

และชีวิตจริงกลับคืนสู่ดวงตาของบัคอีกครั้ง

Si sarebbe alzato, si sarebbe stiracchiato e avrebbe sbadigliato, come se si fosse svegliato da un pisolino.

เขาจะลุกขึ้น ยืดตัว และหาว เหมือนกับตื่นจากการงีบหลับ

Il viaggio era duro, con la slitta postale che li trascinava dietro.

การเดินทางเป็นเรื่องยาก

เพราะมีรถเลื่อนไปรษณีย์ลากตามหลังมาด้วย

Carichi pesanti e lavoro duro sfinivano i cani ogni lunga giornata.

การทำงานหนักและการทำงานหนักทำให้สุนัขเหนื่อยล้าในแต่ละวัน

Arrivarono a Dawson magro, stanco e con bisogno di più di una settimana di riposo.

พวกเขามาถึงเมืองดอว์สันในสภาพที่ผอมแห้ง เหนื่อยล้า

และต้องการพักผ่อนนานกว่าหนึ่งสัปดาห์

Ma solo due giorni dopo ripartirono per lo Yukon.

แต่เพียงสองวันต่อมาพวกเขาก็ออกเดินทางตามแม่น้ำยูคอนอีกครั้ง

Erano carichi di altre lettere dirette al mondo esterno.

พวกเขาบรรจุจดหมายอีกมากมายซึ่งมุ่งหน้าไปยังโลกภายนอก

I cani erano esausti e gli uomini si lamentavano in continuazione.

สุนัขเหนื่อยมาก และผู้ชายก็บ่นอยู่ตลอดเวลา

Ogni giorno cadeva la neve, ammorbidendo il sentiero e rallentando le slitte.

หิมะตกทุกวัน

ทำให้เส้นทางนุ่มนวลขึ้นและรถเลื่อนหิมะเคลื่อนที่ได้ช้าลง

Ciò rendeva la trazione più dura e aumentava la resistenza delle guide.

ทำให้การดึงยากขึ้นและแรงต้านต่อผู้วิ่งมากขึ้น

Nonostante ciò, i piloti si sono dimostrati leali e hanno avuto cura delle loro squadre.

แม้จะเป็นเช่นนั้น

แต่คนขับก็ยังคงยุติธรรมและใส่ใจทีมของพวกเขา

Ogni notte, i cani venivano nutriti prima che gli uomini mangiassero.

ในแต่ละคืน สุนัขจะได้รับอาหารก่อนที่ผู้ชายจะได้กินอาหาร

Nessun uomo dormiva prima di controllare le zampe del proprio cane.

ไม่มีใครนอนหลับโดยไม่ตรวจดูเท้าสุนัขของตัวเอง

Tuttavia, i cani diventavano sempre più deboli man mano che i chilometri consumavano i loro corpi.

อย่างไรก็ตาม

สุนัขกลับอ่อนแอลงเมื่อร่างกายของพวกมันต้องทำงานหนักขึ้น

Avevano viaggiato per milleottocento miglia durante l'inverno.

พวกเขาเดินทางได้หนึ่งพันแปดร้อยไมล์ในช่วงฤดูหนาว

Percorrevano ogni miglio di quella distanza brutale trainando le slitte.

พวกเขาลากเลื่อนข้ามทุกไมล์ในระยะทางอันโหดร้ายนั้น

Anche i cani da slitta più resistenti provano tensione dopo tanti chilometri.

แม้แต่สุนัขลากเลื่อนที่แข็งแกร่งที่สุดก็ยังรู้สึกถึงความเครียดหลังจากเดินทางเป็นระยะทางหลายไมล์

Buck tenne duro, fece sì che la sua squadra lavorasse e mantenne la disciplina.

บัคยึดมั่นทำให้ทีมของเขาทำงานและรักษาวินัยไว้

Ma Buck era stanco, proprio come gli altri durante il lungo viaggio.

แต่บัคก็เหนื่อยเช่นเดียวกับคนอื่นๆ ในการเดินทางอันยาวไกล

Billee piagnucolava e piangeva nel sonno ogni notte, senza sosta.

บิลลี่คร่ำครวญและร้องไห้ในขณะหลับทุกคืนโดยไม่พลาด

Joe diventò ancora più amareggiato e Solleks rimase freddo e distante.

โจยิ่งรู้สึกขมขื่นมากขึ้น และโซเลกส์ก็ยังคงเย็นชาและห่างเหิน

Ma è stato Dave a soffrire di più di tutta la squadra.

แต่เดฟคือคนที่ต้องทนทุกข์ทรมานมากที่สุดในทีม

Qualcosa dentro di lui era andato storto, anche se nessuno sapeva cosa.

มีบางสิ่งบางอย่างผิดปกติภายในตัวเขา

แม้จะไม่มีใครรู้ว่าคืออะไรก็ตาม

Divenne più lunatico e aggredì gli altri con rabbia crescente.

เขาเริ่มอารมณ์แปรปรวนมากขึ้น และโกรธคนอื่นมากขึ้น

Ogni notte andava dritto al suo nido, in attesa di essere nutrito.

ในแต่ละคืนมันจะตรงไปยังรังของมันเพื่อรอรับอาหาร

Una volta a terra, Dave non si alzò più fino al mattino.

เมื่อเขาลงมาแล้ว เดฟก็ไม่ลุกขึ้นอีกเลยจนกระทั่งเช้า

Sulle redini, gli improvvisi strattoni o sussulti lo facevano gridare di dolore.

เมื่อบังคับม้าให้กระตุกหรือเริ่มกระทันหัน

เขาจะร้องออกมาด้วยความเจ็บปวด

L'autista ha cercato di capirne la causa, ma non ha trovato ferite.

คนขับรถของเขาพยายามค้นหาสาเหตุ แต่ไม่พบผู้ได้รับบาดเจ็บ

Tutti gli autisti cominciarono a osservare Dave e a discutere del suo caso.

คนขับรถทุกคนเริ่มมองดูเดฟและพูดคุยเกี่ยวกับกรณีของเขา

Parlarono durante i pasti e durante l'ultima sigaretta della giornata.

พวกเขาคุยกันระหว่างมื้ออาหารและระหว่างสูบบุหรี่ครั้งสุดท้ายของวัน

Una notte tennero una riunione e portarono Dave al fuoco.

คืนหนึ่งพวกเขาประชุมกันและพาเดฟไปที่กองไฟ

Gli premevano e palpavano il corpo e lui gridava spesso.

พวกเขาพยายามบีบบังคับและตรวจค้นร่างกายของเขาจนเขาต้องร้องตะโกนบ่อยครั้ง

Era evidente che qualcosa non andava, anche se non sembrava esserci nessuna frattura.

เห็นได้ชัดว่ามีบางอย่างผิดปกติ

แม้ว่าจะไม่มีกระดูกใดที่ดูเหมือนจะหักก็ตาม

Quando arrivarono al Cassiar Bar, Dave stava cadendo.

ตอนที่พวกเขาไปถึงคาสเซียร์ บาร์ เดฟก็ล้มลงแล้ว

Il meticcio scozzese impose uno stop e rimosse Dave dalla squadra.

ลูกครึ่งสก็อตแลนด์สั่งหยุดและไล่เดฟออกจากทีม

Fissò Solleks al posto di Dave, il più vicino possibile alla parte anteriore della slitta.

เขายึด Solleks ไว้แทน Dave

ซึ่งอยู่ใกล้กับด้านหน้าของรถเลื่อนมากที่สุด

Voleva lasciare che Dave riposasse e corresse libero dietro la slitta in movimento.

เขาตั้งใจจะปล่อยให้เดฟได้พักผ่อนและวิ่งเล่นตามเลื่อนที่กำลังเคลื่อนที่

Ma nonostante la malattia, Dave odiava che gli venisse tolto il lavoro che aveva ricoperto.

แต่ถึงแม้จะป่วย เดฟก็ยังเกลียดที่จะถูกหักออกจากงานที่เขาเคยทำ

Ringhiò e piagnucolò quando gli strapparono le redini dal corpo.

เขาขู่และครางครวญขณะที่สายบังเหียนถูกดึงออกจากตัวของเขา

Quando vide Solleks al suo posto, pianse disperato.

เมื่อเห็นโซเลคส์อยู่ในสถานที่ของเขา

เขาก็ร้องไห้ด้วยความเจ็บปวดใจสลาย

L'orgoglio per il lavoro sui sentieri era profondo in Dave, anche quando la morte si avvicinava.

ความภาคภูมิใจในการทำงานเส้นทางยังคงอยู่ในตัวเดฟ

แม้ว่าความตายจะใกล้เข้ามา

Mentre la slitta si muoveva, Dave arrancava nella neve soffice vicino al sentiero.

ขณะที่รถเลื่อนเคลื่อนที่

เดฟก็ดิ้นรนไปในหิมะที่อ่อนนุ่มใกล้เส้นทาง

Attaccò Solleks, mordendolo e spingendolo giù dal lato della slitta.

เขาโจมตีโซเลคส์โดยกัดและผลักเขาจากด้านข้างของรถเลื่อน

Dave cercò di saltare nell'imbracatura e di riprendersi il suo posto di lavoro.

เดฟพยายามกระโดดเข้าไปในสายรัดและกลับมายืนที่เดิมเพื่อทำงาน

Lui guaiva, si lamentava e piangeva, diviso tra il dolore e l'orgoglio del parto.

เขาส่งเสียงร้องโหยหวน คร่ำครวญ และร้องไห้

สับสนระหว่างความเจ็บปวดและความภาคภูมิใจในการทำงานหนัก

Il meticcio usò la frusta per cercare di allontanare Dave dalla squadra.

ลูกครึ่งใช้แส้ของเขาเพื่อพยายามไล่เดฟออกไปจากทีม

Ma Dave ignorò la frustata e l'uomo non riuscì a colpirlo più forte.

แต่เดฟไม่สนใจการเฆี่ยนตี

และชายคนนั้นก็ไม่สามารถตีเขาได้แรงกว่านี้

Dave rifiutò il sentiero più facile dietro la slitta, dove la neve era compatta.

เดฟปฏิเสธเส้นทางที่ง่ายกว่าด้านหลังรถเลื่อนซึ่งมีหิมะปกคลุมอยู่

Invece, si ritrovò a lottare nella neve profonda, ai lati del sentiero, in preda alla miseria.

แต่เขาต้องดิ้นรนต่อสู้ในหิมะลึกข้างเส้นทางอย่างทุกข์ทรมาน

Alla fine Dave crollò, giacendo sulla neve e urlando di dolore.

ในที่สุด เดฟก็ล้มลง นอนอยู่บนหิมะ

และร้องโหยหวนด้วยความเจ็บปวด

Lanciò un grido mentre la lunga fila di slitte gli passava accanto una dopo l'altra.

เขาร้องตะโกนในขณะที่ขบวนรถเลื่อนยาววิ่งผ่านเขาไปทีละคัน

Tuttavia, con le poche forze che gli rimanevano, si alzò e barcollò dietro di loro.

แม้ว่าเขาจะยังมีพละกำลังเหลืออยู่

แต่เขาก็ยังคงลุกขึ้นและเดินตามพวกเขาไป

Quando il treno si fermò di nuovo, lo raggiunse e trovò la sua vecchia slitta.

เขาตามทันเมื่อรถไฟหยุดอีกครั้งและพบเลื่อนเก่าของเขา

Superò con difficoltà le altre squadre e tornò a posizionarsi accanto a Solleks.

เขาดิ้นรนแซงทีมอื่นๆ ไปและมายืนอยู่ข้างโซเลกส์อีกครั้ง

Mentre l'autista si fermava per accendere la pipa, Dave colse l'ultima occasione.

ในขณะที่คนขับหยุดเพื่อจุดไปป์ เดฟก็คว้าโอกาสสุดท้ายของเขา

Quando l'autista tornò e urlò, la squadra non avanzò.

เมื่อคนขับรถกลับมาและตะโกน ทีมก็ไม่ยอมเดินหน้าต่อ

I cani avevano girato la testa, confusi dall'improvviso arresto.

สุนัขหันหัวไปมาเพราะสับสนจากการหยุดกะทันหัน

Anche il conducente era scioccato: la slitta non si era mossa di un centimetro in avanti.

คนขับก็ตกใจเช่นกัน

เพราะรถเลื่อนไม่ได้ขยับไปข้างหน้าแม้แต่น้อย

Chiamò gli altri perché venissero a vedere cosa era successo.

เขาเรียกคนอื่นๆ ให้มาดูว่าเกิดอะไรขึ้น

Dave aveva masticato le redini di Solleks, spezzandole entrambe.

เดฟได้กัดสายบังเหียนของโซเลกส์จนขาดทั้งสองข้าง

Ora era di nuovo in piedi davanti alla slitta, nella sua giusta posizione.

ตอนนี้เขายืนอยู่ข้างหน้ารถเลื่อน กลับสู่ตำแหน่งที่ถูกต้องของเขา

Dave alzò lo sguardo verso l'autista, implorandolo silenziosamente di restare al passo.

เดฟเงยหน้าขึ้นมองคนขับ พร้อมกับอ้อนวอนอย่างเงียบๆ ว่าอย่าให้ต้องจอดตาม

L'autista era perplesso e non sapeva cosa fare per il cane in difficoltà.

คนขับรู้สึกงุนงง ไม่รู้ว่าจะต้องทำอย่างไรกับสุนัขที่กำลังดิ้นรนอยู่

Gli altri uomini parlavano di cani morti perché li avevano portati fuori.

ผู้ชายคนอื่นๆ พูดถึงสุนัขที่ตายจากการถูกพาออกไป

Raccontavano di cani vecchi o feriti il cui cuore si era spezzato quando erano stati abbandonati.

พวกเขาเล่าถึงสุนัขแก่หรือสุนัขที่ได้รับบาดเจ็บที่หัวใจจะแตกสลายเมื่อถูกทิ้งไว้ข้างหลัง

Concordarono che era un atto di misericordia lasciare che Dave morisse mentre era ancora imbrigliato.

พวกเขาตกลงกันว่าเป็นความเมตตาที่จะปล่อยให้เดฟตายในขณะที่ยังอยู่ภายใต้การควบคุมของเขา

Fu rimesso in sicurezza sulla slitta e Dave tirò con orgoglio.

เขาถูกมัดกลับเข้ากับรถเลื่อน และเดฟก็ดึงรถด้วยความภาคภูมิใจ

Anche se a volte gridava, lavorava come se il dolore potesse essere ignorato.

แม้ว่าบางครั้งเขาจะร้องไห้ แต่เขาก็ทำเหมือนกับว่าความเจ็บปวดนั้นไม่สามารถถูกละเลยได้

Più di una volta cadde e fu trascinato prima di rialzarsi.

มีหลายครั้งที่เขาล้มและถูกฉุดดึงก่อนจะลุกขึ้นมาอีกครั้ง

A un certo punto la slitta gli rotolò addosso e da quel momento in poi zoppicò.

ครั้งหนึ่ง รถเลื่อนกลิ้งทับเขา

และเขาก็เดินกะเผลกตั้งแต่นั้นเป็นต้นมา

Nonostante ciò, lavorò finché non raggiunse l'accampamento e poi si sdraiò accanto al fuoco.

อย่างไรก็ตามเขายังคงทำงานจนกระทั่งถึงค่าย

แล้วจึงนอนอยู่ใกล้กองไฟ

Al mattino Dave era troppo debole per muoversi o anche solo per stare in piedi.

เมื่อถึงเช้า

เดฟก็อ่อนแรงเกินกว่าจะเดินทางหรือแม้แต่จะยืนตรงได้

Al momento di allacciare l'imbracatura, cercò di raggiungere il suo autista con sforzi tremanti.

เมื่อถึงเวลารัดเข็มขัดนิรภัย

เขาพยายามจะเอื้อมถึงคนขับด้วยแรงอันสั่นเทา

Si sforzò di rialzarsi, barcollò e crollò sul terreno innevato.

เขาฝืนตัวเองลุกขึ้น เซ และล้มลงบนพื้นที่เต็มไปด้วยหิมะ

Utilizzando le zampe anteriori, trascinò il suo corpo verso la zona dell'imbracatura.

เขาใช้ขาหน้าลากร่างไปยังบริเวณสายรัด

Si fece avanti, centimetro dopo centimetro, verso i cani da lavoro.

เขาค่อย ๆ ขยับตัวไปข้างหน้าทีละน้อยเพื่อเข้าหาสุนัขทำงาน

Le forze gli cedettero, ma continuò a muoversi nel suo ultimo disperato tentativo.

กำลังของเขาหมดลง

แต่เขายังคงเดินหน้าต่อไปในการผลักดันครั้งสุดท้ายอย่างสิ้นหวัง

I suoi compagni di squadra lo videro ansimare nella neve, ancora desideroso di unirsi a loro.

เพื่อนร่วมทีมของเขาเห็นเขาหายใจแรงในหิมะ

และยังคงปรารถนาที่จะเข้าร่วมกับพวกเขา

Lo sentirono urlare di dolore mentre si lasciavano alle spalle l'accampamento.

พวกเขาได้ยินเขาคร่ำครวญด้วยความเศร้าโศกขณะที่พวกเขาออกจากค่าย

Mentre la squadra svaniva tra gli alberi, il grido di Dave risuonava dietro di loro.

ในขณะที่ทีมหายลับเข้าไปในป่า

เสียงร้องของเดฟก็ดังสะท้อนอยู่ข้างหลังพวกเขา

Il treno delle slitte si fermò brevemente dopo aver attraversato un tratto di fiume ricco di boschi.

รถไฟเลื่อนหยุดชั่วครู่หลังจากข้ามท่อนไม้ริมแม่น้ำ

Il meticcio scozzese tornò lentamente verso l'accampamento alle sue spalle.

ลูกครึ่งสก็อตเดินช้าๆ กลับไปที่ค่ายด้านหลัง

Gli uomini smisero di parlare quando lo videro scendere dal treno delle slitte.

คนเหล่านั้นหยุดพูดคุยกันเมื่อเห็นเขาออกจากรถไฟเลื่อน

Poi un singolo colpo di pistola risuonò chiaro e netto attraverso il sentiero.

จากนั้นก็มีเสียงปืนดังขึ้นชัดเจนและคมชัดข้ามเส้นทาง

L'uomo tornò rapidamente e prese il suo posto senza dire una parola.

ชายผู้นั้นกลับมาอย่างรวดเร็วและไปยืนในตำแหน่งของเขาโดยไม่พูดอะไรสักคำ

Le fruste schioccavano, i campanelli tintinnavano e le slitte avanzavano sulla neve.

เสียงแส้สะบัดดัง ระฆังดังกริ๊ง และรถเลื่อนแล่นไปบนหิมะ

Ma Buck sapeva cosa era successo, come tutti gli altri cani.
แต่บัคจู้ว่าเกิดอะไรขึ้น และสุนัขตัวอื่นๆ ก็รู้เช่นกัน

La fatica delle redini e del sentiero
ความเหน็ดเหนื่อยของบังเหียนและเส้นทาง

Trenta giorni dopo aver lasciato Dawson, la Salt Water Mail raggiunse Skaguay.

สามสิบวันหลังจากออกจาก Dawson จดหมาย Salt Water Mail

ก็มาถึง Skaguay

Buck e i suoi compagni di squadra presero il comando e arrivarono in condizioni pietose.

บั๊กและเพื่อนร่วมทีมขึ้นนำ แต่มาในสภาพที่น่าสมเพช

Buck era sceso da 140 a 150 chili.

น้ำหนักบัคลดลงจากหนึ่งร้อยสี่สิบปอนด์เหลือหนึ่งร้อยสิบห้าปอ

นด์

Gli altri cani, sebbene più piccoli, avevano perso ancora più peso corporeo.

สุนัขตัวอื่นๆ แม้จะมีขนาดเล็กกว่า แต่ก็สูญเสียน้ำหนักตัวมากกว่า

Pike, che una volta zoppicava fingendo, ora trascinava dietro di sé una gamba veramente ferita.

ไพค์ที่เคยเป็นขาพิการปลอมๆ ตอนนี้ต้องลากขาที่บาดเจ็บจริงๆ

ไว้ข้างหลัง

Solleks zoppicava gravemente e Dub aveva una scapola slogata.

โซลเลกส์เดินกะเผลกอย่างหนัก

และดับก็มีกระดูกสะบักที่ได้รับบาดเจ็บ

Tutti i cani del team avevano i piedi doloranti a causa delle settimane trascorse sul sentiero ghiacciato.

สุนัขในทีมทุกตัวมีแผลที่เท้าจากการเดินบนเส้นทางที่เป็นน้ำแข็ง

มาเป็นเวลาหลายสัปดาห์

Non avevano più slancio nei loro passi, solo un movimento lento e trascinato.

พวกเขาไม่มีแรงเดินเหลืออยู่เลย มีเพียงการเคลื่อนไหวช้าๆ

และลากยาว

I loro piedi colpivano il sentiero con forza e ogni passo aggiungeva ulteriore sforzo al loro corpo.

เท้าของพวกเขาเหยียบลงบนเส้นทางอย่างแรง

โดยแต่ละก้าวก็ยิ่งทำให้ร่างกายต้องรับแรงกดดันมากขึ้น

Non erano malati, erano solo stremati oltre ogni possibile guarigione naturale.

พวกเขาไม่ได้ป่วย

เพียงแค่หมดเรี่ยวแรงจนไม่สามารถรักษาตัวเองได้อีกต่อไป

Non si trattava della stanchezza di una giornata faticosa, curata con una notte di riposo.

นี่ไม่ใช่ความเหนื่อยล้าจากการทำงานหนักเพียงวันเดียว

แต่ก็หายได้ด้วยการพักผ่อนเพียงคืนเดียว

Era una stanchezza accumulata lentamente attraverso mesi di sforzi estenuanti.

มันเป็นความเหนื่อยล้าที่ค่อยๆ

สะสมจากความพยายามอย่างหนักเป็นเวลานานหลายเดือน

Non era rimasta alcuna riserva di forze: avevano esaurito ogni energia a loro disposizione.

ไม่มีกำลังสำรองเหลืออยู่เลย พวกเขาใช้ไปหมดทุกหน่วยที่มีแล้ว

Ogni muscolo, fibra e cellula del loro corpo era consumato e usurato.

กล้ามเนื้อ เส้นใย

และเซลล์ทุกเซลล์ในร่างกายล้วนถูกใช้และสึกหรอไป

E c'era un motivo: avevano percorso duemilacinquecento miglia.

และมีเหตุผล—พวกเขาได้เดินทางมาแล้วกว่าสองพันห้าร้อยไมล์

Si erano riposati solo cinque giorni durante le ultime milleottocento miglia.

พวกเขาได้พักผ่อนเพียงห้าวันเท่านั้นในช่วงหนึ่งพันแปดร้อยไมล์ที่ผ่านมา

Quando giunsero a Skaguay, sembrava che riuscissero a malapena a stare in piedi.

เมื่อพวกเขามาถึงสเกกวัย พวกเขาแทบจะยืนตัวตรงไม่ได้เลย

Facevano fatica a tenere le redini strette e a restare davanti alla slitta.

พวกเขาพยายามดิ้นรนที่จะบังคับสายบังเหียนให้แน่นและอยู่ข้างหน้ารถเลื่อน

Nei pendii in discesa riuscivano solo a evitare di essere investiti.

บนทางลาดลงพวกเขาทำได้เพียงหลีกเลี่ยงการถูกชนเท่านั้น

"Continuate a marciare, poveri piedi doloranti", disse l'autista mentre zoppicavano.

"เดินต่อไปเถอะ เท้าที่เจ็บ"

คนขับรถพูดขณะที่พวกเขาเดินกะเผลกไปเรื่อยๆ

"Questo è l'ultimo tratto, poi ci prenderemo tutti un lungo riposo, di sicuro."

"นี่คือช่วงสุดท้ายแล้ว จากนั้นเราทุกคนจะได้พักผ่อนยาวๆ อย่างแน่นอน"

"Un riposo davvero lungo", promise, guardandoli barcollare in avanti.

"การพักผ่อนอันยาวนานจริงๆ"

เขาสัญญาขณะมองดูพวกเขาเดินโซเซไปข้างหน้า

Gli autisti si aspettavano una lunga e necessaria pausa.

ผู้ขับขี่คาดหวังว่าพวกเขาจะได้พักเป็นเวลานานตามที่จำเป็น

Avevano percorso milleduecento miglia con solo due giorni di riposo.

พวกเขาเดินทางไปไกลถึงหนึ่งพันสองร้อยไมล์โดยมีเวลาพักผ่อนเ

พียงสองวัน

Per correttezza e ragione, ritenevano di essersi guadagnati un po' di tempo per rilassarsi.

ด้วยความยุติธรรมและเหตุผล

พวกเขารู้สึกว่าตนสมควรได้รับเวลาพักผ่อน

Ma troppi erano giunti nel Klondike e troppo pochi erano rimasti a casa.

แต่มีคนจำนวนมากเกินไปที่ไปที่คลอนไดค์

และมีเพียงไม่กี่คนที่อยู่บ้าน

Le lettere delle famiglie continuavano ad arrivare, creando pile di posta in ritardo.

จดหมายจากครอบครัวต่างๆ หลั่งไหลเข้ามา

ทำให้เกิดจดหมายล่าช้าเป็นกอง

Arrivarono gli ordini ufficiali: i nuovi cani della Hudson Bay avrebbero preso il sopravvento.

คำสั่งอย่างเป็นทางการมาถึงแล้ว—

สุนัขฮัดสันเบย์ตัวใหม่กำลังจะเข้ามารับหน้าที่แทน

I cani esausti, ormai considerati inutili, dovevano essere eliminati.

สุนัขที่เหนื่อยล้าซึ่งปัจจุบันเรียกว่าไร้ค่าจะต้องถูกกำจัดทิ้ง

Poiché i soldi erano più importanti dei cani, venivano venduti a basso prezzo.

เนื่องจากเงินสำคัญกว่าสุนัข จึงขายได้ในราคาถูก

Passarono altri tre giorni prima che i cani si accorgessero di quanto fossero deboli.

ผ่านไปอีกสามวันก่อนที่สุนัขจะรู้สึกว่ามันอ่อนแอแค่ไหน

La quarta mattina, due uomini provenienti dagli Stati Uniti acquistarono l'intera squadra.

เช้าวันที่สี่ ผู้ชายสองคนจากอเมริกาซื้อทีมทั้งหมด

La vendita comprendeva tutti i cani e le loro imbracature usate.

การขายนี้รวมสุนัขทุกตัวพร้อมทั้งอุปกรณ์รัดตัวที่สึกหรอของสุนั

ขด้วย

Mentre concludevano l'affare, gli uomini si chiamavano tra loro "Hal" e "Charles".

ชายทั้งสองเรียกกันว่า "ฮาล" และ "ชาร์ลส์"

ในขณะที่พวกเขาทำข้อตกลงเสร็จสิ้น

Charles era un uomo di mezza età, pallido, con labbra molli e folti baffi.

ชาร์ลส์เป็นคนวัยกลางคน ผิวซีด

มีริมฝีปากเหี่ยวและมีหนวดที่แหลมคม

Hal era un giovane, forse diciannove anni, che indossava una cintura imbottita di cartucce.

ฮาลเป็นชายหนุ่มอายุน่าจะประมาณสิบเก้าปีที่สวมเข็มขัดที่ยัดด้วย

กระสุนปืน

Nella cintura erano contenuti un grosso revolver e un coltello da caccia, entrambi inutilizzati.

เข็มขัดมีปืนลูกโม่ขนาดใหญ่และมีดล่าสัตว์ซึ่งไม่ได้ใช้งานอยู่

Dimostrava quanto fosse inesperto e inadatto alla vita nel Nord.

มันแสดงให้เห็นว่าเขาขาดประสบการณ์และไม่เหมาะกับชีวิตในภ

าคเหนือ

Nessuno dei due uomini viveva in natura; la loro presenza sfidava ogni ragionevolezza.

ทั้งสองมนุษย์ไม่ควรอยู่ในป่า

การมีอยู่ของพวกเขาขัดต่อเหตุผลใดๆ ทั้งสิ้น

Buck osservava lo scambio di denaro tra l'acquirente e l'agente.

บั๊กเฝ้าดูขณะที่เงินถูกแลกเปลี่ยนระหว่างผู้ซื้อและตัวแทน

Sapeva che i conducenti dei treni postali stavano abbandonando la sua vita come tutti gli altri.

เขารู้ว่าพนักงานขับรถไฟไปรษณีย์กำลังจะทิ้งชีวิตเขาไปเช่นเดียว

กับคนอื่นๆ

Seguirono Perrault e François, ormai scomparsi.

พวกเขาติดตาม Perrault และ François

จนไม่มีใครจำได้อีกต่อไปแล้ว

Buck e la squadra vennero condotti al disordinato accampamento dei loro nuovi proprietari.

บั๊กและทีมถูกนำไปยังค่ายทรุดโทรมของเจ้าของใหม่

La tenda cedeva, i piatti erano sporchi e tutto era in disordine.

เต็นท์ทรุดโทรม จานชามสกปรก

และทุกสิ่งทุกอย่างไม่เป็นระเบียบ

Anche Buck notò una donna lì: Mercedes, moglie di Charles e sorella di Hal.

บัคสังเกตเห็นผู้หญิงคนหนึ่งตรงนั้นด้วย—เมอร์เซเดส

ภรรยาของชาร์ลส์ และน้องสาวของฮาล

Formavano una famiglia completa, anche se erano tutt'altro che adatti al sentiero.

พวกเขาสร้างครอบครัวที่สมบูรณ์แบบ

ถึงแม้จะไม่เหมาะกับเส้นทางก็ตาม

Buck osservava nervosamente mentre il trio iniziava a impacchettare le provviste.

บัคเฝ้าดูอย่างกังวลขณะที่ทั้งสามคนเริ่มเก็บสิ่งของ

Lavoravano duro ma senza ordine, solo confusione e sforzi sprecati.

พวกเขาทำงานหนักแต่ไม่มีระเบียบ

มีแต่เรื่องวุ่นวายและความพยายามที่สูญเปล่า

La tenda era arrotolata fino a formare una sagoma ingombrante, decisamente troppo grande per la slitta.

เต็นท์ถูกม้วนเป็นรูปร่างใหญ่เทอะทะ

ใหญ่เกินกว่าที่จะบรรทุกเลื่อนได้

I piatti sporchi venivano imballati senza essere stati né lavati né asciugati.

จานสกปรกถูกบรรจุโดยไม่ได้ทำความสะอาดหรือทำให้แห้งเลย

Mercedes svolazzava in giro, parlando, correggendo e intromettendosi in continuazione.

เมอร์เซเดสกระพือปีกอยู่ตลอดเวลา พูดคุย แก้ไข

และแทรกแซงอยู่ตลอดเวลา

Quando le misero un sacco davanti, lei insistette perché lo mettesse dietro.

เมื่อวางกระสอบไว้ด้านหน้า เธอก็ยืนกรานให้วางไว้ด้านหลัง

Mise il sacco in fondo e un attimo dopo ne ebbe bisogno.

เธอบรรจุกระสอบไว้ที่ด้านล่างและวินาทีถัดไปเธอก็ต้องการมัน

Quindi la slitta venne disimballata di nuovo per raggiungere quella specifica borsa.

จากนั้นจึงนำเลื่อนออกมาอีกครั้งเพื่อไปหยิบถุงใบหนึ่งที่ต้องการ

Lì vicino, tre uomini stavano fuori da una tenda e osservavano la scena che si svolgeva.

ใกล้ๆ กัน มีชายสามคนยืนอยู่หน้าเต็นท์ มองดูเหตุการณ์ที่เกิดขึ้น

Sorrisero, ammiccarono e sogghignarono di fronte all'evidente confusione dei nuovi arrivati.

พวกเขายิ้ม กระพริบตา

และยิ้มกริ่มให้กับความสับสนที่ชัดเจนของผู้มาใหม่

"Hai già un carico parecchio pesante", disse uno degli uomini.

"คุณมีน้ำหนักมากจริงๆ นะ" ชายคนหนึ่งกล่าว

"Non credo che dovresti portare quella tenda, ma la scelta è tua."

"ฉันไม่คิดว่าคุณควรจะถือเต็นท์นั้นไป แต่เป็นทางเลือกของคุณ"

"Impensabile!" esclamò Mercedes, alzando le mani in segno di disperazione.

"ไม่ฝันเลย!"

เมอร์เซเดสร้องออกมาพร้อมยกมือขึ้นด้วยความสิ้นหวัง

"Come potrei viaggiare senza una tenda sotto cui dormire?"

"ฉันจะเดินทางได้อย่างไรหากไม่มีเต็นท์ให้พักใต้หลังคา?"

«È primavera, non vedrai più il freddo», rispose l'uomo.

"ตอนนี้เป็นฤดูใบไม้ผลิแล้ว

คุณจะไม่เห็นอากาศหนาวเย็นอีกแล้ว" ชายคนนั้นตอบ

Ma lei scosse la testa e loro continuarono ad accumulare oggetti sulla slitta.

แต่เธอส่ายหัว และพวกเขาก็ยังคงวางสิ่งของต่างๆ ไว้บนเลื่อน

Il carico era pericolosamente alto mentre aggiungevano gli ultimi oggetti.

โหลดสูงจนเป็นอันตรายเมื่อพวกเขาเพิ่มสิ่งสุดท้ายเข้าไป

"Pensi che la slitta andrà avanti?" chiese uno degli uomini con aria scettica.

"คิดว่ารถเลื่อนจะขี่ได้เหรอ?" ชายคนหนึ่งถามด้วยท่าทาง ไม่เชื่อ

"E perché non dovrebbe?" ribatté Charles con netto fastidio.

"ทำไมจะไม่ได้ล่ะ" ชาร์ลสสวนกลับด้วยความรำคาญอย่างรุนแรง

"Oh, va bene", disse rapidamente l'uomo, evitando di offendersi.

"โอ้ ไม่เป็นไร" ชายคนนั้นพูดอย่างรวดเร็ว

และถอยห่างจากสิ่งที่กำลังทำอยู่

"Mi chiedevo solo: mi sembrava un po' troppo pesante nella parte superiore."

"ฉันแค่สงสัยว่ามันดูหนักไปนิดสำหรับฉัน"

Charles si voltò e legò il carico meglio che poté.

ชาร์ลส์หันกลับไปและผูกภาระให้ดีที่สุดเท่าที่จะทำได้

Ma le legature erano allentate e l'imballaggio nel complesso era fatto male.

แต่การผูกนั้นหลวมและการบรรจุโดยรวมก็ทำได้ไม่ดี

"Certo, i cani tireranno così tutto il giorno", disse sarcasticamente un altro uomo.

"แน่นอน สุนัขจะทำแบบนั้นตลอดทั้งวัน"

ชายอีกคนพูดอย่างประชดประชัน

«Certamente», rispose Hal freddamente, afferrando il lungo timone della slitta.

"แน่นอน" ฮาลตอบอย่างเย็นชาขณะคว้าเสาค้ำที่ยาวของรถเลื่อน

Tenendo una mano sul palo, faceva roteare la frusta nell'altra.

เขาใช้มือข้างหนึ่งจับเสา และใช้มืออีกข้างฟาดแส้

"Andiamo!" urlò. "Muovetevi!", incitando i cani a partire.

"ไปกันเถอะ!" เขาร้องตะโกน "ขยับตัวหน่อย!" เร่งเร้าให้สุนัขเริ่ม

I cani si appoggiarono all'imbracatura e si sforzarono per qualche istante.

สุนัขเอนตัวเข้าไปในสายรัดและเกร็งอยู่ครู่หนึ่ง

Poi si fermarono, incapaci di spostare di un centimetro la slitta sovraccarica.

แล้วพวกเขาก็หยุดลง

โดยไม่สามารถขยับเลื่อนที่บรรทุกของเกินขนาดได้แม้แต่น้อย

"Quei fannulloni!" urlò Hal, alzando la frusta per colpirli.

"พวกสัตว์ขี้เกียจ!"

ฮาลตะโกนพร้อมกับยกแส้ขึ้นเพื่อโจมตีพวกมัน

Ma Mercedes si precipitò dentro e strappò la frusta dalle mani di Hal.

แต่เมอร์เซเดสรีบเข้ามาและคว้าแส้จากมือของฮาล

«Oh, Hal, non osare far loro del male», gridò allarmata.

"โอ้ ฮาล อย่าได้กล้าทำร้ายพวกเขานะ"

เธอร้องด้วยความตื่นตระหนก

"Promettimi che sarai gentile con loro, altrimenti non farò un altro passo."

"สัญญากับฉันสิว่าคุณจะใจดีกับพวกเขา

ไม่งั้นฉันจะไม่ก้าวไปอีกขั้น"

"Non sai niente di cani", scattò Hal contro la sorella.

"เธอไม่รู้เรื่องสุนัขเลย" ฮาลตะคอกใส่พี่สาวของเขา

"Sono pigri e l'unico modo per smuoverli è frustarli."

"พวกมันขี้เกียจ

และวิธีเดียวที่จะเคลื่อนย้ายพวกมันได้คือการเฆี่ยนตีพวกมัน"

"Chiedi a chiunque, chiedi a uno di quegli uomini laggiù se dubiti di me."

"ถามใครก็ได้—ถามผู้ชายคนใดคนหนึ่งที่นั่นถ้าคุณสงสัยฉัน"

Mercedes guardò gli astanti con occhi imploranti e pieni di lacrime.

เมอร์เซเดสมองดูผู้คนด้วยดวงตาที่วิงวอนและมีน้ำตาคลอเบ้า

Il suo viso rivelava quanto odiasse la vista di qualsiasi dolore.

ใบหน้าของเธอแสดงให้เห็นว่าเธอเกลียดการเห็นความเจ็บปวดมา
กแค่ไหน

"Sono deboli, tutto qui", ha detto un uomo. "Sono sfiniti."

ชายคนหนึ่งกล่าวว่า "พวกเขาอ่อนแอมาก พวกมันเหนื่อยล้า"

"Hanno bisogno di riposare: hanno lavorato troppo a lungo
senza una pausa."

"พวกเขาต้องการพักผ่อน—

พวกเขาทำงานมานานเกินไปโดยไม่ได้พักผ่อนเลย"

«Che il resto sia maledetto», borbottò Hal arricciando il
labbro.

"ขอให้คำสาปจงหมดไป" ฮาลพึมพำพร้อมกับยกริมฝีปากขึ้น

Mercedes sussultò, visibilmente addolorata per le parole
volgari pronunciate da lui.

เมอร์เซเดสหายใจไม่ออก

แสดงความเจ็บปวดอย่างเห็นได้ชัดจากคำพูดหยาบคายของเขา

Ciononostante, lei rimase leale e difese immediatamente il
fratello.

อย่างไรก็ตามเธอยังคงภักดีและปกป้องพี่ชายของเธอทันที

"Non badare a quell'uomo", disse ad Hal. "Sono i nostri
cani."

"อย่าไปสนใจผู้ชายคนนั้นเลย" เธอกล่าวกับฮาล

"พวกมันเป็นหมาของเรา"

"Li guidi come meglio credi: fai ciò che ritieni giusto."

"คุณขับมันตามที่คุณเห็นว่าเหมาะสม—

ทำในสิ่งที่คุณคิดว่าถูกต้อง"

Hal sollevò la frusta e colpì di nuovo i cani senza pietà.

ฮาลยกแส้ขึ้นและฟาดสุนัขอีกครั้งอย่างไม่ปรานี

Si lanciarono in avanti, con i corpi bassi e i piedi che affondavano nella neve.

พวกเขาพุ่งตัวไปข้างหน้า ร่างกายต่ำลง และเท้าเหยียบไปในหิมะ

Tutta la loro forza era concentrata nel traino, ma la slitta non si muoveva.

พวกเขาใช้พลังทั้งหมดไปกับการดึง แต่รถเลื่อนกลับไม่เคลื่อนที่

La slitta rimase bloccata, come un'ancora congelata nella neve compatta.

รถเลื่อนยังคงติดอยู่เหมือนกับสมอที่ถูกแช่แข็งในหิมะที่อัดแน่น

Dopo un secondo tentativo, i cani si fermarono di nuovo, ansimando forte.

หลังจากพยายามครั้งที่สอง สุนัขก็หยุดอีกครั้ง

และหายใจหอบอย่างหนัก

Hal sollevò di nuovo la frusta, proprio mentre Mercedes interferiva di nuovo.

ฮาลยกแส้ขึ้นอีกครั้ง ในขณะที่เมอร์เซเดสเข้ามาขัดขวางอีกครั้ง

Si lasciò cadere in ginocchio davanti a Buck e gli abbracciò il collo.

เธอคุกเข่าลงตรงหน้าบัคและกอดคอเขา

Le lacrime le riempivano gli occhi mentre implorava il cane esausto.

น้ำตาคลอเบ้าขณะที่เธอวิงวอนสุนัขที่เหนื่อยล้า

"Poveri cari", disse, "perché non tirate più forte?"

"พวกคุณน่าสงสารจัง" เธอกล่าว "ทำไมคุณไม่ดึงแรงกว่านี้ล่ะ?"

"Se tiri, non verrai frustato così."

"ถ้าดึงก็จะไม่ได้โดนตีแบบนี้"

A Buck non piaceva Mercedes, ma ormai era troppo stanco per resisterle.

บัคไม่ชอบเมอร์เซเดส แต่เขาเหนื่อยเกินกว่าจะต่อต้านเธอตอนนี้

Lui accettò le sue lacrime come se fossero solo un'altra parte di quella giornata miserabile.

เขารับน้ำตาของเธอว่าเป็นเพียงส่วนหนึ่งของวันอันน่าเศร้าเท่านั้น

Uno degli uomini che osservavano, dopo aver represso la rabbia, finalmente parlò.

ในที่สุดชายคนหนึ่งที่เฝ้าดูก็พูดขึ้นหลังจากพยายามระงับความโกรธไว้

"Non mi interessa cosa succede a voi, ma quei cani sono importanti."

"ฉันไม่สนใจว่าจะเกิดอะไรขึ้นกับพวกคุณ

แต่สุนัขพวกนั้นสำคัญ"

"Se vuoi aiutare, stacca quella slitta: è ghiacciata e innevata."

"ถ้าคุณอยากช่วย ก็ช่วยดึงเลื่อนนั้นออกซะ

เพราะมันแข็งตัวจนติดหิมะแล้ว"

"Spingi con forza il palo della luce, a destra e a sinistra, e rompi il sigillo di ghiaccio."

"กดเสาค้ำแรงๆ ทั้งขวาและซ้าย เพื่อทำลายผนึกน้ำแข็ง"

Fu fatto un terzo tentativo, questa volta seguendo il suggerimento dell'uomo.

ความพยายามครั้งที่สามเกิดขึ้นคราวนี้ตามคำแนะนำของชายคนนี้

Hal fece oscillare la slitta da una parte all'altra, facendo staccare i pattini.

ฮาลโยกเลื่อนไปมา ทำให้ผู้วิ่งหลุดออกไป

La slitta, benché sovraccarica e scomoda, alla fine sobbalzò in avanti.

แม้ว่ารถเลื่อนจะบรรทุกเกินขนาดและดูไม่คล่องตัว

แต่ในที่สุดก็สามารถเคลื่อนตัวไปข้างหน้าได้

Buck e gli altri tirarono selvaggiamente, spinti da una tempesta di frustate.

บั๊กและคนอื่นๆ ดึงอย่างแรงจนเกิดการเหวี่ยงอย่างรุนแรง

Un centinaio di metri più avanti, il sentiero curvava e scendeva in pendenza verso la strada.

เมื่อเดินไปข้างหน้าอีกร้อยหลา

เส้นทางก็โค้งและลาดลงไปบนถนน

Ci sarebbe voluto un guidatore esperto per tenere la slitta in posizione verticale.

จำเป็นต้องมีคนขับที่มีทักษะจึงจะสามารถรักษาให้รถเลื่อนตั้งตรงได้

Hal non era abile e la slitta si ribaltò mentre svoltava.

ฮาลไม่ชำนาญ และรถเลื่อนก็เอียงขณะแกว่งไปรอบๆ โค้ง

Le cinghie allentate cedettero e metà del carico si rovesciò sulla neve.

เชือกที่ผูกไว้หลวมๆ ทำให้หลุดออก

และครึ่งหนึ่งของน้ำหนักก็หกลงบนหิมะ

I cani non si fermarono; la slitta più leggera continuò a procedere su un fianco.

สุนัขไม่ได้หยุด แต่รถเลื่อนที่เบากว่าก็บินไปด้านข้าง

I cani, furiosi per i maltrattamenti e per il peso del carico, corsero più veloci.

เนื่องจากความโกรธจากการถูกทารุณและภาระที่หนัก

จึงทำให้สุนัขวิ่งเร็วขึ้น

Buck, infuriato, si lanciò a correre, seguito dalla squadra.

บัคโกรธมากและวิ่งออกไปโดยมีเพื่อนร่วมทีมวิ่งตามหลัง

Hal urlò "Whoa! Whoa!" ma la squadra non gli prestò attenzione.

ฮาลตะโกนว่า "ว้าว! ว้าว!" แต่ทีมงานไม่ได้สนใจเขาเลย

Inciampò, cadde e fu trascinato a terra dall'imbracatura.

เขาสะดุดล้มและถูกสายรัดดึงไปกับพื้น

La slitta rovesciata lo travolse mentre i cani continuavano a correre avanti.

รถเลื่อนที่พลิกคว่ำกระแทกเข้าใส่เขา

ขณะที่สุนัขวิ่งแซงหน้าเขาไป

Il resto delle provviste è sparso lungo la trafficata strada di Skaguay.

เสบียงที่เหลือกระจายอยู่ทั่วถนนสายหลักที่พลุกพล่านของเมืองส

กาเกวย์

Le persone di buon cuore si precipitarono a fermare i cani e a raccogliere l'attrezzatura.

คนใจดีต่างวิ่งไปหยุดสุนัขและเก็บอุปกรณ์ต่างๆ

Diedero anche consigli schietti e pratici ai nuovi viaggiatori.

พวกเขายังให้คำแนะนำที่ตรงไปตรงมาและปฏิบัติได้จริงแก่ผู้เดิน

ทางมือใหม่อีกด้วย

"Se vuoi raggiungere Dawson, prendi metà del carico e raddoppia i cani."

"หากคุณต้องการเข้าถึง Dawson จงเอาของไปครึ่งหนึ่ง

และเพิ่มสุนัขเป็นสองเท่า"

Hal, Charles e Mercedes ascoltarono, anche se non con entusiasmo.

ฮาล ชาร์ลส์ และเมอร์เซเดสฟัง

แม้จะไม่ได้ด้วยความกระตือรือร้นก็ตาม

Montarono la tenda e cominciarono a sistemare le loro provviste.

พวกเขากางเต็นท์และเริ่มคัดแยกสิ่งของของตน

Ne uscirono dei cibi in scatola, che fecero ridere a crepapelle gli astanti.

อาหารกระป๋องก็ถูกวางออกมาทำเอาผู้ที่เห็นเหตุการณ์หัวเราะออก
มาดังๆ

"Roba in scatola sul sentiero? Morirai di fame prima che si sciolga", disse uno.

"ของกระป๋องบนเส้นทาง คุณจะอดตายก่อนที่มันจะละลาย"
คนหนึ่งกล่าว

"Coperte d'albergo? Meglio buttarle via tutte."

"ผ้าห่มโรงแรมเหรอ? โยนทิ้งไปเลยดีกว่า"

"Togli anche la tenda e qui nessuno laverà più i piatti."

"รื้อเต็นท์ออกซะ แล้วที่นี่ก็ไม่มีใครล้างจาน"

"Pensi di viaggiare su un treno Pullman con dei servitori a bordo?"

"คุณคิดว่าคุณกำลังนั่งรถไฟพูลแมนพร้อมคนรับใช้บนเครื่องเหรอ
?"

Il processo ebbe inizio: ogni oggetto inutile venne gettato da parte.

กระบวนการเริ่มต้นขึ้น—สิ่งของไร้ประโยชน์ทุกชิ้นถูกโยนทิ้งไป

Mercedes pianse quando le sue borse furono svuotate sul terreno innevato.

เมอร์เซเดสร้องไห้ขณะที่กระเป๋าของเธอถูกเทลงบนพื้นที่เต็มไปด้
วยหิมะ

Singhiozzava per ogni oggetto buttato via, uno per uno, senza sosta.

เธอสะอื้นไห้กับสิ่งของทุกชิ้นที่ถูกโยนออกไป

ทีละชิ้นโดยไม่หยุดพัก

Giurò di non fare un altro passo, nemmeno per dieci Charles.

นางปฏิญาณว่าจะไม่ก้าวไปอีกก้าวเดียว

แม้กระทั่งถึงชาร์ลส์สิบคนก็ตาม

Pregò ogni persona vicina di lasciarle conservare le sue cose preziose.

เธอขอร้องทุกคนที่อยู่ใกล้เคียงให้ยอมเก็บของมีค่าของเธอไว้ให้

Alla fine si asciugò gli occhi e cominciò a gettare via anche i vestiti più importanti.

ในที่สุดเธอก็เช็ดตาและเริ่มโยนแม้กระทั่งเสื้อผ้าที่สำคัญออกไป

Una volta terminato il suo, cominciò a svuotare le scorte degli uomini.

เมื่อจัดการของตัวเองเสร็จแล้ว เธอก็เริ่มขนของของผู้ชายออกไป

Come un turbine, fece a pezzi gli effetti personali di Charles e Hal.

เธอฉีกข้าวของของชาร์ลส์และฮาลออกไปอย่างวุ่นวาย

Sebbene il carico fosse dimezzato, era comunque molto più pesante del necessario.

แม้ว่าภาระจะลดลงครึ่งหนึ่ง แต่ก็ยังหนักกว่าที่จำเป็นมาก

Quella notte, Charles e Hal uscirono e comprarono sei nuovi cani.

คืนนั้น ชาร์ลสกับฮาลออกไปซื้อสุนัขใหม่มาหกตัว

Questi nuovi cani si unirono ai sei originali, più Teek e Koona.

สุนัขตัวใหม่เหล่านี้จะมาร่วมตัวกับสุนัขตัวเดิมทั้งหกตัว

พร้อมด้วย Teek และ Koona

Insieme formarono una squadra di quattordici cani attaccati alla slitta.

พวกเขารวมทีมสุนัขสิบสี่ตัวเข้ากับรถลากเลื่อน

Ma i nuovi cani erano inadatti e poco addestrati per il lavoro con la slitta.

แต่สุนัขใหม่ไม่เหมาะสมและได้รับการฝึกฝนในการลากเลื่อนไม่ดี

Tre dei cani erano cani da caccia a pelo corto, mentre uno era un Terranova.

สุนัขสามตัวเป็นสุนัขพันธุ์พอยน์เตอร์ขนสั้น

และหนึ่งตัวเป็นพันธุ์นิวฟันด์แลนด์

Gli ultimi due cani erano meticci senza alcuna razza o scopo ben definito.

สุนัขสองตัวสุดท้ายเป็นสุนัขจรจัดที่ไม่มีสายพันธุ์หรือวัตถุประสง

ค์ที่ชัดเจนใดๆ เลย

Non capivano il percorso e non lo imparavano in fretta.

พวกเขาไม่เข้าใจเส้นทางและไม่สามารถเรียนรู้ได้อย่างรวดเร็ว

Buck e i suoi compagni li osservavano con disprezzo e profonda irritazione.

บั๊กและเพื่อนๆ

ของเขามองดูพวกเขาด้วยความดูถูกและหงุดหงิดอย่างมาก

Sebbene Buck insegnasse loro cosa non fare, non poteva insegnare loro il dovere.

แม้ว่าบัคจะสอนพวกเขาว่าอะไรไม่ควรทำ

แต่เขาไม่สามารถสอนหน้าที่ได้

Non amavano la vita sui sentieri né la trazione delle redini e delle slitte.

พวกเขาไม่ยอมรับการใช้ชีวิตแบบตามรอยหรือการดึงสายบังคับแ

ละเลื่อน

Soltanto i bastardi cercarono di adattarsi, e anche a loro mancava lo spirito combattivo.

มีเพียงพวกลูกผสมเท่านั้นที่พยายามปรับตัว

และแม้แต่พวกมันก็ขาดจิตวิญญาณนักสู้

Gli altri cani erano confusi, indeboliti e distrutti dalla loro nuova vita.

สุนัขตัวอื่นๆ รู้สึกสับสน อ่อนแอ

และเสียใจกับชีวิตใหม่ของพวกมัน

Con i nuovi cani all'oscuro e i vecchi esausti, la speranza era flebile.

เมื่อสุนัขตัวใหม่ยังไม่รู้เรื่อง และสุนัขตัวเก่าก็หมดแรง

ความหวังก็เริ่มริบหรี่

La squadra di Buck aveva percorso duemilacinquecento miglia di sentiero accidentato.

ทีมของบัคต้องเดินทางผ่านเส้นทางที่ยากลำบากกว่า 2,500 ไมล์

Ciononostante, i due uomini erano allegri e orgogliosi della loro grande squadra di cani.

อย่างไรก็ตาม

ชายทั้งสองก็ยังคงร่าเริงและภูมิใจกับสุนัขตัวใหญ่ของพวกเขา

Pensavano di viaggiare con stile, con quattordici cani al seguito.

พวกเขาคิดว่าพวกเขาเดินทางอย่างมีสไตล์โดยมีสุนัขสิบสี่ตัวร่วมเดินทางด้วย

Avevano visto delle slitte partire per Dawson e altre arrivarne.

พวกเขาเห็นรถเลื่อนออกเดินทางไปยังเมืองดอว์สัน

และมีรถเลื่อนคันอื่นๆ ตามมาด้วย

Ma non ne avevano mai vista una trainata da ben quattordici cani.

แต่ไม่เคยเห็นใครลากด้วยสุนัขมากถึงสิบสี่ตัวเลย

C'era un motivo per cui squadre del genere erano rare nelle terre selvagge dell'Artico.

มีเหตุผลว่าทำไมทีมดังกล่าวจึงหายากในถิ่นทุรกันดารอาร์กติก

Nessuna slitta poteva trasportare cibo sufficiente a sfamare quattordici cani per l'intero viaggio.

รถเลื่อนไม่มีทางบรรทุกอาหารพอเลี้ยงสุนัขได้ถึง 14

ตัวตลอดการเดินทาง

Ma Charles e Hal non lo sapevano: avevano fatto i calcoli.

แต่ชาร์ลส์และฮาลไม่รู้เรื่องนี้—พวกเขาคิดเลขไปแล้ว

Hanno pianificato la razione di cibo: una certa quantità per cane, per un certo numero di giorni, fatta.

พวกเขาเขียนรายละเอียดอาหารไว้หมดแล้ว:

มากมายต่อสุนัขหนึ่งตัว หลายวัน เสร็จเรียบร้อย

Mercedes guardò i numeri e annuì come se avessero senso.

เมอร์เซเดสมองดูตัวเลขของพวกเขาและพยักหน้าราวกับว่ามันสมเ

หตุสมผล

Tutto le sembrava molto semplice, almeno sulla carta.

สำหรับเธอแล้วทุกอย่างดูเรียบง่ายมาก อย่างน้อยก็บนกระดาษ

La mattina seguente, Buck guidò lentamente la squadra lungo la strada innevata.

เช้าวันรุ่งขึ้น บัคนำทีมเดินขึ้นถนนที่เต็มไปด้วยหิมะอย่างช้าๆ

Non c'era né energia né spirito in lui e nei cani dietro di lui.

ไม่มีพลังงานหรือจิตวิญญาณในตัวเขาหรือสุนัขที่อยู่ข้างหลังเขาเล

ย

Erano stanchi morti fin dall'inizio: non avevano più riserve.

พวกเขาเหนื่อยล้ามาตั้งแต่เริ่มต้น—ไม่มีพลังสำรองเหลืออยู่เลย

Buck aveva già fatto quattro viaggi tra Salt Water e Dawson.

บัคได้เดินทางระหว่างซอลท์วอเตอร์และดอว์สันไปแล้ว 4 ครั้ง

Ora, di fronte alla stessa pista, non provava altro che amarezza.

คราวนี้เมื่อต้องเผชิญกับเส้นทางเดิมอีกครั้ง

เขาไม่รู้สึกถึงสิ่งใดเลยนอกจากความขมขื่น

Il suo cuore non c'era, e nemmeno quello degli altri cani.

หัวใจของเขาไม่ได้อยู่ในนั้น และหัวใจของสุนัขตัวอื่นก็เช่นกัน

I nuovi cani erano timidi e gli husky non si fidavano per niente.

สุนัขตัวใหม่ขี้อาย และฮัสกี้ก็ขาดความไว้วางใจ

Buck capì che non poteva fare affidamento su quei due uomini o sulla loro sorella.

บัคสัมผัสได้ว่าเขาไม่สามารถพึ่งพาผู้ชายสองคนนี้หรือพี่สาวของ

พวกเขาได้

Non sapevano nulla e non mostravano alcun segno di apprendimento lungo il percorso.

พวกเขาไม่รู้อะไรเลยและไม่มีทีท่าว่าเรียนรู้อะไรเลยบนเส้นทาง

Erano disorganizzati e privi di qualsiasi senso di disciplina.

พวกเขาไร้ระเบียบและขาดวินัย

Ogni volta impiegavano metà della notte per allestire un accampamento malmesso.

พวกเขาใช้เวลาครึ่งคืนในการตั้งแคมป์อย่างลวกๆ ทุกครั้ง

E metà della mattina successiva la trascorsero di nuovo armeggiando con la slitta.

และครึ่งเช้าของอีกวันพวกเขาก็ใช้เวลาคลำหาเลื่อนอีกครั้ง

Spesso a mezzogiorno si fermavano solo per sistemare il carico irregolare.

พอถึงเที่ยงคนมักจะหยุดเพื่อซ่อมโหลดที่ไม่เท่ากัน

In alcuni giorni percorsero meno di dieci miglia in totale.

บางวันพวกเขาเดินทางได้ไม่ถึงสิบไมล์เลยด้วยซ้ำ

Altri giorni non riuscivano proprio ad abbandonare l'accampamento.

วันอื่นๆ พวกเขาไม่สามารถออกจากค่ายได้เลย

Non sono mai riusciti a coprire la distanza alimentare prevista.

พวกเขาไม่เคยเข้าใกล้การครอบคลุมระยะทางการกินอาหารตามแผนเลย

Come previsto, il cibo per i cani finì molto presto.

ตามที่คาดไว้ อาหารสำหรับสุนัขของพวกเขาหมดลงอย่างรวดเร็ว

Nei primi tempi hanno peggiorato ulteriormente la situazione con l'eccesso di cibo.

พวกเขาทำให้เรื่องแย่ลงโดยการให้อาหารมากเกินไปในช่วงแรกๆ

Ciò rendeva la carestia sempre più vicina, con ogni razione disattenta.

ส่งผลให้ความอดอยากใกล้เข้ามาทุกทีเมื่อได้รับอาหารอย่างไม่ระมัดระวัง

I nuovi cani non avevano ancora imparato a sopravvivere con molto poco.

สุนัขตัวใหม่ยังไม่เรียนรู้ที่จะเอาชีวิตรอดด้วยสิ่งเล็กๆ น้อยๆ

Mangiarono avidamente, con un appetito troppo grande per il sentiero.

พวกเขากินอย่างหิวโหย

ความอยากอาหารสูงเกินกว่าจะเดินตามเส้นทางได้

Vedendo i cani indebolirsi, Hal pensò che il cibo non fosse sufficiente.

เมื่อเห็นว่าสุนัขเริ่มอ่อนแรง ฮาลเชื่อว่าอาหารไม่เพียงพอ

Raddoppiò le razioni, peggiorando ulteriormente l'errore.

เขาเพิ่มปริมาณอาหารเป็นสองเท่า ทำให้ความผิดพลาดยิ่งแย่ลง

Mercedes aggravò il problema con le sue lacrime e le sue suppliche sommesse.

เมอร์เซเดสยังเพิ่มปัญหาด้วยน้ำตาและการวิงวอนอย่างอ่อนโยน

Quando non riuscì a convincere Hal, diede da mangiare ai cani di nascosto.

เมื่อเธอไม่สามารถโน้มน้าวฮาลได้ เธอจึงให้อาหารสุนัขอย่างลับๆ

Rubò il pesce dai sacchi e glielo diede alle spalle.

นางขโมยกระสอบปลาแล้วส่งให้พวกเขาข้างหลังเขา

Ma ciò di cui i cani avevano veramente bisogno non era altro cibo: era riposo.

แต่สิ่งที่สุนัขต้องการจริงๆ ไม่ใช่อาหาร แต่เป็นการพักผ่อน

Nonostante la loro scarsa velocità, la pesante slitta continuava a procedere.

แม้ว่าพวกเขาจะทำเวลาได้ไม่ดีนัก แต่รถเลื่อนหนักๆ

ก็ยังคงลากต่อไป

Quel peso da solo esauriva ogni giorno le loro forze rimanenti.

น้ำหนักเพียงเท่านี้ก็ทำให้พลังที่เหลือของพวกเขาหมดไปในแต่ละวัน

Poi arrivò la fase della sottoalimentazione, quando le scorte scarseggiavano.

จากนั้นก็มาถึงช่วงของการให้อาหารไม่เพียงพอเนื่องจากเสบียงใกล้จะหมด

Una mattina Hal si accorse che metà del cibo per cani era già finito.

เช้าวันหนึ่งฮาลตระหนักได้ว่าอาหารสุนัขครึ่งหนึ่งหายไปแล้ว

Avevano percorso solo un quarto della distanza totale del sentiero.

พวกเขาเดินทางได้เพียงหนึ่งในสี่ของระยะทางเส้นทางทั้งหมด

Non si poteva più comprare cibo, a qualunque prezzo.

ไม่สามารถซื้ออาหารได้อีกต่อไป

ไม่ว่าจะเสนอราคามาเท่าใดก็ตาม

Ridusse le porzioni dei cani al di sotto della razione giornaliera standard.

เขาลดปริมาณอาหารที่สุนัขได้รับลงต่ำกว่าปริมาณมาตรฐานต่อวั

น

Allo stesso tempo, chiese di viaggiare più a lungo per compensare la perdita.

ในขณะเดียวกันเขายังเรียกร้องการเดินทางที่นานขึ้นเพื่อชดเชยคว

ามสูญเสีย

Mercedes e Charles appoggiarono questo piano, ma fallirono nella sua realizzazione.

เมอร์เซเดสและชาร์ลส์สนับสนุนแผนนี้

แต่ล้มเหลวในการดำเนินการ

La loro pesante slitta e la mancanza di abilità rendevano il progresso quasi impossibile.

รถเลื่อนที่หนักและทักษะที่ไม่เพียงพอทำให้แทบจะเคลื่อนที่ไม่ได้

เลย

Era facile dare meno cibo, ma impossibile forzare uno sforzo maggiore.

การให้ปริมาณอาหารน้อยลงเป็นเรื่องง่าย

แต่การพยายามให้มากขึ้นนั้นเป็นไปไม่ได้

Non potevano partire prima, né viaggiare per ore extra.

พวกเขาไม่สามารถเริ่มต้นได้เช้าตรู่

และไม่สามารถเดินทางนอกเวลาได้

Non sapevano come gestire i cani, e nemmeno loro stessi, a dire il vero.

พวกเขาไม่รู้ว่าจะต้องฝึกสุนัขอย่างไร หรือแม้แต่ฝึกตัวเองด้วยซ้ำ

Il primo cane a morire fu Dub, lo sfortunato ma laborioso ladro.

สุนัขตัวแรกที่ตายคือ ดับ เจ้าหัวขโมยผู้โชคร้ายแต่ขยันทำงาน

Sebbene spesso punito, Dub aveva fatto la sua parte senza lamentarsi.

แม้ว่าจะถูกทำโทษบ่อยครั้ง ดับก็ยังคงทำหน้าที่ของตนโดยไม่บ่น

La sua spalla ferita peggiorò se non ricevette cure adeguate e non ebbe bisogno di riposo.

ไหล่ที่บาดเจ็บของเขาแย่ลงโดยไม่ได้รับการดูแลหรือพักผ่อน

Alla fine, Hal usò la pistola per porre fine alle sofferenze di Dub.

ในที่สุดฮาลก็ใช้ปืนพกเพื่อยุติความทุกข์ทรมานของดับ

Un detto comune afferma che i cani normali muoiono se vengono nutriti con razioni di husky.

มีคำพูดทั่วไปที่กล่าวว่า

สุนัขปกติจะตายเมื่อกินอาหารของสุนัขไซบีเรียนฮัสกี้

I sei nuovi compagni di Buck avevano ricevuto solo metà della quota di cibo riservata all'husky.

เพื่อนใหม่ทั้งหกตัวของบัคมีส่วนแบ่งอาหารเพียงครึ่งเดียวของฮัสกี้

Il Terranova morì per primo, seguito dai tre cani da caccia a pelo corto.

นิวฟันด์แลนด์ตายก่อน

จากนั้นก็ตายพร้อมกับสุนัขพันธุ์ขนสั้นอีกสามตัว

I due bastardi resistettero più a lungo ma alla fine morirono come gli altri.

ลูกครึ่งทั้งสองตัวยืนหยัดได้นานกว่าแต่สุดท้ายก็ตายไปเช่นเดียวกับตัวอื่นๆ

Ormai tutti i comfort e la gentilezza del Southland erano scomparsi.

เมื่อถึงเวลานี้

สิ่งอำนวยความสะดวกและความอ่อนโยนทั้งหมดของดินแดนทาง
ใต้ก็หายไป

Le tre persone avevano perso le ultime tracce della loro
educazione civile.

คนทั้งสามได้ทิ้งร่องรอยสุดท้ายของการเลี้ยงดูแบบมีอารยธรรมข
องตนไปแล้ว

Spogliato di glamour e romanticismo, il viaggio nell'Artico è
diventato brutalmente reale.

การเดินทางในอาร์กติกที่ปราศจากความหรูหราและความโรแมนติ
ก กลับกลายเป็นเรื่องจริงอย่างโหดร้าย

Era una realtà troppo dura per il loro senso di virilità e
femminilità.

มันเป็นความจริงที่โหดร้ายเกินไปสำหรับความรู้สึกถึงความเป็นช

ายและความเป็นหญิงของพวกเขา

Mercedes non piangeva più per i cani, ma piangeva solo per
se stessa.

เมอร์เซเดสไม่ร้องไห้เพื่อสุนัขอีกต่อไป

แต่เขากลับร้องไห้เพื่อตัวเองเท่านั้น

Trascorreva il tempo piangendo e litigando con Hal e
Charles.

เธอใช้เวลาในการร้องไห้และทะเลาะกับฮาลและชาร์ลส์

Litigare era l'unica cosa per cui non si stancavano mai.

การทะเลาะกันเป็นสิ่งเดียวที่พวกเขาไม่เคยเหนื่อยเกินไปที่จะทำ

La loro irritabilità derivava dalla miseria, cresceva con essa e
la superava.

ความหุดหงิดของพวกเขาเกิดจากความทุกข์

เติบโตมาพร้อมกับมัน และเอาชนะมันไปได้

La pazienza del cammino, nota a coloro che faticano e soffrono con generosità, non è mai arrivata.

ความอดทนในเส้นทางที่ผู้ที่ทำงานหนักและทนทุกข์ด้วยความเมตตาคุ้นเคย ไม่เคยมาถึง

Quella pazienza che rende dolce la parola nonostante il dolore, era a loro sconosciuta.

ความอดทนที่ทำให้คำพูดยังคงหวานชื่นแม้จะต้องทนทุกข์ไม่ใช่สิ่งที่พวกเขารู้จัก

Non avevano alcun briciolo di pazienza, nessuna forza derivante dalla sofferenza con grazia.

พวกเขาไม่มีทีท่าว่าจะมีความอดทน

ไม่มีกำลังที่ได้รับจากการทนทุกข์อย่างสง่างาม

Erano irrigiditi dal dolore: dolori nei muscoli, nelle ossa e nel cuore.

พวกเขาปวดร้าวไปทั้งตัว ปวดตามกล้ามเนื้อ กระดูก และหัวใจ

Per questo motivo, divennero taglienti nella lingua e pronti a pronunciare parole dure.

เพราะเหตุนี้พวกเขาจึงพูดจาหยาบคายและพูดจารุนแรง

Ogni giorno iniziava e finiva con voci arrabbiate e lamentele amare.

แต่ละวันเริ่มต้นและสิ้นสุดด้วยเสียงโกรธเคืองและการบ่นอันขมขื่น

Charles e Hal litigavano ogni volta che Mercedes ne dava loro l'occasione.

ชาร์ลส์และฮาลทะเลาะกันทุกครั้งที่เมอร์เซเดสให้โอกาสพวกเขา

Ogni uomo credeva di aver fatto più del dovuto.

แต่ละคนเชื่อว่าตนทำงานเกินส่วนที่ตนควรจะทำ

Nessuno dei due ha mai perso l'occasione di dirlo, ancora e ancora.

และไม่เคยพลาดโอกาสที่จะพูดแบบนั้นซ้ำแล้วซ้ำเล่า

A volte Mercedes si schierava con Charles, a volte con Hal.
บางครั้งเมอร์เซเดสก็เข้าข้างชาร์ลส์ บางครั้งก็เข้าข้างฮาล

Ciò portò a una grande e infinita lite tra i tre.
ทำให้เกิดการทะเลาะวิวาทกันอย่างใหญ่หลวงไม่สิ้นสุดระหว่างทั้ง

สามคน

La disputa su chi dovesse tagliare la legna da ardere divenne
incontrollabile.
การโต้เถียงว่าใครควรสับฟืนเริ่มไม่สามารถควบคุมได้

Ben presto vennero nominati padri, madri, cugini e parenti
defunti.
ใน ไม่ช้า พ่อ แม่ ลูกพี่ลูกน้อง

และญาติที่เสียชีวิตก็ได้รับการระบุชื่อ

Le opinioni di Hal sull'arte o sulle opere teatrali di suo zio
divennero parte della lotta.
ทัศนคติของฮาลเกี่ยวกับศิลปะหรือบทละครของลุงของเขากลายม

าเป็นส่วนหนึ่งของการต่อสู้

Anche le convinzioni politiche di Carlo entrarono nel
dibattito.
ความเชื่อทางการเมืองของชาร์ลส์ยังเข้ามามีส่วนร่วมในการอภิปร

ายด้วย

Per Mercedes, perfino i pettegolezzi della sorella del marito
sembravano rilevanti.
สำหรับเมอร์เซเดส

แม้แต่เรื่องนินทาของน้องสาวสามีของเธอก็ดูเหมือนจะมีความสำ

คัญ

Espresse la sua opinione su questo e su molti dei difetti
della famiglia di Charles.

เธอแสดงความคิดเห็นเกี่ยวกับเรื่องนั้นและข้อบกพร่องหลายประ

การของครอบครัวชาร์ลส์

Mentre discutevano, il fuoco rimase spento e l'accampamento mezzo allestito.

ระหว่างที่พวกเขายังโต้เถียงกัน

ไฟก็ยังคงไม่ติดและค่ายก็ตั้งได้ครึ่งหนึ่ง

Nel frattempo i cani erano rimasti infreddoliti e senza cibo.

ระหว่างนั้นสุนัขก็ยังคงหนาวและไม่มีอาหารกิน

Mercedes nutriva un risentimento che considerava profondamente personale.

เมอร์เซเดสเก็บความคับข้องใจที่เธอถือเป็นเรื่องส่วนตัวอย่างมาก

Si sentiva maltrattata in quanto donna e le venivano negati i suoi gentili privilegi.

เธอรู้สึกว่าตนเองถูกปฏิบัติอย่างไม่เป็นธรรมในฐานะผู้หญิง

และถูกปฏิเสธสิทธิพิเศษต่างๆ ของเธอ

Era carina e gentile, e per tutta la vita era stata abituata alla cavalleria.

เธอสวยและอ่อนโยน และปฏิบัติตนเป็นสุภาพบุรุษมาตลอดชีวิต

Ma suo marito e suo fratello ora la trattavano con impazienza.

แต่ตอนนี้สามีและพี่ชายของเธอกลับปฏิบัติต่อเธอด้วยความหงุดห

งิด

Aveva l'abitudine di comportarsi in modo impotente e loro cominciarono a lamentarsi.

เธอเคยมีนิสัยชอบทำตัวไร้ทางสู้ และพวกเขาก็เริ่มบ่น

Offesa da ciò, rese loro la vita ancora più difficile.

เธอรู้สึกไม่พอใจกับเรื่องนี้

และทำให้ชีวิตของพวกเขาลำบากมากยิ่งขึ้น

Ignorò i cani e insistette per guidare lei stessa la slitta.

เธอไม่สนใจสุนัขและยืนกรานที่จะขี่เลื่อนเอง

Sebbene sembrasse esile, pesava centoventi libbre (circa quaranta chili).

แม้ว่าเธอจะดูตัวเล็ก แต่เธอก็มีน้ำหนักถึงหนึ่งร้อยยี่สิบปอนด์

Quel peso aggiuntivo era troppo per i cani affamati e deboli.

ภาระที่เพิ่มขึ้นนั้นมากเกินไปสำหรับสุนัขที่อดอาหารและอ่อนแอ

Nonostante ciò, continuò a cavalcare per giorni, finché i cani non crollarono nelle redini.

เธอยังคงขี่ม้าต่อไปหลายวัน จนกระทั่งสุนัขล้มลงในบังเหียน

La slitta si fermò e Charles e Hal la implorarono di proseguire a piedi.

รถเลื่อนหยุดนิ่ง และชาร์ลส์กับฮาลก็ขอร้องให้เธอเดิน

Loro la implorarono e la scongiurarono, ma lei pianse e li definì crudeli.

พวกเขาได้ร้องขอและวิงวอน

แต่เธอกลับร้องไห้และเรียกพวกเขาว่าโหดร้าย

In un'occasione, la tirarono giù dalla slitta con pura forza e rabbia.

ครั้งหนึ่งพวกเขาได้ดึงเธอลงจากรถเลื่อนด้วยพลังและความโกรธอย่างเต็มที่

Dopo quello che accadde quella volta non ci riprovarono più.

พวกเขาไม่เคยลองอีกเลยหลังจากเหตุการณ์ที่เกิดขึ้นครั้งนั้น

Si accasciò come una bambina viziata e si sedette nella neve.

เธอเดินอ่อนปวกเปียกเหมือนเด็กที่ถูกตามใจและนั่งลงบนหิมะ

Continuarono a muoversi, ma lei si rifiutò di alzarsi o di seguirli.

พวกเขาเดินต่อไป แต่เธอกลับปฏิเสธที่จะลุกขึ้นหรือเดินตามหลัง

Dopo tre miglia si fermarono, tornarono indietro e la riportarono indietro.

เมื่อผ่านไปสามไมล์ พวกเขาก็หยุด กลับมา และพาเธอกลับไป

La ricaricarono sulla slitta, usando ancora una volta la forza bruta.

พวกเขาจึงโหลดเธอขึ้นมาบนเลื่อนอีกครั้ง โดยใช้กำลังแรงมาก

Nella loro profonda miseria, erano insensibili alla sofferenza dei cani.

ในความทุกข์ยากแสนสาหัสของพวกเขา

พวกเขากลับไม่รู้สึกรู้สาต่อความทุกข์ทรมานของสุนัขเลย

Hal credeva che fosse necessario indurirsi e impose questa convinzione agli altri.

ฮาลเชื่อว่าคนเราจะต้องเข้มแข็งขึ้นและบังคับให้ผู้อื่นเชื่อแบบนั้น

Inizialmente ha cercato di predicare la sua filosofia a sua sorella

เขาพยายามเทศนาปรัชญาของเขาให้พี่สาวของเขาฟังก่อน

e poi, senza successo, predicò al cognato.

แล้วเขาเทศนาสั่งสอนพี่เขยของเขาแต่ก็ไม่ประสบผลสำเร็จ

Ebbe più successo con i cani, ma solo perché li ferì.

เขาประสบความสำเร็จกับสุนัขมากขึ้น

แต่ก็เป็นเพราะเขาทำร้ายพวกมันเท่านั้น

Da Five Fingers, il cibo per cani è rimasto completamente vuoto.

ที่ร้าน Five Fingers อาหารสุนัขหมดเกลี้ยงเลย

Una vecchia squaw sdentata vendette qualche chilo di pelle di cavallo congelata

หญิงชราไร้ฟันขายหนังม้าแช่แข็งจำนวนไม่กี่ปอนด์

Hal scambiò la sua pistola con la pelle di cavallo secca.

ฮาลนำปืนพกของเขาไปแลกกับหนังม้าแห้ง

La carne proveniva dai cavalli affamati di allevatori di bovini, morti mesi prima.

เนื้อเหล่านั้นมาจากม้าหรือคนเลี้ยงวัวที่อดอาหารมาหลายเดือนแล้ว

Congelata, la pelle era come ferro zincato: dura e immangiabile.

หนังที่ถูกแช่แข็งนั้นมีลักษณะเหมือนเหล็กอาบสังกะสี

เหนียวและไม่สามารถกินได้

Per riuscire a mangiarla, i cani dovevano masticare la pelle senza sosta.

สุนัขต้องเคี้ยวหนังอย่างไม่หยุดยั้งเพื่อจะกินมัน

Ma le corde coriacee e i peli corti non erano certo un nutrimento.

แต่สายหนังและขนสั้น ๆ นั้นแทบจะไม่มีประโยชน์เลย

La maggior parte della pelle era irritante e non era cibo in senso stretto.

ส่วนใหญ่แล้วหนังจะระคายเคือง และไม่ใช่อาหารแต่อย่างใด

E nonostante tutto, Buck barcollava davanti a tutti, come in un incubo.

และตลอดเวลาที่ผ่านมา บัคเซไปข้างหน้าราวกับอยู่ในฝันร้าย

Quando poteva, tirava; quando non poteva, restava lì finché non veniva sollevato dalla frusta o dal bastone.

เขาดึงเมื่อสามารถ เมื่อทำไม่ได้

เขาจะนอนลงจนกว่าจะยกแส้หรือกระบองขึ้น

Il suo pelo fine e lucido aveva perso tutta la rigidità e la lucentezza di un tempo.

ขนที่เงางามของเขาสูญเสียความแข็งกระด้างและความมันเงาที่เคย

มีอยู่จนหมดสิ้น

I suoi capelli erano flosci, spettinati e pieni di sangue rappreso a causa dei colpi.

ผมของเขาห้อยย้อย ลากยาว

และเต็มไปด้วยเลือดแห้งจากการถูกโจมตี

I suoi muscoli si ridussero a midolli e i cuscinetti di carne erano tutti consumati.

กล้ามเนื้อของเขาหดตัวเหลือเพียงเส้นเชือก

และเนื้อหนังก็สึกกร่อนไปหมด

Ogni costola, ogni osso erano chiaramente visibili attraverso le pieghe della pelle rugosa.

ซี่โครงแต่ละซี่และกระดูกแต่ละชิ้นปรากฏชัดเจนผ่านรอยพับของ

ผิวหนังที่เหี่ยวเฉา

Fu straziante, ma il cuore di Buck non riuscì a spezzarsi.

มันเป็นเรื่องที่น่าเศร้าใจ แต่หัวใจของบัคกลับไม่อาจแตกสลายได้

L'uomo con il maglione rosso lo aveva testato e dimostrato molto tempo prima.

ชายผู้สวมเสื้อสเวตเตอร์สีแดงได้ทดสอบและพิสูจน์มาแล้วเมื่อนา

นมาแล้ว

Così come accadde a Buck, accadde anche a tutti i suoi compagni di squadra rimasti.

เช่นเดียวกับบัค

และเพื่อนร่วมทีมที่เหลือของเขาทุกคนก็เป็นเช่นนั้น

Ce n'erano sette in totale, ognuno uno scheletro ambulante di miseria.

มีทั้งหมดเจ็ดคน

โดยแต่ละคนเป็นโครงกระดูกเดินได้แห่งความทุกข์ยาก

Erano diventati insensibili alle fruste e sentivano solo un dolore distante.

พวกเขาชาจนไม่อาจตีได้

แต่กลับรู้สึกเพียงความเจ็บปวดที่ห่างไกล

Anche la vista e i suoni li raggiungevano debolmente, come attraverso una fitta nebbia.

แม้แต่การมองเห็นและการได้ยินก็มาถึงพวกเขาอย่างรางๆ

ราวกับผ่านหมอกหนา

Non erano mezzi vivi: erano ossa con deboli scintille al loro interno.

พวกมันยังไม่ตายไปครึ่งตัว—

พวกมันเป็นเพียงกระดูกที่มีประกายไฟริบหรี่อยู่ข้างใน

Una volta fermati, crollarono come cadaveri, con le scintille quasi del tutto spente.

เมื่อหยุดลงพวกมันก็ล้มลงเหมือนศพ

ประกายไฟของพวกมันแทบจะหายไป

E quando la frusta o il bastone colpivano di nuovo, le scintille sfarfallavano debolmente.

และเมื่อแส้หรือกระบองตีอีกครั้ง ประกายไฟก็กระพือเบาๆ

Poi si alzarono, barcollarono in avanti e trascinarono le loro membra in avanti.

แล้วพวกมันก็ลุกขึ้น เซไปข้างหน้า และลากแขนขาไปข้างหน้า

Un giorno il gentile Billee cadde e non riuscì più a rialzarsi.

วันหนึ่งบิลลี่ผู้ใจดีล้มลง และไม่สามารถลุกขึ้นมาได้อีก

Hal aveva scambiato la sua pistola con quella di Billee, così decise di ucciderla con un'ascia.

ฮาลได้แลกปืนพกของเขาไปแล้ว

ดังนั้นเขาจึงใช้ขวานฆ่าบิลลี่แทน

Lo colpì alla testa, poi gli tagliò il corpo e lo trascinò via.

เขาตีศีรษะของเขาแล้วตัดร่างของเขาออกแล้วลากมันออกไป

Buck se ne accorse, e così fecero anche gli altri: sapevano che la morte era vicina.

บั๊กเห็นเช่นนี้ และคนอื่นๆ ก็เห็นเช่นกัน

พวกเขารู้ว่าความตายกำลังใกล้เข้ามา

Il giorno dopo Koona se ne andò, lasciando solo cinque cani nel gruppo affamato.

วันรุ่งขึ้น คูน่าก็จากไป

โดยทิ้งสุนัขในทีมที่อดอยากเพียงห้าตัวเท่านั้น

Joe, non più cattivo, era ormai troppo fuori di sé per rendersi conto di nulla.

โจไม่ใจร้ายอีกต่อไปแล้ว

และเขาก็ไปไกลเกินกว่าจะตระหนักถึงสิ่งใดมากนัก

Pike, ormai non fingeva più di essere ferito, era appena cosciente.

ไพค์ไม่แกล้งบาดเจ็บอีกต่อไป และแทบจะไม่มีสติอยู่เลย

Solleks, ancora fedele, si rammaricava di non avere più la forza di dare.

โซลเลกส์ยังคงซื่อสัตย์และ โศกเศร้าว่าเขาไม่มีกำลังที่จะให้ได้

Teek fu battuto più di tutti perché era più fresco, ma stava calando rapidamente.

ทีคโดนตีมากที่สุดเพราะว่าเขาสดกว่า แต่ฟอร์มตกเร็วมาก

E Buck, ancora in testa, non mantenne più l'ordine né lo fece rispettare.

และบัคยังคงเป็นผู้นำ

แต่เขาไม่สามารถรักษาคำสั่งหรือบังคับใช้คำสั่งนั้นอีกต่อไป

Mezzo accecato dalla debolezza, Buck seguì la pista solo a tentoni.

ด้วยความอ่อนแอและตาบอดครึ่งหนึ่ง

บัคจึงเดินตามรอยไปโดยรู้สึกเพียงลำพัง

Era una bellissima primavera, ma nessuno di loro se ne accorse.

เป็นอากาศฤดูใบไม้ผลิที่สวยงาม แต่ไม่มีใครสังเกตเห็น

Ogni giorno il sole sorgeva prima e tramontava più tardi.

ในแต่ละวันดวงอาทิตย์จะขึ้นเร็วกว่าและตกช้ากว่าก่อนหน้านี้

Alle tre del mattino era già spuntata l'alba; il crepuscolo durò fino alle nove.

เมื่อถึงตีสามก็รุ่งเช้า และยังมีแสงพลบค่ำอยู่จนถึงเก้าโมง

Le lunghe giornate erano illuminate dal sole primaverile.

วันอันยาวนานเต็มไปด้วยแสงแดดอันส่องสว่างของฤดูใบไม้ผลิ

Il silenzio spettrale dell'inverno si era trasformato in un caldo mormorio.

ความเงียบสงบที่น่าขนลุกของฤดูหนาวได้เปลี่ยนไปเป็นเสียงพึม

พำอันอบอุ่น

Tutta la terra si stava svegliando, animata dalla gioia degli esseri viventi.

แผ่นดินทั้งมวลตื่นขึ้นและเต็มไปด้วยความชื่นบานของสรรพชีวิต

Il suono proveniva da ciò che era rimasto morto e immobile per tutto l'inverno.

เสียงนั้นมาจากสิ่งที่นอนตายและนิ่งอยู่ตลอดฤดูหนาว

Ora quelle cose si mossero di nuovo, scrollandosi di dosso il lungo sonno del gelo.

บัดนี้ สิ่งเหล่านั้นก็เคลื่อนไหวอีกครั้ง

สลัดการนอนหลับอันหนาวเหน็บอันยาวนานออกไป

La linfa saliva attraverso i tronchi scuri dei pini in attesa.

น้ำเลี้ยงกำลังไหลขึ้นมาจากลำต้นอันมืดมิดของต้นสนที่รอคอยอยู่

Salici e pioppi tremuli fanno sbocciare giovani gemme luminose su ogni ramoscello.

ต้นหลิวและต้นแอสเพนผลิดอกตูมสดใสบนกิ่งแต่ละกิ่ง

Arbusti e viti si tingono di un verde fresco mentre il bosco si anima.

ไม้พุ่มและเถาวัลย์เริ่มมีสีเขียวสดชื่นเมื่อป่าไม้กลับมามีชีวิตชีวา

Di notte i grilli cantavano e di giorno gli insetti strisciavano nella luce del sole.

จิ้งหรีดส่งเสียงร้องในเวลากลางคืน

และแมลงคลานอยู่ใต้แสงแดดตอนกลางวัน

Le pernici gridavano e i picchi picchiavano in profondità tra gli alberi.

นกกระทาส่งเสียงร้องดัง

และนกหัวขวานก็บินว่อนไปทั่วบริเวณต้นไม้

Gli scoiattoli chiacchieravano, gli uccelli cantavano e le oche starnazzavano per richiamare l'attenzione dei cani.

กระรอกส่งเสียงจ้อกแจ้ นกร้องเพลง

และห่านส่งเสียงร้องเหนือสุนัข

Gli uccelli selvatici arrivavano a cunei affilati, volando in alto da sud.

นกป่าบินมาเป็นลิ่มแหลมขึ้นมาจากทางทิศใต้

Da ogni pendio giungeva la musica di ruscelli nascosti e impetuosi.

จากเนินเขาทุกแห่งมีเสียงดนตรีของสายน้ำที่ไหลเชี่ยวที่ซ่อนอยู่ดัง

ออกมา

Tutto si scongelava e si spezzava, si piegava e ricominciava a muoversi.

ทุกสิ่งทุกอย่างละลายและแตกหัก

งอและระเบิดกลับขึ้นมาเคลื่อนไหวอีกครั้ง

Lo Yukon si sforzò di spezzare le fredde catene del ghiaccio ghiacciato.

ยูคอนพยายามอย่างหนักเพื่อทำลายโซ่ความหนาวเย็นของน้ำแข็งที่ แข็งตัว

Il ghiaccio si scioglieva sotto, mentre il sole lo scioglieva dall'alto.

น้ำแข็งละลายจากด้านล่าง

ในขณะที่ดวงอาทิตย์ทำให้มันละลายจากด้านบน

Si aprirono dei buchi, si allargarono delle crepe e dei pezzi caddero nel fiume.

ช่องระบายอากาศเปิดออก รอยแตกร้าวแพร่กระจาย

และชิ้นส่วนต่างๆ ตกลงไปในแม่น้ำ

In mezzo a tutta questa vita sfrenata e sfrenata, i viaggiatori barcollavano.

ท่ามกลางชีวิตที่วุ่นวายและลุกโชนนี้ นักเดินทางต่างก็เซไปมา

Due uomini, una donna e un branco di husky camminavano come morti.

ชายสองคน หญิงหนึ่งคน

และสุนัขไซบีเรียนฮัสกี้ฝูงหนึ่งเดินเหมือนคนตาย

I cani cadevano, Mercedes piangeva, ma continuava a guidare la slitta.

สุนัขล้มลง เมอร์เซเดสร้องไห้แต่ยังคงขี่เลื่อนต่อไป

Hal imprecò debolmente e Charles sbatté le palpebre con gli occhi lacrimanti.

ฮาลสาปแช่งอย่างอ่อนแรง

และชาร์ลส์ก็กระพริบตาผ่านดวงตาที่คลอไปด้วยน้ำตา

Si imbatterono nell'accampamento di John Thornton, nei pressi della foce del White River.

พวกเขาบังเอิญไปเจอค่ายของจอห์น ธอร์นตันที่ปากแม่น้ำไวท์

Quando si fermarono, i cani caddero a terra, come se fossero stati tutti colpiti a morte.

เมื่อพวกมันหยุดลง สุนัขก็ล้มลงราบราวกับว่าพวกมันตายหมด

Mercedes si asciugò le lacrime e guardò John Thornton.

เมอร์เซเดสเช็ดน้ำตาแล้วมองไปที่จอห์น ธอร์นตัน

Charles si sedette su un tronco, lentamente e rigidamente, dolorante per il sentiero.

ชาร์ลส์นั่งลงบนท่อนไม้อย่างช้าๆ และเกร็ง

เพราะรู้สึกปวดเมื่อยจากเส้นทาง

Hal parlava mentre Thornton intagliava l'estremità del manico di un'ascia.

ฮาลพูดในขณะที่ธอร์นตันแกะสลักส่วนปลายของด้ามขวาน

Tagliò il legno di betulla e rispose con frasi brevi e decise.

เขาเหลาไม้เบิร์ชแล้วตอบสั้นๆ และแน่วแน่

Quando gli veniva chiesto, dava un consiglio, certo che non sarebbe stato seguito.

เมื่อถูกถาม เขาก็ให้คำแนะนำ

เพราะแน่ใจว่าจะไม่มีใครปฏิบัติตาม

Hal spiegò: "Ci avevano detto che il ghiaccio lungo la pista si stava staccando".

ฮาลอธิบายว่า

"พวกเขาบอกเราว่าน้ำแข็งบนเส้นทางกำลังจะละลาย"

"Ci avevano detto che dovevamo restare fermi, ma siamo arrivati a White River."

"พวกเขาบอกให้เราอยู่นิ่งๆ แต่เราก็ไปถึงไวท์ริเวอร์ได้"

Concluse con un tono beffardo, come per cantare vittoria nelle difficoltà.

เขาจบด้วยน้ำเสียงเยาะเย้ย

ราวกับจะอ้างชัยชนะแม้ต้องเจอความยากลำบาก

"E ti hanno detto la verità", rispose John Thornton a bassa voce ad Hal.

"และพวกเขาก็บอกคุณความจริง" จอห์น

ธอร์นตันตอบฮาลอย่างเงียบๆ

"Il ghiaccio potrebbe cedere da un momento all'altro: è pronto a staccarsi."

"น้ำแข็งอาจแตกออกได้ทุกเมื่อ—มันพร้อมที่จะหลุดออกมา"

"Solo la fortuna cieca e gli sciocchi avrebbero potuto arrivare vivi fin qui."

"มีเพียงโชคช่วยและคนโง่เท่านั้นที่ทำให้มีชีวิตมาถึงจุดนี้ได้"

"Te lo dico senza mezzi termini: non rischierei la vita per tutto l'oro dell'Alaska."

"ฉันบอกคุณตรงๆ เลยว่า

ฉันจะไม่เสี่ยงชีวิตเพื่อทองคำทั้งหมดในอลาสก้า"

"Immagino che tu non sia uno stupido", rispose Hal.

"นั่นก็เพราะว่าคุณไม่ได้เป็นคนโง่ ฉันคิดว่าอย่างนั้น" ฮาลตอบ

"Comunque, andiamo avanti con Dawson." Srotolò la frusta.

"ยังไงก็ตาม เราจะไปหา Dawson" เขาคลายแส้ของเขาออก

"Sali, Buck! Ehi! Alzati! Forza!" urlò con voce roca.

"ลุกขึ้นมาสิ บัค สวัสดี ลุกขึ้น มาเลย!" เขาตะโกนเสียงแข็ง

Thornton continuò a intagliare, sapendo che gli sciocchi non volevano sentire ragioni.

ธอร์นตันยังคงแกะสลักต่อไป โดยรู้ว่าคนโง่จะไม่ได้ยินเหตุผล

Fermare uno stupido era inutile, e due o tre stupidi non cambiavano nulla.

การหยุดคนโง่เป็นเรื่องไร้ประโยชน์

และการถูกหลอกสองหรือสามครั้งก็ไม่ได้ทำให้อะไรดีขึ้นเลย

Ma la squadra non si mosse al suono del comando di Hal.

แต่ทีมไม่ได้เคลื่อนไหวเมื่อได้ยินเสียงสั่งของฮาล

Ormai solo i colpi potevano farli sollevare e avanzare.

บัดนี้

มีเพียงการโจมตีเท่านั้นที่จะทำให้พวกเขาลุกขึ้นและดึงไปข้างหน้าได้

La frusta schioccava ripetutamente sui cani indeboliti.
แส้ฟาดซ้ำแล้วซ้ำเล่าไปที่สุนัขที่อ่อนแอ

John Thornton strinse forte le labbra e osservò in silenzio.
จอห์น ธอร์นตันเม้มริมฝีปากแน่นและเฝ้าดูอย่างเงียบงัน

Solleks fu il primo a rialzarsi sotto la frusta.
โซลเลกส์เป็นคนแรกที่คลานขึ้นมายืนใต้เชือก

Poi Teek lo seguì, tremando. Joe urlò mentre barcollava.
ทีคเดินตามไปด้วยความสั่นเทา โจร้องลั่นขณะที่เขาสะดุดล้ม

Pike cercò di alzarsi, fallì due volte, poi alla fine si rialzò barcollando.
ไพค์พยายามจะลุกขึ้น แต่ก็ล้มเหลวถึงสองครั้ง

และสุดท้ายก็ลุกขึ้นไม่ได้

Ma Buck rimase lì dov'era caduto, senza muoversi affatto.
แต่บัคยังคงนอนอยู่ที่เดิมและไม่ขยับตัวเลย

La frusta lo colpì più volte, ma lui non emise alcun suono.
แส้ฟาดเขาซ้ำแล้วซ้ำเล่าแต่เขาไม่ส่งเสียงใด ๆ

Lui non sussultò né oppose resistenza, rimase semplicemente immobile e in silenzio.
เขาไม่ได้สะดุ้งหรือต่อต้าน เพียงยังคงนิ่งและเงียบ

Thornton si mosse più di una volta, come per dire qualcosa, ma non lo fece.
ธอร์นตันขยับตัวมากกว่าหนึ่งครั้ง ราวกับจะพูด แต่ก็ไม่ได้พูด

I suoi occhi si inumidirono, ma la frusta continuava a schioccare contro Buck.
ดวงตาของเขามีน้ำตาคลอ แต่แส้ยังคงฟาดไปที่บั๊ก

Alla fine Thornton cominciò a camminare lentamente, incerto sul da farsi.
ในที่สุด ธอร์นตันก็เริ่มเดินไปมาอย่างช้าๆ

โดยไม่แน่ใจว่าจะทำอย่างไร

Era la prima volta che Buck falliva e Hal si infuriò.
นั่นเป็นครั้งแรกที่บัคล้มเหลว และฮาลก็โกรธมาก

Gettò via la frusta e prese al suo posto il pesante manganello.
เขาโยนแส้ลงแล้วหยิบไม้หนักขึ้นมาแทน

La mazza di legno colpì con violenza, ma Buck non si alzò per muoversi.
กระบองไม้ฟาดลงมาอย่างแรง แต่บัคก็ยังไม่ยอมลุกขึ้นเพื่อขยับตัว

Come i suoi compagni di squadra, era troppo debole, ma non solo.
เช่นเดียวกับเพื่อนร่วมทีมของเขา เขาอ่อนแอเกินไป—

แต่ก็มากกว่านั้น

Buck aveva deciso di non muoversi, qualunque cosa accadesse.
บัคตัดสินใจที่จะไม่ย้าย ไม่ว่าอะไรจะเกิดขึ้นต่อจากนี้

Sentì qualcosa di oscuro e sicuro incombere proprio davanti a sé.
เขารู้สึกถึงบางอย่างมืดมิดและแน่นอนลอยอยู่ข้างหน้า

Quel terrore lo aveva colto non appena aveva raggiunto la riva del fiume.
ความกลัวนั้นเข้าครอบงำเขาทันทีที่เขาไปถึงริมฝั่งแม่น้ำ

Quella sensazione non lo aveva abbandonato da quando aveva sentito il ghiaccio assottigliarsi sotto le zampe.
ความรู้สึกนั้นยังคงอยู่กับเขาต่อไปอีกนับตั้งแต่เขาสัมผัสได้ถึงน้ำแ

ข็งบางๆ ใต้อุ้งเท้าของเขา

Qualcosa di terribile lo stava aspettando: lo sentiva proprio lungo il sentiero.

มีเรื่องเลวร้ายบางอย่างกำลังรออยู่—

เขาสัมผัสได้ถึงมันที่จุดปลายเส้นทาง

Non avrebbe camminato verso quella cosa terribile davanti a lui

เขาจะไม่เดินไปหาสิ่งเลวร้ายที่อยู่ข้างหน้า

Non avrebbe obbedito a nessun ordine che lo avrebbe condotto a quella cosa.

เขาจะไม่เชื่อฟังคำสั่งใด ๆ ที่พาเขาไปยังสิ่งนั้น

Ormai il dolore dei colpi non lo sfiorava più: era troppo stanco.

ความเจ็บปวดจากการถูกโจมตีแทบไม่สามารถแตะต้องเขาได้เลยตอนนี้—เขาก้าวไปไกลเกินไปแล้ว

La scintilla della vita tremolava lentamente, affievolita da ogni colpo crudele.

ประกายแห่งชีวิตสั่นไหวต่ำลง

และหรี่ลงใต้การโจมตีอันโหดร้ายแต่ละครั้ง

Gli arti gli sembravano distanti; tutto il corpo sembrava appartenere a un altro.

แขนขาของเขารู้สึกเหมือนอยู่ห่างไกล

และร่างกายทั้งหมดของเขาเหมือนเป็นของอีกคนหนึ่ง

Sentì uno strano torpore mentre il dolore scompariva completamente.

เขาเริ่มรู้สึกชาแปลกๆ ขณะที่ความเจ็บปวดหายไปหมด

Da lontano, sentiva che lo stavano picchiando, ma non se ne rendeva conto.

แต่ไกล เขาสัมผัสได้ว่าตัวเองกำลังถูกตี แต่แทบไม่รู้เลย

Poteva udire debolmente i tonfi, ma ormai non gli facevano più male.

เขาได้ยินเสียงกระแทกเบา ๆ แต่ตอนนี้ไม่เจ็บแล้ว

I colpi andarono a segno, ma il suo corpo non sembrava più il suo.

หมัดนั้นถูกโจมตี แต่ร่างกายของเขาดูไม่ใช่ของเขาอีกต่อไป

Poi, all'improvviso, senza alcun preavviso, John Thornton lanciò un grido selvaggio.

แล้วจู่ๆ จอห์น

ธอร์นตันก็ร้องโวยวายอย่างบ้าคลั่งโดยไม่ได้เตือนล่วงหน้า

Era inarticolato, più il grido di una bestia che di un uomo.

มันเป็นเสียงที่ไม่ชัดเจน

เหมือนเสียงร้องของสัตว์มากกว่าเสียงร้องของมนุษย์

Si lanciò sull'uomo con la mazza e fece cadere Hal all'indietro.

เขากระโจนเข้าหาชายที่ถือไม้กระบองแล้วผลักฮาลถอยหลัง

Hal volò come se fosse stato colpito da un albero, atterrando pesantemente al suolo.

ฮาลบินราวกับว่าโดนต้นไม้ชน และลงจอดอย่างแรงที่พื้นดิน

Mercedes urlò a gran voce in preda al panico e si portò le mani al viso.

เมอร์เซเดสกรีดร้องออกมาด้วยความตื่นตระหนกและจับที่ใบหน้า

ของเธอ

Charles si limitò a guardare, si asciugò gli occhi e rimase seduto.

ชาร์ลส์เพียงแต่มองดู เช็ดตา และนั่งอยู่

Il suo corpo era troppo irrigidito dal dolore per alzarsi o contribuire alla lotta.

ร่างกายของเขาแข็งทื่อด้วยความเจ็บปวดจนไม่อาจลุกขึ้นหรือช่วย

ในการต่อสู้ได้

Thornton era in piedi davanti a Buck, tremante di rabbia, incapace di parlare.

ธอร์นตันยืนอยู่เหนือบัค ตัวสั่นด้วยความโกรธ

จนพูดอะไรไม่ออก

Tremava di rabbia e lottò per trovare la voce.

เขาสั่นด้วยความโกรธและต่อสู้ดิ้นรนเพื่อค้นหาเสียงของตัวเองผ่า

นมัน

"Se colpisci ancora quel cane, ti uccido", disse infine.

"ถ้าคุณตีสุนัขตัวนั้นอีก ฉันจะฆ่าคุณ" เขากล่าวในที่สุด

Hal si asciugò il sangue dalla bocca e tornò avanti.

ฮาลเช็ดเลือดออกจากปากและเดินไปข้างหน้าอีกครั้ง

"È il mio cane", borbottò. "Togliti di mezzo o ti sistemo io."

"นั่นหมาของฉัน" เขาบ่นพึมพำ "หลีกทางไป

ไม่งั้นฉันจะจัดการคุณเอง"

"Vado da Dawson e tu non mi fermerai", ha aggiunto.

"ผมจะไปดอว์สัน และคุณก็ไม่สามารถหยุดผมได้" เขากล่าวเสริม

Thornton si fermò tra Buck e il giovane arrabbiato.

ธอร์นตันยืนมั่นคงระหว่างบัคกับชายหนุ่มที่กำลังโกรธแค้น

Non aveva alcuna intenzione di farsi da parte o di lasciar passare Hal.

เขาไม่มีความตั้งใจที่จะก้าวออกไปหรือปล่อยให้ฮาลผ่านไป

Hal tirò fuori il suo coltello da caccia, lungo e pericoloso nella sua mano.

ฮาลดึงมีดล่าสัตว์ของเขาออกมา ซึ่งอยู่ในมือที่ยาวและอันตราย

Mercedes urlò, poi pianse, poi rise in preda a un'isteria selvaggia.

เมอร์เซเดสกรีดร้อง จากนั้นก็ร้องไห้ จากนั้นก็หัวเราะอย่างบ้าคลั่ง

Thornton colpì la mano di Hal con il manico dell'ascia, con forza e rapidità.

ธอร์นตันตีมือของฮาลด้วยด้ามขวานของเขาอย่างรุนแรงและรวดเ
ร็ว

Il coltello si liberò dalla presa di Hal e volò a terra.

มีดหลุดจากการจับของฮาลและหล่นลงสู่พื้น

Hal cercò di raccogliere il coltello, ma Thornton gli batté di
nuovo le nocche.

ฮาลพยายามหยิบมีดขึ้นมา และธอร์นตันก็ตบข้อต่ออีกครั้ง

Poi Thornton si chinò, afferrò il coltello e lo tenne fermo.

จากนั้น ธอร์นตันก็ก้มลง คว้ามีดและถือไว้

Con due rapidi colpi del manico dell'ascia, tagliò le redini di
Buck.

ด้วยการฟันด้ามขวานสองครั้งอย่างรวดเร็ว

เขาก็ตัดสายบังเหียนของบัคได้

Hal non aveva più voglia di combattere e si allontanò dal
cane.

ฮาลไม่มีการต่อสู้เหลืออยู่ในตัวเขาอีกแล้วและก้าวถอยห่างจากสุน
ข

Inoltre, ora Mercedes aveva bisogno di entrambe le braccia
per restare in piedi.

นอกจากนี้

เมอร์เซเดสยังต้องใช้แขนทั้งสองข้างเพื่อให้เธอทรงตัวได้

Buck era troppo vicino alla morte per poter nuovamente
tirare la slitta.

บัคใกล้ตายมากเกินกว่าที่จะสามารถลากเลื่อนได้อีกครั้ง

Pochi minuti dopo, ripartirono, dirigendosi verso il fiume.

อีกไม่กี่นาทีต่อมา พวกเขาก็ออกเดินทางมุ่งหน้าลงแม่น้ำ

Buck sollevò debolmente la testa e li guardò lasciare la
banca.

บั๊กเงยหน้าขึ้นอย่างอ่อนแรงและมองดูพวกเขาออกจากธนาคาร

Pike guidava la squadra, con Solleks dietro al volante,

ไพค์เป็นผู้นำทีม โดยมีโซเลกส์อยู่ด้านหลังในตำแหน่งล้อ

Joe e Teek camminavano in mezzo, zoppicando entrambi per la stanchezza.

โจและทีคเดินเข้ามาระหว่างนั้น

โดยทั้งสองเดินกะเผลกด้วยความเหนื่อยล้า

Mercedes si sedette sulla slitta e Hal afferrò la lunga pertica.

เมอร์เซเดสนั่งอยู่บนรถเลื่อน และฮาลก็จับเสาค้ำที่ยาวไว้

Charles barcollava dietro di lui, con passi goffi e incerti.

ชาร์ลส์สะดุดล้มด้านหลัง ก้าวเดินอย่างไม่คล่องแคล่วและไม่แน่ใจ

Thornton si inginocchiò accanto a Buck e tastò delicatamente per vedere se aveva ossa rotte.

ธอร์นตันคุกเข่าอยู่ข้างบัคและคลำหากระดูกที่หักอย่างเบามือ

Le sue mani erano ruvide, ma si muovevano con gentilezza e cura.

มือของเขาแม้จะหยาบกร้านแต่ก็เคลื่อนไหวด้วยความกรุณาและเอาใจใส่

Il corpo di Buck era pieno di lividi, ma non presentava lesioni permanenti.

ร่างของบัคมีรอยฟกช้ำแต่ไม่มีอาการบาดเจ็บถาวร

Ciò che restava era una fame terribile e una debolezza quasi totale.

สิ่งที่ยังคงเหลืออยู่คือความหิวโหยอันแสนสาหัสและความอ่อนแอเกือบทั้งหมด

Quando la situazione fu più chiara, la slitta era già andata molto a valle.

เมื่อเห็นชัดเจนแล้ว รถเลื่อนก็ล่องไปไกลแล้ว

L'uomo e il cane osservavano la slitta avanzare lentamente sul ghiaccio che si rompeva.

ชายและสุนัขเฝ้าดูรถเลื่อนค่อยๆ คลานไปบนน้ำแข็งที่แตกร้าว

Poi videro la slitta sprofondare in una cavità.

จากนั้นพวกเขาก็มองเห็นรถเลื่อนจมลงไปในแอ่งน้ำ

La pertica volò in alto, ma Hal vi si aggrappò ancora invano.

เสาไฟลอยขึ้นไป โดยที่ฮาลยังคงเกาะมันไว้อย่างไร้ผล

L'urlo di Mercedes li raggiunse attraverso la fredda distanza.

เสียงกรีดร้องของเมอร์เซเดสดังไปถึงพวกเขาข้ามระยะทางที่หนาวเย็น

Charles si voltò e fece un passo indietro, ma era troppo tardi.

ชาร์ลส์หันหลังแล้วก้าวถอยหลัง—แต่เขาก็สายเกินไปแล้ว

Un'intera calotta di ghiaccio cedette e tutti precipitarono.

แผ่นน้ำแข็งทั้งหมดพังทลายลง และพวกมันก็ตกลงไปทั้งหมด

Cani, slitte e persone scomparvero nelle acque nere sottostanti.

สุนัข รถลากเลื่อน และผู้คนหายไปในน้ำดำเบื้องล่าง

Nel punto in cui erano passati era rimasto solo un largo buco nel ghiaccio.

เหลือเพียงหลุมกว้างในน้ำแข็งตรงที่พวกเขาผ่านไป

Il fondo del sentiero era crollato, proprio come aveva previsto Thornton.

พื้นทางเดินลาดลงมาตามที่ธอร์นตันเตือนไว้

Thornton e Buck si guardarono l'un l'altro, in silenzio per un momento.

ธอร์นตันและบัคมองหน้ากันโดยเงียบไปครู่หนึ่ง

"Povero diavolo", disse Thornton dolcemente, e Buck gli leccò la mano.

"เจ้าช่างน่าสงสาร" ธอร์นตันพูดเบาๆ และบัคก็เลียมือของเขา

Per amore di un uomo
เพื่อความรักของชายคนหนึ่ง

John Thornton si congelò i piedi per il freddo del dicembre precedente.

จอห์น ธอร์นตัน

เท้าของเขาแข็งเพราะความหนาวเย็นของเดือนธันวาคมปีก่อน

I suoi compagni lo fecero sentire a suo agio e lo lasciarono guarire da solo.

คู่หูของเขาทำให้เขาสบายใจและปล่อยให้เขาฟื้นตัวคนเดียว

Risalirono il fiume per raccogliere una zattera di tronchi da sega per Dawson.

พวกเขาเดินขึ้นแม่น้ำเพื่อรวบรวมแพซุงสำหรับดอว์สัน

Zoppicava ancora leggermente quando salvò Buck dalla morte.

เขายังเดินกะเผลกเล็กน้อยตอนที่ช่วยบัคจากความตาย

Ma con il persistere del caldo, anche quella zoppia è scomparsa.

แต่ด้วยอากาศอบอุ่นที่ยังคงดำเนินต่อไป

อาการขาเป๋ก็หายไปเช่นกัน

Sdraiato sulla riva del fiume durante le lunghe giornate primaverili, Buck si riposò.

บัคได้พักผ่อนริมฝั่งแม่น้ำระหว่างช่วงฤดูใบไม้ผลิที่ยาวนาน

Osservava l'acqua che scorreva e ascoltava gli uccelli e gli insetti.

เขาเฝ้าดูน้ำไหลและฟังเสียงนกและแมลง

Lentamente Buck riacquistò le forze sotto il sole e il cielo.

บัคค่อยๆ ฟื้นคืนพละกำลังภายใต้ดวงอาทิตย์และท้องฟ้า

Dopo aver viaggiato tremila miglia, riposarsi è stato meraviglioso.

การพักผ่อนที่ยอดเยี่ยมหลังจากเดินทางมาสามพันไมล์

Buck diventò pigro man mano che le sue ferite guarivano e il suo corpo si riempiva.

บัคเริ่มขี้เกียจเมื่อบาดแผลของเขาหายและร่างกายของเขาแข็งแรงขึ้น

I suoi muscoli si rassodarono e la carne tornò a ricoprire le sue ossa.

กล้ามเนื้อของเขาแข็งแรงขึ้น

และเนื้อก็กลับมาปกคลุมกระดูกของเขาอีกครั้ง

Stavano tutti riposando: Buck, Thornton, Skeet e Nig.

พวกเขาทั้งหมดกำลังพักผ่อน—บัค, ธอร์นตัน, สกีต และนิค

Aspettarono la zattera che li avrebbe portati a Dawson.

พวกเขารอแพที่จะพาพวกเขาลงไปที่ดอว์สัน

Skeet era un piccolo setter irlandese che fece amicizia con Buck.

สกีตเป็นสุนัขไอริชเซตเตอร์ตัวเล็กที่เป็นเพื่อนกับบัค

Buck era troppo debole e malato per resisterle al loro primo incontro.

บัคอ่อนแอและป่วยเกินกว่าจะต้านทานเธอได้ในการพบกันครั้งแรกของพวกเขา

Skeet aveva la caratteristica di guaritore che alcuni cani possiedono per natura.

สกีตมีคุณสมบัติในการรักษาซึ่งสุนัขบางตัวมีอยู่แล้ว

Come una gatta, leccò e pulì le ferite aperte di Buck.

เธอเลียและทำความสะอาดบาดแผลสดของบัคเหมือนกับแม่แมว

Ogni mattina, dopo colazione, ripeteva il suo attento lavoro.

ทุกเช้าหลังรับประทานอาหารเช้า

เธอจะทำหน้าที่อย่างระมัดระวังอีกครั้ง

Buck finì per aspettarsi il suo aiuto tanto quanto quello di Thornton.

บัคเริ่มคาดหวังความช่วยเหลือจากเธอเท่าๆ

กับที่เขาคาดหวังความช่วยเหลือจากธอร์นตัน

Anche Nig era amichevole, ma meno aperto e meno affettuoso.

นิคก็เป็นคนเป็นมิตรเช่นกัน

แต่เปิดเผยน้อยลงและแสดงความรักน้อยลง

Nig era un grosso cane nero, in parte segugio e in parte levriero.

นิคเป็นสุนัขสีดำตัวใหญ่

เป็นลูกครึ่งสุนัขบลัดฮาวด์และสุนัขล่ากวาง

Aveva occhi sorridenti e un'infinita bontà d'animo.

เขามีดวงตาที่ยิ้มแย้มและมีจิตใจดีอย่างไม่มีที่สิ้นสุด

Con sorpresa di Buck, nessuno dei due cani mostrò gelosia nei suoi confronti.

บัครู้สึกประหลาดใจที่สุนัขทั้งสองตัวไม่แสดงความอิจฉาเขา

Sia Skeet che Nig condividevano la gentilezza di John Thornton.

ทั้ง Skeet และ Nig ต่างก็ได้รับความกรุณาจาก John Thornton

Man mano che Buck diventava più forte, lo attiravano in stupidi giochi da cani.

เมื่อบั๊กแข็งแกร่งขึ้น พวกเขาก็ล่อลวงเขาให้เล่นเกมสุนัขโง่ๆ

Anche Thornton giocava spesso con loro, incapace di resistere alla loro gioia.

ธอร์นตันก็มักจะเล่นกับพวกมันด้วยเช่นกัน

In questo modo giocoso, Buck passò dalla malattia a una nuova vita.

ด้วยวิธีสนุกๆ นี้ บัคได้ก้าวจากการเจ็บป่วยไปสู่ชีวิตใหม่

L'amore, quello vero, ardente e passionale, era finalmente suo.

ความรัก—ความรักอันแท้จริง เร่าร้อน และเร่าร้อน—

กลายเป็นของเขาในที่สุด

Non aveva mai conosciuto questo tipo di amore nella tenuta di Miller.

เขาไม่เคยรู้จักความรักแบบนี้ที่คฤหาสน์ของมิลเลอร์เลย

Con i figli del giudice aveva condiviso lavoro e avventure.

เขาและลูกชายของผู้พิพากษาได้ร่วมกันทำงานและผจญภัย

Nei nipoti notò un orgoglio rigido e vanitoso.

เมื่อเห็นหลานชายมีท่าทีเย่อหยิ่งและโอ้อวด

Con lo stesso giudice Miller aveva un rapporto di rispettosa amicizia.

เขาและผู้พิพากษามิลเลอร์มีมิตรภาพที่ดีต่อกัน

Ma l'amore che era fuoco, follia e adorazione era ciò che accadeva con Thornton.

แต่ความรักที่เป็นไฟ ความบ้าคลั่ง

และการบูชาก็มาพร้อมกับธอร์นตัน

Quest'uomo aveva salvato la vita di Buck, e questo di per sé significava molto.

ชายคนนี้ช่วยชีวิตบัคไว้ และแค่นั้นก็มีความหมายมากแล้ว

Ma più di questo, John Thornton era il tipo ideale di maestro.

แต่ยิ่งไปกว่านั้น จอห์น

ธอร์นตันยังเป็นปรมาจารย์ในอุดมคติอีกด้วย

Altri uomini si prendevano cura dei cani per dovere o per necessità lavorative.

ผู้ชายคนอื่นๆ ดูแลสุนัขเพราะหน้าที่หรือมีความจำเป็นทางธุรกิจ

John Thornton si prendeva cura dei suoi cani come se fossero figli.

จอห์น

ธอร์นตันดูแลสุนัขของเขาเหมือนกับว่าพวกมันเป็นลูกของเขา

Si prendeva cura di loro perché li amava e semplicemente non poteva farne a meno.

เขาใส่ใจพวกเขาเพราะเขารักพวกเขาและไม่สามารถหยุดมันได้

John Thornton vide molto più lontano di quanto la maggior parte degli uomini riuscisse mai a vedere.

จอห์น

ธอร์นตันมองเห็นได้ไกลมากกว่าที่มนุษย์ส่วนใหญ่สามารถมองเห็นได้

Non dimenticava mai di salutarli gentilmente o di pronunciare una parola di incoraggiamento.

พระองค์ไม่เคยลืมที่จะทักทายพวกเขาอย่างเป็นมิตรหรือพูดจาให้กำลังใจ

Amava sedersi con i cani per fare lunghe chiacchierate, o "gassy", come diceva lui.

เขาชอบนั่งคุยกับสุนัขนานๆ หรืออาจจะเรียกว่า "ผายลม" ก็ได้ตามที่เขาพูด

Gli piaceva afferrare bruscamente la testa di Buck tra le sue mani forti.

เขาชอบที่จะจับศีรษะของบัคอย่างรุนแรงระหว่างมือที่แข็งแกร่งของเขา

Poi appoggiò la testa contro quella di Buck e lo scosse delicatamente.

จากนั้นเขาก็เอาหัวของตัวเองพิงกับบัคและเขย่าเขาเบาๆ

Nel frattempo, chiamava Buck con nomi volgari che per lui significavano affetto.

ตลอดเวลา เขาก็เรียกบัคด้วยชื่อหยาบคายที่หมายถึงความรักต่อบัค

Per Buck, quell'abbraccio rude e quelle parole portarono una gioia profonda.

สำหรับบัค

การกอดที่รุนแรงและคำพูดเหล่านั้นทำให้มีความสุขอย่างมาก

A ogni movimento il suo cuore sembrava sussultare di felicità.

หัวใจของเขาดูเหมือนจะสั่นไหวด้วยความสุขทุกครั้งที่เคลื่อนไหว

Quando poi balzò in piedi, la sua bocca sembrava ridere.

เมื่อเขาผุดลุกขึ้นมาอีกครั้ง ปากของเขาดูเหมือนว่าจะหัวเราะ

I suoi occhi brillavano intensamente e la sua gola tremava per una gioia inespressa.

ดวงตาของเขาเป็นประกายสดใส

และลำคอของเขาสั่นเทาด้วยความสุขที่ไม่สามารถเอ่ยออกมาได้

Il suo sorriso rimase immobile in quello stato di emozione e affetto ardente.

รอยยิ้มของเขายังคงนิ่งอยู่ในอารมณ์และความรักอันเปี่ยมล้น

Allora Thornton esclamò pensieroso: "Dio! Riesce quasi a parlare!"

จากนั้น ธอร์นตันก็อุทานออกมาอย่างครุ่นคิดว่า "พระเจ้า!

เขาแทบจะพูดได้เลยนะ!"

Buck aveva uno strano modo di esprimere l'amore che quasi gli causava dolore.

บัคมีวิธีการแสดงความรักแบบแปลกๆ ซึ่งเกือบทำให้เจ็บปวด

Spesso stringeva forte la mano di Thornton tra i denti.

เขามักจะกัดมือของธอร์นตันแน่นมาก

Il morso avrebbe lasciato segni profondi che sarebbero rimasti per qualche tempo.

รอยกัดนั้นจะทิ้งรอยลึกไว้ซึ่งจะคงอยู่ต่อไปอีกระยะหนึ่ง

Buck credeva che quei giuramenti fossero amore, e Thornton la pensava allo stesso modo.

บัคเชื่อว่าคำสาบานเหล่านั้นคือความรัก และธอร์นตันก็รู้เช่นกัน

Il più delle volte, l'amore di Buck si manifestava in un'adorazione silenziosa, quasi silenziosa.

ส่วนใหญ่แล้วความรักของบัคจะแสดงออกมาในรูปแบบของความ

ชื่นชมที่เงียบงันจนแทบจะเงียบสนิท

Sebbene fosse emozionato quando veniva toccato o gli si parlava, non cercava attenzione.

แม้จะตื่นเต้นเมื่อถูกสัมผัสหรือพูดคุย

แต่เขาก็ไม่ได้ต้องการความสนใจ

Skeet spinse il naso sotto la mano di Thornton finché lui non la accarezzò.

สกีตเอาจมูกจิ้มใต้มือของธอร์นตันจนกระทั่งเขาลูบเธอ

Nig si avvicinò silenziosamente e appoggiò la sua grande testa sulle ginocchia di Thornton.

นิคเดินขึ้นไปอย่างเงียบๆ

และวางศีรษะขนาดใหญ่ของเขาไว้บนตักของธอร์นตัน

Buck, al contrario, si accontentava di amare da una rispettosa distanza.

ในทางตรงกันข้ามบัคพอใจที่จะรักจากระยะห่างที่เคารพกัน

Rimase sdraiato per ore ai piedi di Thornton, vigile e attento.

เขานอนอยู่แทบเท้าของธอร์นตันเป็นเวลาหลายชั่วโมงอย่างตื่นตัว

และเฝ้าดูอย่างใกล้ชิด

Buck studiò ogni dettaglio del volto del suo padrone, perfino il più piccolo movimento.

บั๊กศึกษาอย่างละเอียดทุกรายละเอียดของใบหน้าและการเคลื่อนไ

หวแม้เพียงเล็กน้อยของเจ้านาย

Oppure sdraiati più lontano, studiando in silenzio la sagoma dell'uomo.

หรือโกหกอยู่ไกลออกไปโดยศึกษารูปร่างของชายคนนั้นในความเ
งียบ

Buck osservava ogni piccolo movimento, ogni cambiamento
di postura o di gesto.

บั๊กเฝ้าดูการเคลื่อนไหวเล็กๆ น้อยๆ แต่ละอย่าง

การเปลี่ยนท่าทางหรือกิริยาท่าทาง

Questo legame era così potente che spesso catturava lo
sguardo di Thornton.

ความเชื่อมโยงนี้ทรงพลังมากจนดึงดูดความสนใจของธอร์นตันอยู่

เสมอ

Incontrò lo sguardo di Buck senza dire parole, e il suo amore
traspariva chiaramente.

เขาสบตากับบัคโดยไม่พูดอะไร ความรักเปล่งประกายอย่างชัดเจน

Per molto tempo dopo essere stato salvato, Buck non perse
mai di vista Thornton.

เป็นเวลานานหลังจากที่ได้รับการช่วยเหลือ

บัคไม่เคยปล่อยให้ธอร์นตันคลาดสายตาเลย

Ogni volta che Thornton usciva dalla tenda, Buck lo seguiva
da vicino all'esterno.

เมื่อใดก็ตามที่ธอร์นตันออกจากเต็นท์ บัคก็จะเดินตามเขาไปติดๆ

ข้างนอก

Tutti i severi padroni delle Terre del Nord avevano fatto sì
che Buck non riuscisse più a fidarsi.

เจ้านายที่โหดร้ายทั้งหมดในดินแดนเหนือทำให้บัคไม่กล้าไว้วางใ

จ

Temeva che nessun uomo potesse restare suo padrone se
non per un breve periodo.

เขาเกรงว่าจะไม่มีใครสามารถเป็นเจ้านายของเขาได้นานกว่าช่วงเวลาสั้นๆ

Temeva che John Thornton sarebbe scomparso come Perrault e François.

เขาเกรงว่าจอห์น

ธอร์นตันจะหายตัวไปเหมือนกับเปโรลต์และฟรองซัวส์

Anche di notte, la paura di perderlo tormentava il sonno agitato di Buck.

แม้กระทั่งในเวลากลางคืน

ความกลัวที่จะสูญเสียเขาไปยังคงหลอกหลอนการนอนหลับไม่สบายของบัค

Quando Buck si svegliò, si trascinò fuori al freddo e andò nella tenda.

เมื่อบัคตื่น เขาก็คลานออกไปในที่เย็น และเดินไปที่เต็นท์

Ascoltò attentamente il leggero suono del suo respiro interiore.

เขาตั้งใจฟังเสียงหายใจเบาๆ ภายใน

Nonostante il profondo amore di Buck per John Thornton, la natura selvaggia sopravvisse.

แม้ว่าบัคจะรักจอห์น ธอร์นตันมาก แต่ป่าก็ยังมีชีวิตอยู่

Quell'istinto primitivo, risvegliatosi nel Nord, non scomparve.

สัญชาตญาณดั้งเดิมที่ปลุกขึ้นในภาคเหนือ ไม่ได้หายไป

L'amore portava devozione, lealtà e il caldo legame attorno al fuoco.

ความรักนำมาซึ่งความภักดี ความภักดี

และความผูกพันที่อบอุ่นจากกองไฟ

Ma Buck mantenne anche i suoi istinti selvaggi, acuti e sempre all'erta.

แต่บัคก็ยังคงสัญชาตญาณดิบของเขาไว้อย่างเฉียบคมและตื่นตัวอยู่เสมอ

Non era solo un animale domestico addomesticato proveniente dalle dolci terre della civiltà.

เขามิใช่เพียงสัตว์เลี้ยงที่เชื่องจากดินแดนอันอ่อนนุ่มแห่งอารยธรรม

Buck era un essere selvaggio che si era seduto accanto al fuoco di Thornton.

บัคเป็นสิ่งมีชีวิตป่าที่เข้ามาเพื่อมานั่งใกล้กองไฟของธอร์นตัน

Sembrava un cane del Southland, ma in lui albergava la natura selvaggia.

เขาดูเหมือนสุนัขพันธุ์เซาท์แลนด์ แต่มีความดุร้ายอยู่ในตัวเขา

Il suo amore per Thornton era troppo grande per permettersi un furto da parte di quell'uomo.

ความรักที่เขามีต่อธอร์นตันมีมากเกินกว่าที่จะยอมให้เกิดการขโมยของจากชายคนนั้นได้

Ma in qualsiasi altro campo ruberebbe con audacia e senza esitazione.

แต่ในค่ายอื่นเขาจะขโมยอย่างกล้าหาญและไม่หยุดพัก

Era così abile nel rubare che nessuno riusciva a catturarlo o accusarlo.

เขามีความฉลาดในการขโมยมากจนไม่มีใครจับได้หรือกล่าวโทษเขาได้

Il suo viso e il suo corpo erano coperti di cicatrici dovute a molti combattimenti passati.

ใบหน้าและร่างกายของเขาเต็มไปด้วยรอยแผลเป็นจากการต่อสู้หลายครั้งในอดีต

Buck continuava a combattere con ferocia, ma ora lo faceva con maggiore astuzia.

บัคยังคงต่อสู้อย่างดุเดือด แต่ตอนนี้เขาสู้ด้วยไหวพริบมากขึ้น

Skeet e Nig erano troppo docili per combattere, ed erano di Thornton.

สกีตและนิกอ่อนโยนเกินไปที่จะต่อสู้

และพวกเขาก็เป็นของธอร์นตัน

Ma qualsiasi cane estraneo, non importa quanto forte o coraggioso, cedeva.

แต่สุนัขแปลกตัวใดก็ตาม ไม่ว่าจะแข็งแกร่งหรือกล้าหาญเพียงใด

ก็ต้องหลีกทางให้

Altrimenti, il cane si ritrovò a combattere contro Buck, lottando per la propria vita.

มิฉะนั้น

สุนัขก็จะพบว่าตัวเองต้องต่อสู้กับบั๊กเพื่อต่อสู้เพื่อชีวิตของมัน

Buck non ebbe pietà quando decise di combattere contro un altro cane.

บัค ไม่มีความเมตตาเลยเมื่อเขาเลือกที่จะต่อสู้กับสุนัขอีกตัว

Aveva imparato bene la legge del bastone e della zanna nel Nord.

เขาเรียนรู้เรื่องกฎของชมรมและเขี้ยวในดินแดนเหนือมาเป็นอย่าง ดี

Non ha mai rinunciato a un vantaggio e non si è mai tirato indietro dalla battaglia.

เขาไม่เคยยอมสละข้อได้เปรียบและไม่เคยถอยหนีจากการต่อสู้

Aveva studiato Spitz e i cani più feroci della polizia e della posta.

เขาได้ศึกษาสุนัขพันธุ์สปิตซ์และสุนัขที่ดุร้ายที่สุดในบรรดาสุนัขไ

ปรษณีย์และสุนัขตำรวจ

Sapeva chiaramente che non esisteva via di mezzo in un combattimento selvaggio.

เขาตระหนักชัดเจนว่าไม่มีจุดกึ่งกลางในต่อสู้อย่างดุเดือด

Doveva governare o essere governato; mostrare misericordia significava mostrare debolezza.

พระองค์ต้องปกครองหรือถูกปกครอง

การแสดงความเมตตาหมายถึงการแสดงความอ่อนแอ

La pietà era sconosciuta nel mondo crudo e brutale della sopravvivenza.

ความเมตตาเป็นสิ่งที่ไม่สามารถพบได้ในโลกแห่งการเอาชีวิตรอดที่โหดร้ายและดิบเถื่อน

Mostrare pietà era visto come un atto di paura, e la paura conduceva rapidamente alla morte.

การแสดงความเมตตาถูกมองว่าเป็นความกลัว

และความกลัวจะนำไปสู่ความตายอย่างรวดเร็ว

La vecchia legge era semplice: uccidere o essere uccisi, mangiare o essere mangiati.

กฎหมายเก่านั้นเรียบง่าย: ฆ่าหรือถูกฆ่า กินหรือถูกกิน

Quella legge proveniva dalle profondità del tempo e Buck la seguì alla lettera.

กฎนั้นมาจากส่วนลึกของกาลเวลา และบัคก็ปฏิบัติตามอย่างเต็มที่

Buck era più vecchio dei suoi anni e del numero dei suoi respiri.

บัคมีอายุเกินอายุและจำนวนลมหายใจที่เขาหายใจเข้า

Collegava in modo chiaro il passato remoto con il momento presente.

เขาเชื่อมโยงอดีตอันยาวนานกับช่วงเวลาปัจจุบันได้อย่างชัดเจน

I ritmi profondi dei secoli si muovevano attraverso di lui come le maree.

จังหวะอันล้ำลึกของยุคสมัยเคลื่อนผ่านตัวเขาไปเหมือนกระแสน้ำ

Il tempo pulsava nel suo sangue con la stessa sicurezza con cui le stagioni muovevano la terra.

เวลาไหลเวียนอยู่ในเลือดของเขาแน่นอนตามฤดูกาลที่หมุนเวียนไ
ปบนโลก

Sedeva accanto al fuoco di Thornton, con il petto forte e le zanne bianche.

เขานั่งอยู่ใกล้กองไฟของธอร์นตัน

มีหน้าอกที่แข็งแรงและมีเขี้ยวสีขาว

La sua lunga pelliccia ondeggiava, ma dietro di lui lo osservavano gli spiriti dei cani selvatici.

ขนอันยาวของเขาพลิ้วไสว

แต่เบื้องหลังของเขานั้นมีวิญญาณสุนัขป่าเฝ้าดูอยู่

Lupi mezzi e lupi veri si agitavano nel suo cuore e nei suoi sensi.

หมาป่าครึ่งคนครึ่งหมาป่าเคลื่อนไหวอยู่ภายในใจและประสาทสัม
ผัสของเขา

Assaggiarono la sua carne e bevvero la stessa acqua che bevve lui.

พวกเขาได้ชิมเนื้อของเขาและดื่มน้ำเดียวกับที่เขาทำ

Annusarono il vento insieme a lui e ascoltarono la foresta.

พวกเขาสูดกลิ่นลมไปพร้อมกับเขาและฟังเสียงป่าไม้

Sussurravano il significato dei suoni selvaggi nell'oscurità.

พวกเขาได้กระซิบถึงความหมายของเสียงอันป่าเถื่อนในความมืด

Modellavano il suo umore e guidavano ciascuna delle sue reazioni silenziose.

พวกเขาสร้างอารมณ์ของเขาและชี้นำปฏิกิริยาอันเงียบสงบของเขา
แต่ละอย่าง

Giacevano accanto a lui mentre dormiva e diventavano parte dei suoi sogni profondi.

พวกเขานอนกับเขาขณะที่เขาหลับและกลายเป็นส่วนหนึ่งของควา

มฝันอันล้ำลึกของเขา

Sognavano con lui, oltre lui, e costituivano il suo stesso spirito.

พวกเขาฝันร่วมกับเขา เหนือเขา

และสร้างจิตวิญญาณของเขาขึ้นมา

Gli spiriti della natura selvaggia chiamavano con tanta forza che Buck si sentì attratto.

จิตวิญญาณแห่งป่าร้องเรียกอย่างแรงจนทำให้บัครู้สึกดึงดูด

Ogni giorno che passava, l'umanità e le sue rivendicazioni si indebolivano nel cuore di Buck.

ทุกๆ วัน

มนุษยชาติและการเรียกร้องของพวกเขาจะอ่อนแอลงในใจของบัค

Nel profondo della foresta si stava per udire un richiamo strano ed emozionante.

ในป่าลึกมีเสียงเรียกที่แปลกและน่าตื่นเต้นดังขึ้น

Ogni volta che sentiva la chiamata, Buck provava un impulso a cui non riusciva a resistere.

ทุกครั้งที่ได้ยินเสียงเรียก

บัคก็จะรู้สึกอยากอะไรบางอย่างที่เขาไม่อาจต้านทานได้

Avrebbe voltato le spalle al fuoco e ai sentieri battuti dagli uomini.

เขาจะหันหลังให้กับไฟและจากเส้นทางมนุษย์ที่ถูกตี

Stava per addentrarsi nella foresta, avanzando senza sapere il perché.

เขาจะพุ่งเข้าไปในป่าโดยเดินไปข้างหน้าโดยไม่รู้ว่าทำไม

Non mise in discussione questa attrazione, perché la chiamata era profonda e potente.

เขาไม่ตั้งคำถามถึงการดึงดูดนี้

เพราะการเรียกร้องนั้นมีความลึกซึ้งและทรงพลัง

Spesso raggiungeva l'ombra verde e la terra morbida e intatta

บ่อยครั้งเขาไปถึงร่มเงาสีเขียวและดินที่อ่อนนุ่มที่ไม่ถูกแตะต้อง

Ma poi il forte amore per John Thornton lo riportò al fuoco.

แต่แล้วความรักอันแรงกล้าที่มีต่อจอห์น

ธอร์นตันก็ดึงเขากลับเข้าสู่กองไฟอีกครั้ง

Soltanto John Thornton riuscì davvero a tenere stretto il cuore selvaggio di Buck.

มีเพียงจอห์น

ธอร์นตันเท่านั้นที่สามารถกุมหัวใจอันป่าเถื่อนของบัคไว้ได้อย่างแท้จริง

Per Buck il resto dell'umanità non aveva alcun valore o significato duraturo.

มนุษย์ที่เหลือไม่มีคุณค่าหรือความหมายที่ยั่งยืนสำหรับบัค

Gli sconosciuti potrebbero lodarlo o accarezzargli la pelliccia con mani amichevoli.

คนแปลกหน้าอาจจะชื่นชมเขาหรือลูบขนของเขาด้วยมือที่เป็นมิตร

Buck rimase impassibile e se ne andò per eccesso di affetto.

บั๊กยังคงไม่ขยับเขยื้อนและเดินออกไปเนื่องจากมีความรักมากเกินไป

Hans e Pete arrivarono con la zattera che era stata attesa a lungo

ฮันส์และพีทมาถึงพร้อมกับแพที่รอคอยมานาน

Buck li ignorò finché non venne a sapere che erano vicini a Thornton.

บั๊กไม่สนใจพวกเขาจนกระทั่งเขารู้ว่าพวกเขาใกล้ชิดกับธอร์นตัน

Da allora in poi li tollerò, ma non dimostrò mai loro tutto il suo calore.

หลังจากนั้นเขาก็อดทนกับพวกเขา

แต่ไม่เคยแสดงความอบอุ่นให้พวกเขาอย่างเต็มที่

Accettava da loro cibo o gentilezza come se volesse fare loro un favore.

พระองค์ทรงรับอาหารหรือความกรุณาจากพวกเขาเสมือนหนึ่งว่า

ทรงทำคุณประโยชน์แก่พวกเขา

Erano come Thornton: semplici, onesti e lucidi nei pensieri.

พวกเขาเป็นเหมือนธอร์นตัน—เรียบง่าย ซื่อสัตย์

และมีความคิดชัดเจน

Tutti insieme viaggiarono verso la segheria di Dawson e il grande vortice

พวกเขาทั้งหมดเดินทางไปที่โรงเลื่อยของ Dawson

และน้ำวนขนาดใหญ่

Nel corso del loro viaggio impararono a comprendere profondamente la natura di Buck.

ในระหว่างการเดินทาง

พวกเขาได้เรียนรู้ที่จะเข้าใจธรรมชาติของบัคอย่างลึกซึ้ง

Non cercarono di avvicinarsi come avevano fatto Skeet e Nig.

พวกเขาไม่ได้พยายามที่จะใกล้ชิดกันเหมือนที่ Skeet และ Nig ได้ทำ

Ma l'amore di Buck per John Thornton non fece che aumentare con il tempo.

แต่ความรักของบัคที่มีต่อจอห์น

ธอร์นตันก็ยิ่งลึกซึ้งมากขึ้นตามกาลเวลา

Solo Thornton poteva mettere uno zaino sulla schiena di
Buck durante l'estate.

มีเพียงธอร์นตันเท่านั้นที่สามารถวางฝูงสัตว์ไว้บนหลังบัคได้ในฤ

ดูร้อน

Buck era disposto a eseguire senza riserve qualsiasi ordine
impartito da Thornton.

ไม่ว่าธอร์นตันจะสั่งอะไร บัคก็เต็มใจที่จะทำอย่างเต็มที่

Un giorno, dopo aver lasciato Dawson per le sorgenti del
Tanana,

วันหนึ่งหลังจากที่พวกเขาออกจากดอว์สันไปยังต้นน้ำของแม่น้ำท

นานา

il gruppo era seduto su una rupe che scendeva per un metro
fino a raggiungere la nuda roccia.

กลุ่มคนเหล่านี้นั่งอยู่บนหน้าผาซึ่งสูงประมาณสามฟุตจนไปถึงชั้น

หินแข็งที่โล่งเตียน

John Thornton si sedette vicino al bordo e Buck si riposò
accanto a lui.

จอห์น ธอร์นตันนั่งอยู่ใกล้ขอบ และบัคก็พักผ่อนข้างๆ เขา

Thornton ebbe un'idea improvvisa e richiamò l'attenzione
degli uomini.

ธอร์นตันเกิดความคิดขึ้นมาอย่างกะทันหัน

และเรียกร้องความสนใจของพวกผู้ชาย

Indicò l'altro lato del baratro e diede a Buck un unico
comando.

เขาชี้ข้ามหุบเหวและสั่งบัคเพียงคำเดียว

"Salta, Buck!" disse, allungando il braccio oltre il precipizio.

"กระโดดสิ บั๊ก!" เขากล่าวพร้อมกับเหวี่ยงแขนออกไปเหนือจุดตก

Un attimo dopo dovette afferrare Buck, che stava saltando
per obbedire.

ชั่วพริบตา เขาต้องคว้าบัคที่กำลังกระโจนเพื่อเชื่อฟัง

Hans e Pete si precipitarono in avanti e tirarono entrambi indietro per metterli in salvo.

ฮันส์และพีทรีบวิ่งไปข้างหน้าและดึงทั้งคู่กลับมายังที่ปลอดภัย

Dopo che tutto fu finito e che ebbero ripreso fiato, Pete prese la parola.

หลังจากที่ทุกอย่างจบลง และพวกเขาได้พักหายใจ พีทก็พูดขึ้น

«È un amore straordinario», disse, scosso dalla feroce devozione del cane.

"ความรักเป็นสิ่งที่น่าขนลุก"

เขากล่าวด้วยความหวั่นไหวจากความทุ่มเทอย่างแรงกล้าของสุนัข

Thornton scosse la testa e rispose con calma e serietà.

ธอร์นตันส่ายหัวและตอบด้วยความสงบจริงจัง

«No, l'amore è splendido», disse, «ma anche terribile».

"ไม่หรอก ความรักนั้นวิเศษมาก" เขากล่าว "แต่ก็เลวร้ายเช่นกัน"

"A volte, devo ammetterlo, questo tipo di amore mi fa paura."

"บางครั้งฉันต้องยอมรับว่าความรักแบบนี้ทำให้ฉันกลัว"

Pete annuì e disse: "Mi dispiacerebbe tanto essere l'uomo che ti tocca".

พีทพยักหน้าและพูดว่า "ผมเกลียดที่จะเป็นผู้ชายที่แตะตัวคุณ"

Mentre parlava, guardava Buck con aria seria e piena di rispetto.

เขาจ้องดูบั๊กในขณะที่เขาพูดด้วยความจริงจังและเต็มไปด้วยความเ

คารพ

"Py Jingo!" esclamò Hans in fretta. "Neanch'io, no signore."

"ไพ จิงโก!" ฮันส์รีบตอบ "ฉันก็เหมือนกัน ไม่เอาหรอกท่าน"

Prima che finisse l'anno, i timori di Pete si avverarono a Circle City.

ก่อนปีจะสิ้นสุดลง ความกลัวของพีทก็เป็นจริงที่เซอร์เคิลซิตี้

Un uomo crudele di nome Black Burton attaccò una rissa nel bar.

ชายโหดร้ายชื่อแบล็ค เบอร์ตัน ก่อเรื่องชกต่อยในบาร์

Era arrabbiato e cattivo, e si scagliava contro un novellino.

เขาโกรธและมุ่งร้าย โจมตีเด็กที่เพิ่งเกิดใหม่

John Thornton intervenne, calmo e bonario come sempre.

จอห์น ธอร์นตันเข้ามาด้วยความสงบและมีน้ำใจเช่นเคย

Buck giaceva in un angolo, con la testa bassa, e osservava Thornton attentamente.

บัคนอนอยู่ที่มุมหนึ่ง ก้มหน้าลง คอยดูธอร์นตันอย่างใกล้ชิด

Burton colpì all'improvviso e il suo pugno fece girare Thornton.

จู่ๆ เบอร์ตันก็โจมตี หมัดของเขาทำให้ธอร์นตันหมุนตัว

Solo la ringhiera della sbarra gli impedì di cadere violentemente a terra.

มีเพียงราวเหล็กเท่านั้นที่ทำให้เขาไม่สามารถกระแทกพื้นอย่างแรงได้

Gli osservatori hanno sentito un suono che non era un abbaio o un guaito

ผู้เฝ้าดูได้ยินเสียงที่ไม่ใช่เสียงเห่าหรือร้องโหยหวน

Buck emise un profondo ruggito mentre si lanciava verso l'uomo.

บั๊กส่งเสียงคำรามอันลึกออกมาขณะที่เขาพุ่งเข้าหาชายคนนั้น

Burton alzò il braccio e per poco non si salvò la vita.

เบอร์ตันยกแขนขึ้นแต่แทบจะช่วยชีวิตตัวเองไม่ได้

Buck si schiantò contro di lui, facendolo cadere a terra.

บัคพุ่งเข้าใส่เขาจนเขาล้มลงกับพื้น

Buck gli diede un morso profondo al braccio, poi si lanciò alla gola.

บัคกัดลึกเข้าไปในแขนของชายคนนั้น จากนั้นพุ่งเข้าที่ลำคอ

Burton riuscì a parare solo in parte e il suo collo fu squarciato.

เบอร์ตันสามารถบล็อกได้เพียงบางส่วน

และคอของเขาก็ถูกฉีกขาด

Gli uomini si precipitarono dentro, brandendo i manganelli e allontanarono Buck dall'uomo sanguinante.

พวกผู้ชายบุกเข้ามา ยกกระบองขึ้น

และไล่บัคออกจากร่างของชายที่กำลังเลือดออก

Un chirurgo ha lavorato rapidamente per impedire che il sangue fuoriuscisse.

ศัลยแพทย์ทำงานอย่างรวดเร็วเพื่อหยุดเลือด ไม่ให้ไหลออกมา

Buck camminava avanti e indietro ringhiando, tentando di attaccare ancora e ancora.

บัคก้าวไปมาพร้อมกับคำราม

พยายามที่จะโจมตีอีกครั้งแล้วครั้งเล่า

Soltanto i bastoni oscillanti gli impedirono di raggiungere Burton.

มีเพียงไม้กระบองเท่านั้นที่ขัดขวาง ไม่ให้เขาไปถึงเบอร์ตันได้

Proprio lì, sul posto, venne convocata una riunione dei minatori.

มีการเรียกประชุมคนงานเหมืองและจัดขึ้นตรงนั้นทันที

Concordarono sul fatto che Buck era stato provocato e votarono per liberarlo.

พวกเขาเห็นพ้องกันว่าบัคถูกยั่วยุและลงมติให้ปล่อยตัวเขาเป็นอิส

ระ

Ma il nome feroce di Buck risuonava ormai in ogni accampamento dell'Alaska.

แต่ชื่ออันดุร้ายของบั๊กยังคงก้องอยู่ในทุกค่ายในอลาสก้า

Più tardi, quello stesso autunno, Buck salvò Thornton di nuovo in un modo nuovo.

ในฤดูใบไม้ร่วงนั้น บั๊กได้ช่วยธอร์นตันอีกครั้งด้วยวิธีใหม่

I tre uomini stavano guidando una lunga barca lungo delle rapide impetuose.

ชายทั้งสามกำลังบังคับเรือยาวล่องไปตามน้ำเชี่ยวกราก

Thornton manovrava la barca, gridando indicazioni per raggiungere la riva.

ธอร์นตันควบคุมเรือเพื่อส่งเสียงบอกทางไปยังชายฝั่ง

Hans e Pete correvano sulla terraferma, tenendo una corda da un albero all'altro.

ฮันส์และพีทวิ่งขึ้นบกโดยถือเชือกจากต้นไม้ต้นหนึ่งไปอีกต้นหนึ่ง

Buck procedeva a passo d'uomo sulla riva, tenendo sempre d'occhio il suo padrone.

บั๊กเดินไปบนฝั่งตลอดเวลาโดยคอยดูเจ้านายของเขาอยู่เสมอ

In un punto pericoloso, delle rocce sporgevano dall'acqua veloce.

ในสถานที่แห่งหนึ่งที่น่ารังเกียจ

มีหินยื่นออกมาอยู่ใต้น้ำที่ไหลเชี่ยว

Hans lasciò andare la cima e Thornton tirò la barca verso la larghezza.

ฮันส์ปล่อยเชือก และธอร์นตันก็บังคับเรือให้กว้างออก

Hans corse a percorrerla di nuovo, superando le pericolose rocce.

ฮันส์รีบวิ่งไปขึ้นเรืออีกครั้งผ่านโขดหินอันตรายไป

La barca superò la sporgenza ma trovò una corrente più forte.

เรือเคลื่อนตัวผ่านขอบน้ำไปได้แต่ก็ไปชนกับกระแสน้ำที่แรงกว่า

Hans afferrò la cima troppo velocemente e fece perdere l'equilibrio alla barca.

ฮันส์คว้าเชือกเร็วเกินไปจนทำให้เรือเสียสมดุล

La barca si capovolse e sbatté contro la riva, con la parte inferiore rivolta verso l'alto.

เรือพลิกคว่ำและพุ่งชนฝั่งจนจมลงไปข้างล่าง

Thornton venne scaraventato fuori e trascinato nella parte più selvaggia dell'acqua.

ธอร์นตันถูกโยนออกไปและถูกพัดเข้าไปในส่วนที่ป่าเถื่อนที่สุดของน้ำ

Nessun nuotatore sarebbe sopravvissuto in quelle acque pericolose e pericolose.

นักว่ายน้ำไม่มีทางรอดชีวิตได้ในน้ำที่เชี่ยวกรากและอันตรายเหล่านั้น

Buck si lanciò all'istante e inseguì il suo padrone lungo il fiume.

บัคกระโดดลงไปทันทีและไล่ตามเจ้านายของเขาลงไปตามแม่น้ำ

Dopo trecento metri finalmente raggiunse Thornton.

หลังจากผ่านไปสามร้อยหลา เขาก็มาถึงธอร์นตันในที่สุด

Thornton afferrò la coda di Buck, e Buck si diresse verso la riva.

ธอร์นตันคว้าหางของบัค และบัคก็หันหลังกลับไปที่ฝั่ง

Nuotò con tutte le sue forze, lottando contro la forte resistenza dell'acqua.

เขาว่ายน้ำอย่างเต็มกำลัง ต่อสู้กับแรงต้านของน้ำ

Si spostarono verso valle più velocemente di quanto riuscissero a raggiungere la riva.

พวกเขามุ่งหน้าตามน้ำเร็วกว่าที่พวกเขาจะถึงฝั่งได้

Più avanti, il fiume ruggiva più forte, precipitando in rapide mortali.

ข้างหน้าแม่น้ำคำรามดังขึ้นขณะที่ตกลงสู่น้ำเชี่ยวที่รุนแรง

Le rocce fendevano l'acqua come i denti di un enorme pettine.

ก้อนหินถูกเฉือนผ่านน้ำเหมือนฟันของหวีขนาดใหญ่

La forza di attrazione dell'acqua nei pressi del dislivello era selvaggia e ineluttabile.

แรงดึงดูดของน้ำใกล้หยดน้ำนั้นรุนแรงและไม่อาจหลีกเลี่ยงได้

Thornton sapeva che non sarebbero mai riusciti a raggiungere la riva in tempo.

ธอร์นตันรู้ว่าพวกเขาไม่มีทางไปถึงฝั่งได้ทันเวลา

Raschiò una roccia, ne sbatté una seconda,

เขาขูดหินก้อนหนึ่งแล้วกระแทกหินก้อนที่สอง

Poi si schiantò contro una terza roccia, afferrandola con entrambe le mani.

แล้วเขาก็พุ่งชนหินก้อนที่สาม โดยใช้มือทั้งสองข้างคว้ามันไว้

Lasciò andare Buck e urlò sopra il ruggito: "Vai, Buck! Vai!"

เขาปล่อยบั๊กแล้วตะโกนท่ามกลางเสียงคำราม "ไป บั๊ก ไป!"

Buck non riuscì a restare a galla e fu trascinato dalla corrente.

บั๊กไม่สามารถลอยน้ำได้และถูกกระแสน้ำพัดไป

Lottò con tutte le sue forze, cercando di girarsi, ma non fece alcun progresso.

เขาต่อสู้อย่างหนักเพื่อหันกลับแต่ก็ไม่สามารถทำความคืบหน้าได้เลย

Poi sentì Thornton ripetere il comando sopra il fragore del fiume.

แล้วเขาก็ได้ยินธอร์นตันพูดคำสั่งซ้ำท่ามกลางเสียงคำรามของแม่น้ำ

Buck si impennò fuori dall'acqua e sollevò la testa come per dare un'ultima occhiata.

บัดผงะตัวขึ้นจากน้ำ เงยหัวขึ้นเหมือนจะมองเป็นครั้งสุดท้าย

poi si voltò e obbedì, nuotando verso la riva con risolutezza.

จากนั้นก็หันกลับและทำตาม โดยว่ายน้ำเข้าฝั่งอย่างมุ่งมั่น

Pete e Hans lo tirarono a riva all'ultimo momento possibile.

พีทและฮันส์ดึงเขาขึ้นฝั่งในช่วงเวลาสุดท้ายที่เป็นไปได้

Sapevano che Thornton avrebbe potuto aggrapparsi alla roccia solo per pochi minuti.

พวกเขารู้ว่าธอร์นตันจะเกาะหินนั้นได้เพียงไม่กี่นาทีเท่านั้น

Corsero su per la riva fino a un punto molto più in alto rispetto al punto in cui lui era appeso.

พวกเขาวิ่งขึ้นฝั่งไปจนเจอจุดที่อยู่สูงกว่าจุดที่เขาถูกแขวนคออยู่มา

ก

Legarono con cura la cima della barca al collo e alle spalle di Buck.

พวกเขาผูกเชือกเรือไว้กับคอและไหล่ของบัคอย่างระมัดระวัง

La corda era stretta ma abbastanza larga da permettere di respirare e muoversi.

เชือกนั้นกระชับแต่ก็หลวมพอที่จะหายใจและเคลื่อนไหวได้

Poi lo gettarono di nuovo nel fiume impetuoso e mortale.

จากนั้นพวกเขาก็โยนเขาลงไปในแม่น้ำที่ไหลเชี่ยวและรุนแรงอีกค

รั้ง

Buck nuotò coraggiosamente ma non riuscì a prendere l'angolazione giusta per affrontare la forza della corrente.

บัคว่ายน้ำอย่างกล้าหาญแต่ก็พลาดทิศทางที่กระแสน้ำไหล

Si accorse troppo tardi che stava per superare Thornton.

เขาเห็นสายเกินไปแล้วว่าเขาจะลอยผ่านธอร์นตันไป

Hans tirò forte la corda, come se Buck fosse una barca che si capovolge.

ฮันส์กระตุกเชือกให้ตึงราวกับว่าบัคเป็นเรือที่กำลังล่ม

La corrente lo trascinò sott'acqua e lui scomparve sotto la superficie.

กระแสน้ำดึงเขาลงไปใต้น้ำ แล้วเขาก็หายไปใต้ผิวน้ำ

Il suo corpo colpì la riva prima che Hans e Pete lo tirassero fuori.

ร่างของเขาพุ่งชนฝั่งก่อนที่ฮันส์และพีทจะดึงเขาออกมา

Era mezzo annegato e gli tolsero l'acqua dal corpo.

เขาจมน้ำเกือบครึ่ง และพวกเขาก็ทุบน้ำออกจากตัวเขา

Buck si alzò, barcollò e crollò di nuovo a terra.

บัคยืนขึ้น เซไป และล้มลงบนพื้นอีกครั้ง

Poi udirono la voce di Thornton portata debolmente dal vento.

แล้วพวกเขาก็ได้ยินเสียงของธอร์นตันที่พัดมาตามลมอย่างแผ่วเบา

Sebbene le parole non fossero chiare, sapevano che era vicino alla morte.

แม้คำพูดจะไม่ชัดเจน แต่พวกเขารู้ว่าเขาใกล้จะตายแล้ว

Il suono della voce di Thornton colpì Buck come una scossa elettrica.

เสียงของธอร์นตันกระทบบัคเหมือนกับถูกไฟฟ้าช็อต

Saltò in piedi e corse su per la riva, tornando al punto di partenza.

เขาโดดขึ้นและวิ่งขึ้นฝั่งกลับไปยังจุดปล่อยตัว

Legarono di nuovo la corda a Buck, e di nuovo lui entrò nel fiume.

พวกเขาผูกเชือกกับบั๊กอีกครั้ง และเขาก็กลับเข้าสู่ลำธารอีกครั้ง

Questa volta nuotò direttamente e con decisione nell'acqua impetuosa.

คราวนี้ เขาว่ายน้ำตรงลงไปในน้ำที่ไหลเชี่ยวอย่างมั่นคง

Hans lasciò scorrere la corda con regolarità, mentre Pete impediva che si aggrovigliasse.

ฮันส์ปล่อยเชือกออกอย่างต่อเนื่องในขณะที่พีทพยายามไม่ให้เชือก
พันกัน

Buck nuotò con forza finché non si trovò allineato appena sopra Thornton.

บั๊กว่ายน้ำอย่างหนักจนกระทั่งเขาไปยืนเรียงแถวเหนือธอร์นตัน

Poi si voltò e si lanciò verso di lui come un treno a tutta velocità.

จากนั้นเขาก็หันตัวและพุ่งลงมาเหมือนรถไฟด้วยความเร็วสูงสุด

Thornton lo vide arrivare, si preparò e gli abbracciò il collo.

ธอร์นตันเห็นเขาเข้ามา จึงตั้งตัวและล็อกแขนไว้รอบคอของเขา

Hans legò saldamente la corda attorno a un albero mentre entrambi venivano tirati sott'acqua.

ฮันส์ผูกเชือกไว้แน่นรอบต้นไม้ขณะที่ทั้งสองถูกดึงลงไปใต้ต้นไม้

Caddero sott'acqua, schiantandosi contro rocce e detriti del fiume.

พวกเขาตกลงไปใต้น้ำและกระแทกเข้ากับหินและเศษซากในแม่
น้ำ

Un attimo prima Buck era in cima e un attimo dopo Thornton si alzava ansimando.

ชั่วพริบตาเดียวบัคก็อยู่ด้านบน

ขณะต่อมาธอร์นตันก็ลุกขึ้นพร้อมหายใจแรง

Malconci e soffocati, si diressero verso la riva e si misero in salvo.

พวกเขาได้รับบาดเจ็บและหายใจไม่ออก

จึงต้องหันตัวไปที่ฝั่งที่ปลอดภัย

Thornton riprese conoscenza mentre era sdraiato su un tronco alla deriva.

ธอร์นตันฟื้นคืนสติโดยนอนทับท่อนไม้ลอยน้ำ

Hans e Pete lavorarono duramente per riportarlo a respirare e a vivere.

ฮันส์และพีททำงานหนักเพื่อให้เขากลับมามีลมหายใจและชีวิตอีกครั้ง

Il suo primo pensiero fu per Buck, che giaceva immobile e inerte.

ความคิดแรกของเขาคือบัคที่นอนนิ่งและหมดแรง

Nig ululò sul corpo di Buck e Skeet gli leccò delicatamente il viso.

นิกส่งเสียงหอนไปทั่วร่างของบัค และสกีตก็เลียหน้าเขาเบาๆ

Thornton, dolorante e contuso, esaminò Buck con mano attenta.

ธอร์นตันซึ่งมีอาการเจ็บปวดและมีรอยฟกช้ำ

ตรวจบัคด้วยมืออย่างระมัดระวัง

Ha trovato tre costole rotte, ma il cane non presentava ferite mortali.

เขาพบซี่โครงหัก 3 ซี่ แต่ไม่มีบาดแผลสาหัสในตัวสุนัข

"Questo è tutto", disse Thornton. "Ci accamperemo qui". E così fecero.

"นั่นทำให้เรื่องจบลง" ธอร์นตันกล่าว "เราตั้งแคมป์ที่นี่"

และพวกเขาก็ทำเช่นนั้น

Rimasero lì finché le costole di Buck non guarirono e lui poté di nuovo camminare.

พวกเขาอยู่ที่นั่นจนกระทั่งซี่โครงของบัคหายดีและเขาสามารถเดินได้อีกครั้ง

Quell'inverno Buck compì un'impresa che accrebbe ulteriormente la sua fama.

ในฤดูหนาวปีนั้น

บัคได้แสดงความสามารถที่ทำให้ชื่อเสียงของเขาโด่งดังขึ้นไปอีก

Fu un gesto meno eroico del salvataggio di Thornton, ma altrettanto impressionante.

มันดูกล้าหาญน้อยกว่าการช่วยธอร์นตัน แต่ก็ประทับใจไม่แพ้กัน

A Dawson, i soci avevano bisogno di provviste per un viaggio lontano.

ที่ Dawson

พันธมิตรต้องการสิ่งของที่จำเป็นสำหรับการเดินทางไกล

Volevano viaggiare verso est, in terre selvagge e incontaminate.

พวกเขาต้องการเดินทางไปทางทิศตะวันออก

สู่ดินแดนป่าดงดิบที่ยังคงความสมบูรณ์

Quel viaggio fu possibile grazie all'impresa compiuta da Buck nell'Eldorado Saloon.

การกระทำของบัคใน Eldorado Saloon

ทำให้การเดินทางครั้งนั้นเป็นไปได้

Tutto cominciò con degli uomini che si vantavano dei loro cani bevendo qualcosa.

มันเริ่มต้นจากผู้ชายคุยโม้เกี่ยวกับสุนัขของพวกเขาขณะดื่มเครื่องดื่ม

La fama di Buck lo rese bersaglio di sfide e dubbi.

ชื่อเสียงของบัคทำให้เขาตกเป็นเป้าหมายของการท้าทายและความสงสัย

Thornton, fiero e calmo, rimase fermo nel difendere il nome di Buck.

ธอร์นตันมีความภาคภูมิใจและสงบ

ยืนหยัดอย่างมั่นคงในการปกป้องชื่อของบัค

Un uomo ha affermato che il suo cane riusciva a trainare facilmente duecentocinquanta chili.

ชายคนหนึ่งกล่าวว่าสุนัขของเขาสามารถลากน้ำหนักห้าร้อยปอนด์ได้อย่างง่ายดาย

Un altro disse seicento, e un terzo si vantò di settecento.

อีกคนบอกว่าหกร้อย และคนที่สามอวดว่าเจ็ดร้อย

"Pfft!" disse John Thornton, "Buck può trainare una slitta da mille libbre."

"ฮึ่ย!" จอห์น ธอร์นตันพูด

"บัคสามารถลากเลื่อนน้ำหนักพันปอนด์ได้นะ"

Matthewson, un Bonanza King, si sporse in avanti e lo sfidò.

แมทธิวสัน ราชาโบนันซ่า โน้มตัวไปข้างหน้าและท้าทายเขา

"Pensi che possa spostare tutto quel peso?"

"คุณคิดว่าเขาจะสามารถเคลื่อนไหวได้มากขนาดนั้นเหรอ?"

"E pensi che riesca a sollevare il peso per cento metri?"

"แล้วคุณคิดว่าเขาสามารถดึงน้ำหนักได้เต็มร้อยหลาหรือเปล่า?"

Thornton rispose freddamente: "Sì. Buck è abbastanza cane da farlo."

ธอร์นตันตอบอย่างเย็นชา "ใช่ บัคเป็นหมาที่ทำได้"

"Metterà in moto mille libbre e la tirerà per cento metri."

"เขาจะเคลื่อนย้ายน้ำหนักหนึ่งพันปอนด์

และดึงมันออกมาได้ร้อยหลา"

Matthewson sorrise lentamente e si assicurò che tutti gli uomini udissero le sue parole.

แมทธิวสันยิ้มช้าๆ และให้แน่ใจว่าทุกคนได้ยินคำพูดของเขา

"Ho mille dollari che dicono che non può. Eccoli."

"ฉันมีเงินหนึ่งพันเหรียญที่บอกว่าเขาทำไม่ได้ นั่นไง"

Sbatté sul bancone un sacco di polvere d'oro grande quanto una salsiccia.

เขาตบกระสอบผงทองคำขนาดเท่าไส้กรอกลงบนเคาน์เตอร์บาร์

Nessuno disse una parola. Il silenzio si fece pesante e teso intorno a loro.

ไม่มีใครพูดอะไรสักคำ

ความเงียบเริ่มหนักหน่วงและตึงเครียดขึ้นรอบตัวพวกเขา

Il bluff di Thornton, se mai lo fu, era stato preso sul serio.

การหลอกลวงของ Thornton หากเป็นอย่างนั้น

ก็ได้รับการพิจารณาอย่างจริงจัง

Sentì il calore salirgli al viso mentre il sangue gli affluiva alle guance.

เขารู้สึกถึงความร้อนขึ้นบนใบหน้าขณะที่เลือดพุ่งขึ้นแก้ม

In quel momento la sua lingua aveva preceduto la ragione.

ลิ้นของเขาได้พัฒนาไปเร็วกว่าเหตุผลในขณะนั้น

Non sapeva davvero se Buck sarebbe riuscito a spostare mille libbre.

เขาไม่รู้จริงๆ ว่าบัคจะสามารถขนเงินหนึ่งพันปอนด์ได้หรือไม่

Mezza tonnellata! Solo la sua mole gli faceva sentire il cuore pesante.

ครึ่งตัน! ขนาดของมันเพียงอย่างเดียวก็ทำเอาใจเขาหนักอึ้งแล้ว

Aveva fiducia nella forza di Buck e lo riteneva capace.

เขาศรัทธาในความแข็งแกร่งของบัคและคิดว่าเขาสามารถทำได้

Ma non aveva mai affrontato una sfida di questo tipo, non in questo modo.

แต่เขาไม่เคยเผชิญกับความท้าทายแบบนี้มาก่อน

Una dozzina di uomini lo osservavano in silenzio, in attesa di vedere cosa avrebbe fatto.

ชายนับสิบคนเฝ้าดูเขาอย่างเงียบๆ รอดูว่าเขาจะทำอย่างไร

Lui non aveva i soldi, e nemmeno Hans e Pete.

เขาไม่มีเงิน—ทั้งฮันส์และพีทก็ไม่มีเช่นกัน

"Ho una slitta fuori", disse Matthewson in modo freddo e diretto.

"ฉันมีรถเลื่อนอยู่ข้างนอก"

แมทธิวสันพูดอย่างเย็นชาและตรงไปตรงมา

"È carico di venti sacchi, da cinquanta libbre ciascuno, tutti di farina.

"มันบรรจุด้วยกระสอบยี่สิบใบ ใบละห้าสิบปอนด์

เป็นแป้งทั้งหมด

Quindi non lasciare che la scomparsa della slitta diventi la tua scusa", ha aggiunto.

ดังนั้นอย่าปล่อยให้รถเลื่อนที่หายไปกลายมาเป็นข้ออ้างของคุณอีก

ต่อไป" เขากล่าวเสริม

Thornton rimase in silenzio. Non sapeva che parole dire.

ธอร์นตันยืนเงียบ เขาไม่รู้จะพูดอะไรดี

Guardò i volti intorno a sé senza vederli chiaramente.

เขาเหลือบมองดูใบหน้าเหล่านั้นแต่ไม่สามารถมองเห็นได้ชัดเจน

Sembrava un uomo immerso nei suoi pensieri, che cercava di ripartire.

เขาดูเหมือนคนที่หยุดนิ่งอยู่ในความคิดและพยายามจะเริ่มต้นใหม่

อีกครั้ง

Poi incontrò Jim O'Brien, un amico dei tempi dei Mastodon.

แล้วเขาก็ได้พบกับจิม โอไบรอัน เพื่อนจากยุคแมสโตดอน

Quel volto familiare gli diede un coraggio che non sapeva di avere.

ใบหน้าที่คุ้นเคยทำให้เขามีความกล้าหาญที่เขาไม่รู้ว่าตนมี

Si voltò e chiese a bassa voce: "Puoi prestarmi mille dollari?"

เขาหันมาถามด้วยเสียงต่ำว่า "คุณให้ฉันยืมเงินหนึ่งพันได้ไหม"

"Certo", disse O'Brien, lasciando cadere un pesante sacco vicino all'oro.

"แน่นอน" โอไบรอันกล่าวพร้อมกับทิ้งกระสอบหนักๆ ไว้ข้างๆ ทองคำแล้ว

"Ma sinceramente, John, non credo che la bestia possa fare questo."

"แต่พูดจริงนะจอห์น

ฉันไม่เชื่อว่าสัตว์ร้ายจะสามารถทำเช่นนั้นได้"

Tutti quelli presenti all'Eldorado Saloon si precipitarono fuori per assistere all'evento.

ทุกคนในโรงเตี๊ยมเอลโดราโดรีบวิ่งออกไปเพื่อชมงาน

Lasciarono tavoli e bevande e perfino le partite furono sospese.

พวกเขาวางโต๊ะและวางเครื่องดื่ม และแม้แต่เกมก็ยังหยุดด้วย

Croupier e giocatori accorsero per assistere alla conclusione di questa audace scommessa.

เหล่าเจ้ามือและนักพนันต่างมาเป็นพยานในจุดสิ้นสุดของการเดิมพันอันกล้าหาญ

Centinaia di persone si radunarono attorno alla slitta sulla strada ghiacciata.

ผู้คนนับร้อยรวมตัวกันรอบรถเลื่อนบนถนนที่เปิดโล่งและมีน้ำแข็งปกคลุม

La slitta di Matthewson era carica di un carico completo di sacchi di farina.

รถเลื่อนของแมทธิวสันยืนอยู่พร้อมกระสอบแป้งเต็มบรรทุก

La slitta era rimasta ferma per ore a temperature sotto lo zero.

รถเลื่อนคันดังกล่าวจอดอยู่เป็นเวลานานหลายชั่วโมงภายใต้อุณหภูมิติดลบ

I pattini della slitta erano congelati e incollati alla neve compatta.

นักวิ่งเลื่อนถูกแช่แข็งจนแน่นเนื่องจากหิมะที่อัดแน่น

Gli uomini scommettevano due a uno che Buck non sarebbe riuscito a spostare la slitta.

ผู้ชายเสนออัตราต่อรองสองต่อหนึ่งว่าบัคจะไม่สามารถเคลื่อนย้ายเลื่อนได้

Scoppiò una disputa su cosa significasse realmente "break out".

เกิดข้อโต้แย้งขึ้นว่าคำว่า "break out" หมายความว่าอะไรกันแน่

O'Brien ha affermato che Thornton dovrebbe allentare la base ghiacciata della slitta.

โอไบรอันกล่าวว่าธอร์นตันควรคลายฐานที่เป็นน้ำแข็งของรถเลื่อน

Buck potrebbe quindi "rompere" una partenza solida e immobile.

จากนั้นบัคก็สามารถ "หลุดออกมา"

ได้จากการเริ่มต้นที่มั่นคงและไม่เคลื่อนไหว

Matthewson sosteneva che anche il cane doveva liberare i corridori.

แมทธิวสันโต้แย้งว่าสุนัขจะต้องปล่อยนักวิ่งให้เป็นอิสระด้วยเช่นกัน

Gli uomini che avevano sentito la scommessa concordavano con Matthewson.

คนที่ได้ยินการพนันก็เห็นด้วยกับทัศนะของแมทธิวสัน

Con questa sentenza, le probabilità contro Buck salirono a tre a uno.

จากคำตัดสินดังกล่าว

ทำให้โอกาสที่บัคจะได้เปรียบเพิ่มขึ้นเป็นสามต่อหนึ่ง

Nessuno si fece avanti per accettare le crescenti quote di tre a uno.

ไม่มีใครก้าวออกมาเพื่อรับโอกาสที่เพิ่มขึ้นสามต่อหนึ่ง

Nessuno credeva che Buck potesse compiere la grande impresa.

ไม่มีผู้ชายคนเดียวที่เชื่อว่าบัคจะสามารถทำสิ่งยิ่งใหญ่เช่นนั้นได้

Thornton era stato spinto a scommettere, pieno di dubbi.

ธอร์นตันถูกเร่งให้เข้าร่วมเดิมพันพร้อมกับความสงสัยมากมาย

Ora guardava la slitta e la muta di dieci cani accanto ad essa.

ตอนนี้เขาหันไปมองรถลากเลื่อนและสุนัข 10 ตัวที่อยู่ข้างๆ

Vedere la realtà del compito lo faceva sembrare ancora più impossibile.

เมื่อเห็นความเป็นจริงของงานก็ดูเป็นไปไม่ได้มากขึ้น

In quel momento Matthewson era pieno di orgoglio e sicurezza.

แมทธิวสันเต็มไปด้วยความภาคภูมิใจและมั่นใจในช่วงเวลานั้น

"Tre a uno!" urlò. "Ne scommetto altri mille, Thornton!

"สามต่อหนึ่ง!" เขาร้องตะโกน "ฉันจะเดิมพันอีกพันหนึ่ง

ธอร์นตัน!"

"Cosa dici?" aggiunse, abbastanza forte da farsi sentire da tutti.

"คุณพูดอะไร" เขาพูดเสริมเสียงดังพอให้ทุกคนได้ยิน

Il volto di Thornton esprimeva i suoi dubbi, ma il suo spirito era sollevato.

ใบหน้าของธอร์นตันแสดงถึงความสงสัย

แต่จิตวิญญาณของเขากลับฟื้นคืนมา

Quello spirito combattivo ignorava le avversità e non temeva nulla.

จิตวิญญาณนักสู้ไม่สนอุปสรรคและไม่เกรงกลัวสิ่งใดเลย

Chiamò Hans e Pete perché portassero tutti i loro soldi al tavolo.

เขาเรียกฮันส์กับพีทให้เอาเงินสดทั้งหมดมาที่โต๊ะ

Non gli era rimasto molto altro: solo duecento dollari in tutto.

พวกเขามีเงินเหลือไม่มากนัก

รวมกันแล้วมีเพียงสองร้อยดอลลาร์เท่านั้น

Questa piccola somma costituiva la loro intera fortuna nei momenti difficili.

เงินจำนวนเล็กน้อยนี้คือทรัพย์สมบัติทั้งหมดของพวกเขาในช่วงเว

ลาที่ยากลำบาก

Ciononostante puntarono tutta la loro fortuna contro la scommessa di Matthewson.

อย่างไรก็ตาม

พวกเขากลับยอมวางเดิมพันทั้งหมดลงกับแมททิวสัน

La muta composta da dieci cani venne sganciata e allontanata dalla slitta.

ทีมสุนัข 10 ตัวถูกปลดเชือกและเคลื่อนตัวออกไปจากรถลากเลื่อน

Buck venne messo alle redini, indossando la sua consueta imbracatura.

บัคถูกจับใส่สายบังเหียนโดยสวมสายรัดที่คุ้นเคย

Aveva colto l'energia della folla e ne aveva percepito la tensione.

เขาได้สัมผัสพลังของฝูงชนและรู้สึกถึงความตึงเครียด

In qualche modo sapeva che doveva fare qualcosa per John Thornton.

เขาตระหนักดีว่าเขาต้องทำอะไรบางอย่างเพื่อจอห์น ธอร์นตัน

La gente mormorava ammirata di fronte alla figura fiera del cane.

ผู้คนต่างพากันพึมพำด้วยความชื่นชมต่อรูปร่างอันภาคภูมิใจของสุ

นัข

Era magro e forte, senza un solo grammo di carne in più.

เขามีรูปร่างผอมบางและแข็งแรงโดยไม่มีเนื้อหนังส่วนเกินแม้แต่น้

อย

Il suo peso di centocinquanta chili era sinonimo di potenza e resistenza.

น้ำหนักรวมของเขาหนึ่งร้อยห้าสิบปอนด์นั้นล้วนเป็นกำลังและคว

ามอดทนทั้งสิ้น

Il mantello di Buck brillava come la seta, denso di salute e forza.

ขนของบัคเป็นมันเงาเหมือนผ้าไหม

หนาไปด้วยสุขภาพและความแข็งแรง

La pelliccia sul collo e sulle spalle sembrava sollevarsi e drizzarsi.

ขนตามคอและไหล่ของเขาดูเหมือนจะยกขึ้นและแข็งขึ้น

La sua criniera si muoveva leggermente, ogni capello era animato dalla sua grande energia.

แผงคอของเขามีการเคลื่อนไหวเล็กน้อย

โดยเส้นผมแต่ละเส้นมีชีวิตชีวาด้วยพลังงานอันยิ่งใหญ่ของเขา

Il suo petto ampio e le sue gambe forti si sposavano bene con la sua corporatura pesante e robusta.

หน้าอกกว้างและขาที่แข็งแรงเข้ากับรูปร่างที่หนักและแข็งแกร่งข

องเขา

I muscoli si tesero sotto il cappotto, tesi e sodi come ferro legato.

กล้ามเนื้อเป็นริ้วๆ ใต้เสื้อคลุมของเขา

แน่นหนาและมั่นคงราวกับเหล็กที่ถูกมัดไว้

Gli uomini lo toccavano e giuravano che era fatto come una macchina d'acciaio.

ผู้คนต่างจับต้องเขาและสาบานว่าเขามีรูปร่างสูงใหญ่เหมือนเครื่อง
จักรเหล็กกล้า

Le probabilità contro il grande cane sono scese leggermente
a due a uno.

อัตราต่อรองลดลงเล็กน้อยเหลือสองต่อหนึ่งต่อสุนัขตัวใหญ่

Un uomo dei banchi di Skookum si fece avanti balbettando.

ชายคนหนึ่งจาก Skookum Benches ผลักไปข้างหน้าอย่างติดขัด

"Bene, signore! Offro ottocento per lui... prima della prova,
signore!"

"ดีท่าน! ผมเสนอเงินแปดร้อยให้เขาก่อนการทดสอบครับท่าน!"

"Ottocento, così com'è adesso!" insistette l'uomo.

"แปดร้อยเท่าที่เขายืนอยู่ตอนนี้!" ชายผู้นั้นยืนกราน

Thornton fece un passo avanti, sorrise e scosse la testa con
calma.

ธอร์นตันก้าวไปข้างหน้า ยิ้มและส่ายหัวอย่างสงบ

Matthewson intervenne rapidamente con tono ammonitore e
aggrottando la fronte.

แมทธิวสันก้าวเข้าอย่างรวดเร็วด้วยน้ำเสียงเตือนและขมวดคิ้ว

"Devi allontanarti da lui", disse. "Dagli spazio."

"คุณต้องถอยห่างจากเขา" เขากล่าว "ให้พื้นที่เขาบ้าง"

La folla tacque; solo i giocatori continuavano a offrire due a
uno.

ฝูงชนต่างเงียบลง

มีเพียงนักพนันเท่านั้นที่เสนอเดิมพันสองต่อหนึ่ง

Tutti ammiravano la corporatura di Buck, ma il carico
sembrava troppo pesante.

ทุกคนต่างชื่นชมรูปร่างของบัค แต่น้ำหนักที่บรรทุกดูมากเกินไป

Venti sacchi di farina, ciascuno del peso di cinquanta libbre,
sembravano decisamente troppi.

แป้งยี่สิบกระสอบ—กระสอบละห้าสิบปอนด์—ดูจะมากเกินไป

Nessuno era disposto ad aprire la borsa e a rischiare i propri soldi.

ไม่มีใครเต็มใจที่จะเปิดกระเป๋าและเสี่ยงเงินของตน

Thornton si inginocchiò accanto a Buck e gli prese la testa tra entrambe le mani.

ธอร์นตันคุกเข่าลงข้างๆ บัคและเอามือทั้งสองข้างจับศีรษะของเขา

Premette la guancia contro quella di Buck e gli parlò all'orecchio.

เขาเอาแก้มแนบกับแก้มของบัคแล้วพูดที่หูของเขา

Non c'erano più né scossoni giocosi né insulti affettuosi sussurrati.

ตอนนี้ไม่มีการสั่นกระดิ่งเล่นๆ

หรือกระซิบด่าทอด้วยความรักอีกต่อไป

Mormorò solo dolcemente: "Quanto mi ami, Buck."

เขาเพียงพึมพำเบาๆ "คุณรักฉันมากเท่าที่คุณรัก บัค"

Buck emise un gemito sommesso, trattenendo a stento la sua impazienza.

บั๊กครางออกมาเบาๆ ความกระตือรือร้นของเขาแทบจะห้ามไม่อยู่

Gli astanti osservavano con curiosità la tensione che aleggiava nell'aria.

ผู้ชมมองดูด้วยความอยากรู้ในขณะที่บรรยากาศเต็มไปด้วยความตึ

งเครียด

Quel momento sembrava quasi irreale, qualcosa che trascendeva la ragione.

ช่วงเวลานั้นรู้สึกแทบจะไม่จริง

เหมือนมีอะไรบางอย่างอยู่เหนือเหตุผล

Quando Thornton si alzò, Buck gli prese delicatamente la mano tra le fauci.

เมื่อธอร์นตันยืนขึ้น บัคก็จับมือเขาอย่างอ่อนโยน

Premette con i denti, poi lasciò andare lentamente e delicatamente.

เขาใช้ฟันกดลงไปแล้วค่อย ๆ ปล่อยออกอย่างช้า ๆ และเบามือ

Fu una risposta silenziosa d'amore, non detta, ma compresa.

มันเป็นคำตอบแห่งความรักที่เงียบงัน ไม่ใช่คำพูด แต่เข้าใจได้

Thornton si allontanò di molto dal cane e diede il segnale.

ธอร์นตันก้าวถอยห่างจากสุนัขและส่งสัญญาณ

"Ora, Buck", disse, e Buck rispose con calma concentrata.

"ตอนนี้ บัค" เขากล่าว

และบัคก็ตอบสนองด้วยความสงบและมุ่งมั่น

Buck tese le corde, poi le allentò di qualche centimetro.

บัครัดรอยให้แน่น แล้วคลายออกประมาณสองสามนิ้ว

Questo era il metodo che aveva imparato; il suo modo per rompere la slitta.

นี่เป็นวิธีที่เขาเรียนรู้มาเพื่อเป็นทางทำลายเลื่อน

"Caspita!" urlò Thornton, con voce acuta nel silenzio pesante.

"โห!"

ธอร์นตันตะโกนด้วยน้ำเสียงที่แหลมสูงท่ามกลางความเงียบอันหนักหน่วง

Buck si girò verso destra e si lanciò con tutto il suo peso.

บั๊กหันไปทางขวาและพุ่งเข้าใส่ด้วยน้ำหนักทั้งหมดของเขา

Il gioco svanì e tutta la massa di Buck colpì le timonerie strette.

ความหย่อนยานหายไป

และมวลทั้งหมดของบัคก็ตกลงบนรอยที่แน่นหนา

La slitta tremò e i pattini produssero un suono secco e scoppiettante.

รถเลื่อนสั่นไหว และผู้วิ่งก็ส่งเสียงกรอบแกรบดัง

"Haw!" ordinò Thornton, cambiando di nuovo direzione a Buck.

"ฮอว์!" ธอร์นตันสั่งพร้อมเปลี่ยนทิศทางของบัคอีกครั้ง

Buck ripeté la mossa, questa volta tirando bruscamente verso sinistra.

บั๊กทำการเคลื่อนไหวซ้ำอีกครั้ง

คราวนี้ดึงไปทางซ้ายอย่างกะทันหัน

La slitta scricchiolava più forte, i pattini schioccavano e si spostavano.

รถเลื่อนเริ่มดังกรอบแกรบ ขณะที่ผู้วิ่งก็ขยับและขยับตัว

Il pesante carico scivolò leggermente di lato sulla neve ghiacciata.

น้ำหนักบรรทุกอันหนักหน่วงเลื่อนไปทางด้านข้างเล็กน้อยบนหิมะที่แข็งตัว

La slitta si era liberata dalla presa del sentiero ghiacciato!

รถเลื่อนหลุดจากการเกาะยึดของเส้นทางน้ำแข็งแล้ว!

Gli uomini trattennero il respiro, inconsapevoli di non stare nemmeno respirando.

ผู้ชายกลั้นหายใจโดยไม่รู้ว่าตัวเองไม่ได้หายใจด้วยซ้ำ

"Ora, TIRA!" gridò Thornton nel silenzio glaciale.

"ตอนนี้ ดึง!"

ธอร์นตันร้องออกมาท่ามกลางความเงียบอันหนาวเหน็บ

Il comando di Thornton risuonò netto, come lo schiocco di una frusta.

คำสั่งของธอร์นตันดังขึ้นอย่างแหลมคม เหมือนกับเสียงแส้

Buck si lanciò in avanti con un affondo violento e violento.

บัดพุ่งตัวไปข้างหน้าด้วยการพุ่งเข้าอย่างรุนแรงและกระแทกอย่าง
แรง

Tutto il suo corpo si irrigidì e si contrasse sotto l'enorme sforzo.

โครงร่างของเขาตึงและรวมกันเป็นก้อนจากแรงกดดันอันมหาศาล

I muscoli si muovevano sotto la pelliccia come serpenti che prendevano vita.

กล้ามเนื้อเป็นริ้วๆ ใต้ขนของเขาเหมือนกับงูที่กำลังมีชีวิตขึ้นมา

Il suo grande petto era basso e la testa era protesa in avanti verso la slitta.

อกใหญ่ของเขาต่ำและศีรษะยื่นไปข้างหน้าหารถเลื่อน

Le sue zampe si muovevano come fulmini e gli artigli fendevano il terreno ghiacciato.

อุ้งเท้าของเขาเคลื่อนไหวเหมือนสายฟ้า

กรงเล็บเฉือนพื้นดินที่แข็งตัว

I solchi erano profondi mentre lottava per ogni centimetro di trazione.

ร่องถูกตัดลึกในขณะที่เขาต่อสู้เพื่อแรงยึดเกาะทุกตารางนิ้ว

La slitta ondeggiò, tremò e cominciò a muoversi lentamente e in modo inquieto.

รถเลื่อนโยกเยก สั่นไหว และเริ่มเคลื่อนที่ช้าๆ อย่างไม่มั่นคง

Un piede scivolò e un uomo tra la folla gemette ad alta voce.

เท้าข้างหนึ่งลื่น

และชายคนหนึ่งในฝูงชนก็ร้องครวญครางออกมาดังๆ

Poi la slitta si lanciò in avanti con un movimento brusco e a scatti.

จากนั้นรถเลื่อนก็พุ่งไปข้างหน้าด้วยการเคลื่อนไหวแบบกระตุกแล
ะรุนแรง

Non si fermò più: mezzo pollice...un pollice...cinque pollici in più.

มันไม่หยุดอีกเลย—ครึ่งนิ้ว...หนึ่งนิ้ว...อีกสองนิ้ว

Gli scossoni si fecero più lievi man mano che la slitta cominciava ad acquistare velocità.

อาการกระตุกเริ่มน้อยลงเมื่อรถเลื่อนเริ่มเคลื่อนที่ด้วยความเร็วมากขึ้น

Presto Buck cominciò a tirare con una potenza fluida e uniforme.

ในไม่ช้า บัคก็เริ่มดึงด้วยพลังที่นุ่มนวลและสม่ำเสมอ

Gli uomini sussultarono e finalmente si ricordarono di respirare di nuovo.

พวกผู้ชายต่างพากันหายใจเฮือกใหญ่

และในที่สุดก็นึกขึ้นได้ว่าพวกเขาต้องหายใจอีกครั้ง

Non si erano accorti che il loro respiro si era fermato per lo stupore.

พวกเขาไม่ทันสังเกตว่าลมหายใจของพวกเขาหยุดลงด้วยความหวาดกลัว

Thornton gli corse dietro, gridando comandi brevi e allegri.

ธอร์นตันวิ่งไปด้านหลังพร้อมร้องคำสั่งสั้นๆ อย่างร่าเริง

Davanti a noi c'era una catasta di legna da ardere che segnava la distanza.

ข้างหน้ามีกองฟืนบอกระยะทาง

Mentre Buck si avvicinava al mucchio, gli applausi diventavano sempre più forti.

เมื่อบั๊กเข้าใกล้กองเงิน เสียงเชียร์ก็ดังขึ้นเรื่อยๆ

Gli applausi crebbero fino a diventare un boato quando Buck superò il traguardo.

เสียงโห่ร้องดังขึ้นเป็นคำรามขณะที่บัคผ่านจุดสิ้นสุด

Gli uomini saltarono e gridarono, perfino Matthewson sorrise.

พวกผู้ชายกระโดดและตะโกน แม้แต่แมทธิวสันยังยิ้มออกมา

I cappelli volavano in aria e i guanti venivano lanciati senza pensarci o mirare.

หมวกปลิวขึ้นไปในอากาศ

ถุงมือถูกโยนออกไปโดยไม่ได้คิดหรือมุ่งหมาย

Gli uomini si afferrarono e si strinsero la mano senza sapere chi.

ชายทั้งสองคว้ามือและจับมือกันโดยไม่ทราบว่าใคร

Tutta la folla era in delirio, in un tripudio di gioia e di entusiasmo.

ฝูงชนทั้งหมดส่งเสียงเฉลิมฉลองอย่างรื่นเริงอย่างบ้าคลั่ง

Thornton cadde in ginocchio accanto a Buck con le mani tremanti.

ธอร์นตันคุกเข่าลงข้างๆ บัคด้วยมือสั่นเทา

Premette la testa contro quella di Buck e lo scosse delicatamente avanti e indietro.

เขาเอาหัวแนบไปที่บัคและเขย่าไปมาเบาๆ

Chi si avvicinava lo sentiva maledire il cane con amore silenzioso.

ผู้ที่เข้ามาใกล้ได้ยินเขาสาปสุนัขด้วยความรักอันเงียบสงบ

Imprecò a lungo contro Buck, con dolcezza, calore, emozione.

เขาด่าบั๊กเป็นเวลานาน—อย่างอ่อนโยน อบอุ่น และด้วยอารมณ์

"Bene, signore! Bene, signore!" esclamò di corsa il re della panchina di Skookum.

"ดีแล้วครับท่าน ดีแล้วครับท่าน!"

ราชาม้านั่งสกูคัมร้องออกมาอย่างรีบร้อน

"Le darò mille, anzi milleduecento, per quel cane, signore!"

"ผมยอมให้คุณพันหนึ่ง—ไม่ใช่หนึ่งพันสองร้อย—
เพื่อแลกกับสุนัขตัวนั้นครับท่าน!"

Thornton si alzò lentamente in piedi, con gli occhi brillanti di emozione.

ธอร์นตันลุกขึ้นยืนอย่างช้าๆ

ดวงตาของเขาเปล่งประกายด้วยอารมณ์

Le lacrime gli rigavano le guance senza alcuna vergogna.

น้ำตาไหลอาบแก้มอย่างเปิดเผยโดยไม่มีความละอายเลย

"Signore", disse al re della panchina di Skookum, con fermezza e fermezza

"ท่านเจ้าข้า" เขากล่าวกับราชาสกูคัมเบ็งก์อย่างมั่นคงและแน่วแน่

"No, signore. Può andare all'inferno, signore. Questa è la mia risposta definitiva."

"ไม่หรอกท่าน ท่านไปลงนรกได้เลย

นั่นคือคำตอบสุดท้ายของฉัน"

Buck afferrò delicatamente la mano di Thornton tra le sue forti mascelle.

บัคคว้ามือของธอร์นตันอย่างอ่อนโยนด้วยขากรรไกรที่แข็งแรงของ

งเขา

Thornton lo scosse scherzosamente; il loro legame era più profondo che mai.

ธอร์นตันเขย่าตัวเขาอย่างเล่นๆ

ความสัมพันธ์ของพวกเขายังคงลึกซึ้งเช่นเคย

La folla, commossa dal momento, fece un passo indietro in silenzio.

ฝูงชนที่เคลื่อนไหวไปตามสถานการณ์ก็ก้าวถอยกลับไปในความเงี

ยบ

Da quel momento in poi nessuno osò più interrompere un affetto così sacro.

ตั้งแต่นั้นเป็นต้นมาไม่มีใครกล้าขัดขวางความรักอันศักดิ์สิทธิ์เช่นนี้อีก

Il suono della chiamata
เสียงเรียก

Buck aveva guadagnato milleseicento dollari in cinque minuti.

บัคได้รับเงินหนึ่งพันหกร้อยดอลลาร์ในเวลาห้านาที

Il denaro permise a John Thornton di saldare alcuni dei suoi debiti.

เงินดังกล่าวช่วยให้จอห์น ธอร์นตันสามารถชำระหนี้บางส่วนได้

Con il resto del denaro si diresse verso est insieme ai suoi soci.

เขาพร้อมด้วยเงินที่เหลือ

มุ่งหน้าไปทางตะวันออกพร้อมกับหุ้นส่วนของเขา

Cercarono una leggendaria miniera perduta, antica quanto il paese stesso.

พวกเขาตามหาเหมืองแร่ในตำนานที่สูญหายไป

ซึ่งมีอายุเก่าแก่พอๆ กับประเทศนี้

Molti uomini avevano cercato la miniera, ma pochi l'avevano trovata.

ผู้คนจำนวนมากได้ค้นหาเหมือง

แต่มีเพียงไม่กี่คนเท่านั้นที่เคยพบมัน

Molti uomini erano scomparsi durante la pericolosa ricerca.

ชายหลายคู่หายตัวไประหว่างภารกิจอันตรายครั้งนี้

Questa miniera perduta era avvolta nel mistero e nella vecchia tragedia.

เหมืองที่หายไปแห่งนี้เต็มไปด้วยความลึกลับและโศกนาฏกรรมเก่า

ๆๆ

Nessuno sapeva chi fosse stato il primo uomo a scoprire la miniera.

ไม่มีใครรู้ว่าใครคือมนุษย์คนแรกที่พบเหมืองนี้

Le storie più antiche non menzionano nessuno per nome.

เรื่องราวเก่าแก่ที่สุดไม่มีการกล่าวถึงชื่อใครเลย

Lì c'era sempre stata una vecchia capanna fatiscente.

เคยมีกระท่อมเก่าๆ ทรุดโทรมอยู่ที่นั่นเสมอมา

I moribondi avevano giurato che vicino a quella vecchia capanna ci fosse una miniera.

ชายที่กำลังจะตายสาบานว่ามีเหมืองอยู่ข้างๆ กระท่อมเก่าหลังนั้น

Hanno dimostrato le loro storie con un oro che non ha eguali altrove.

พวกเขาพิสูจน์เรื่องราวของพวกเขาด้วยทองคำในแบบที่ไม่มีใครพบเห็นที่อื่น

Nessuna anima viva aveva mai saccheggiato il tesoro da quel luogo.

ไม่เคยมีใครมีชีวิตไปขโมยสมบัติจากสถานที่นั้นเลย

I morti erano morti e i morti non raccontano storie.

คนตายก็ตายไปแล้ว และคนตายก็ไม่สามารถเล่าเรื่องใดๆ ได้อีก

Così Thornton e i suoi amici si diressero verso Est.

ธอร์นตันและเพื่อนๆ ของเขาจึงมุ่งหน้าไปทางทิศตะวันออก

Si unirono a noi Pete e Hans, portando con sé Buck e sei cani robusti.

พีทและฮันส์เข้าร่วม โดยพาบัคและสุนัขตัวเก่งอีกหกตัวมาด้วย

Si avviarono lungo un sentiero sconosciuto dove altri avevano fallito.

พวกเขาออกเดินทางลงไปตามเส้นทางที่ไม่รู้จักซึ่งคนอื่นๆ ล้มเหลวมาก่อน

Percorsero in slitta settanta miglia lungo il fiume Yukon ghiacciato.

พวกเขาลากเลื่อนขึ้นไปตามแม่น้ำยูคอนที่เป็นน้ำแข็งเป็นระยะทาง
เจ็ดสิบไมล์

Girarono a sinistra e seguirono il sentiero verso lo Stewart.

พวกเขาเลี้ยวซ้ายแล้วเดินตามเส้นทางเข้าไปในสจ๊วร์ต

Superarono il Mayo e il McQuestion e proseguirono oltre.

พวกเขาเดินผ่าน Mayo และ McQuestion แล้วก้าวต่อไป

Lo Stewart si restringeva fino a diventare un ruscello,
infilandosi tra cime frastagliate.

สจ๊วร์ตหดตัวกลายเป็นลำธารที่ไหลผ่านยอดเขาสูงชัน

Queste vette aguzze rappresentavano la spina dorsale del
continente.

ยอดเขาที่แหลมคมเหล่านี้เป็นสัญลักษณ์ของกระดูกสันหลังของท
วีป

John Thornton pretendeva poco dagli uomini e dalla terra
selvaggia.

จอห์น ธอร์นตัน เรียกร้องเพียงเล็กน้อยจากมนุษย์หรือผืนดินป่า

Non temeva nulla della natura e affrontava la natura
selvaggia con disinvoltura.

เขาไม่กลัวสิ่งใดในธรรมชาติ

และเผชิญกับความป่าเถื่อนได้อย่างง่ายดาย

Con solo del sale e un fucile poteva viaggiare dove voleva.

ด้วยเพียงเกลือและปืนไรเฟิล

เขาก็สามารถเดินทางไปไหนก็ได้ที่เขาต้องการ

Come gli indigeni, durante il viaggio cacciava per procurarsi
il cibo.

เช่นเดียวกับชาวพื้นเมือง เขาออกล่าอาหารระหว่างเดินทาง

Se non prendeva nulla, continuava ad andare avanti,
confidando nella fortuna che lo attendeva.

หากไม่ติดอะไรเลย เขาก็จะเดินต่อไป

โดยอาศัยโชคช่วยที่อยู่ข้างหน้า

Durante questo lungo viaggio, la carne era l'alimento principale di cui si nutrivano.

ในการเดินทางอันยาวไกลครั้งนี้ พวกเขากินเนื้อสัตว์เป็นหลัก

La slitta trasportava attrezzi e munizioni, ma non c'era un orario preciso.

รถเลื่อนบรรทุกเครื่องมือและกระสุน แต่ไม่มีตารางเวลาที่แน่นอน

Buck amava questo vagabondare, la caccia e la pesca senza fine.

บัคชื่นชอบการท่องเที่ยวแบบนี้

การล่าสัตว์และตกปลาอย่างไม่มีที่สิ้นสุด

Per settimane viaggiarono senza sosta, giorno dopo giorno.

พวกเขาเดินทางอย่างต่อเนื่องวันแล้ววันเล่าเป็นเวลาหลายสัปดาห์

Altre volte si accampavano e restavano fermi per settimane.

คราวอื่นพวกเขาตั้งค่ายและอยู่นิ่งเฉยเป็นเวลาหลายสัปดาห์

I cani riposarono mentre gli uomini scavavano nel terreno ghiacciato.

สุนัขพักผ่อนในขณะที่คนงานขุดดินที่เป็นน้ำแข็ง

Scaldavano le padelle sul fuoco e cercavano l'oro nascosto.

พวกเขาเอากระทะมาอุ่นบนไฟแล้วค้นหาทองคำที่ซ่อนอยู่

C'erano giorni in cui pativano la fame, altri in cui banchettavano.

บางวันพวกเขาอดอาหาร บางวันพวกเขาก็มีงานเลี้ยงฉลอง

Il loro pasto dipendeva dalla selvaggina e dalla fortuna della caccia.

มื้ออาหารของพวกเขาขึ้นอยู่กับเกมและโชคของการล่าสัตว์

Con l'arrivo dell'estate, uomini e cani caricavano carichi sulle spalle.

เมื่อฤดูร้อนมาถึง ผู้ชายและสุนัขจะบรรทุกของมากมายไว้บนหลัง

Fecero rafting sui laghi azzurri nascosti nelle foreste di montagna.

พวกเขาล่องแพข้ามทะเลสาบสีฟ้าที่ซ่อนตัวอยู่ในป่าภูเขา

Navigavano su imbarcazioni sottili su fiumi che nessun uomo aveva mai mappato.

พวกเขาล่องเรือลำเล็กไปตามแม่น้ำที่ยังไม่มีมนุษย์คนใดเคยสำรวจมาก่อน

Quelle barche venivano costruite con gli alberi che avevano segato in natura.

เรือเหล่านั้นสร้างขึ้นจากต้นไม้ที่พวกเขาเลื่อยในป่า

Passarono i mesi e loro viaggiarono attraverso terre selvagge e sconosciute.

เดือนหลายเดือนผ่านไป

และพวกเขาเดินทางผ่านดินแดนอันไม่รู้จัก

Non c'erano uomini lì, ma vecchie tracce lasciavano intendere che alcuni di loro fossero presenti.

ที่นั่นไม่มีผู้ชาย แต่ร่องรอยเก่าแก่บ่งชี้ว่าเคยมีผู้ชายอยู่

Se la Capanna Perduta fosse esistita davvero, allora altre persone in passato erano passate da lì.

หากกระท่อมที่สาบสูญนั้นมีจริง คนอื่นก็เคยมาทางนี้แล้ว

Attraversavano passi alti durante le bufere di neve, anche d'estate.

พวกเขาเดินผ่านช่องเขาสูงในช่วงพายุหิมะ

แม้กระทั่งในช่วงฤดูร้อน

Rabbrividivano sotto il sole di mezzanotte sui pendii brulli delle montagne.

พวกเขาสั่นเทิ้มภายใต้ดวงอาทิตย์เที่ยงคืนบนเนินเขาที่โล่งเปล่า

Tra il limite degli alberi e i campi di neve, salivano lentamente.

ระหว่างแนวต้นไม้และทุ่งหิมะ พวกเขาค่อยๆ ปืนขึ้นไปอย่างช้าๆ

Nelle valli calde, scacciavano nuvole di moscerini e mosche.

ในหุบเขาที่อบอุ่น พวกเขาตบฝูงแมลงวันและแมลงวัน

Raccolsero bacche dolci vicino ai ghiacciai nel pieno della fioritura estiva.

พวกเขาเก็บผลเบอร์รี่หวาน ๆ

ใกล้ธารน้ำแข็งในช่วงที่ดอกบานเต็มที่ในฤดูร้อน

I fiori che trovarono erano belli quanto quelli del Southland.

ดอกไม้ที่พวกเขาพบนั้นงดงามไม่แพ้ดอกไม้ที่แดนใต้เลยทีเดียว

Quell'autunno giunsero in una regione solitaria piena di laghi silenziosi.

ในฤดูใบไม้ร่วงนั้นพวกเขามาถึงดินแดนอันเงียบสงัดที่เต็มไปด้วย

ทะเลสาบอันเงียบสงบ

La terra era triste e vuota, un tempo brulicava di uccelli e animali.

ดินแดนแห่งนี้เศร้าโศกและว่างเปล่า

ครั้งหนึ่งเคยอุดมไปด้วยนกและสัตว์ต่างๆ

Ora non c'era più vita, solo il vento e il ghiaccio che si formava nelle pozze.

ตอนนี้ไม่มีชีวิตอีกแล้ว มีเพียงลมและน้ำแข็งที่ก่อตัวในสระน้ำ

Le onde lambivano le rive deserte con un suono dolce e lugubre.

คลื่นซัดเข้าสู่ชายฝั่งที่ว่างเปล่าด้วยเสียงอันนุ่มนวลและเศร้าโศก

Arrivò un altro inverno e loro seguirono di nuovo deboli e vecchi sentieri.

ฤดูหนาวอีกครั้งมาถึงและพวกเขาก็เดินตามเส้นทางเก่าๆ
ที่ไม่ชัดเจนอีกครั้ง

Erano le tracce di uomini che avevano cercato molto prima di
loro.

นี่เป็นเส้นทางของผู้คนที่ได้ค้นหามานานก่อนหน้าพวกเขา

Una volta trovarono un sentiero che si inoltrava nel
profondo della foresta oscura.

เมื่อพวกเขาพบเส้นทางที่ตัดลึกเข้าไปในป่าที่มืดมิด

Era un vecchio sentiero e sentivano che la baita perduta era
vicina.

มันเป็นเส้นทางเก่าและพวกเขารู้สึกว่ากระท่อมที่หายไปอยู่ใกล้ๆ

Ma il sentiero non portava da nessuna parte e si perdeva nel
fitto del bosco.

แต่เส้นทางไม่ได้นำไปสู่ที่ไหนและค่อยๆ หายไปในป่าทึบ

Nessuno sapeva chi avesse tracciato il sentiero e perché lo
avesse fatto.

ใครก็ตามที่สร้างเส้นทางนี้ และทำไมพวกเขาถึงทำมัน
ไม่มีใครทราบ

Più tardi trovarono i resti di una capanna nascosta tra gli
alberi.

ต่อมาได้พบซากกระท่อมซ่อนอยู่ท่ามกลางต้นไม้

Coperte marce erano sparse dove un tempo qualcuno aveva
dormito.

ผ้าห่มที่เน่าเปื่อยวางกระจัดกระจายอยู่ตรงที่ครั้งหนึ่งเคยมีใครนอ
นหลับ

John Thornton trovò sepolto all'interno un fucile a pietra
focaia a canna lunga.

จอห์น ธอร์นตันพบปืนคาบศิลาลำกล้องยาวฝังอยู่ข้างใน

Sapeva fin dai primi tempi che si trattava di un cannone
della Hudson Bay.

เขารู้ว่านี่คือปืนฮัดสันเบย์ตั้งแต่สมัยเริ่มซื้อขาย

A quei tempi, tali armi venivano barattate con pile di pelli di castoro.

ในสมัยนั้น ปืนดังกล่าวถูกแลกเปลี่ยนกับกองหนังบีเวอร์

Questo era tutto: non rimaneva alcuna traccia dell'uomo che aveva costruito la loggia.

นั่นก็คือทั้งหมด—ไม่มีเบาะแสใดๆ

เหลืออยู่ของชายผู้สร้างกระท่อม

Arrivò di nuovo la primavera e non trovarono traccia della Capanna Perduta.

ฤดูใบไม้ผลิมาถึงอีกครั้งแล้ว

และพวกเขาก็ไม่พบสัญญาณของกระท่อมที่หายไปเลย

Invece trovarono un'ampia valle con un ruscello poco profondo.

กลับพบแต่หุบเขากว้างมีลำธารตื้นๆ

L'oro si stendeva sul fondo della pentola come burro giallo e liscio.

ทองคำเคลือบอยู่บนก้นกระทะราวกับเนยสีเหลืองเนียน

Si fermarono lì e non cercarono oltre la cabina.

พวกเขาหยุดอยู่ตรงนั้นและไม่ค้นหากระท่อมอีก

Ogni giorno lavoravano e ne trovavano migliaia di pezzi in polvere d'oro.

พวกเขาทำงานทุกวันและพบทองคำเป็นจำนวนนับพันอยู่ในผงทอ

งคำ

Confezionarono l'oro in sacchi di pelle di alce, da cinquanta libbre ciascuno.

พวกเขาบรรจุทองคำลงในถุงหนังมูส ถุงละ 50 ปอนด์

I sacchi erano accatastati come legna da ardere fuori dal loro piccolo rifugio.

กระเป๋าเหล่านั้นถูกวางซ้อนกันเหมือนฟืนอยู่ข้างนอกที่พักเล็กๆ ของพวกเขา

Lavoravano come giganti e i giorni trascorrevano veloci come sogni.

พวกเขาทำงานราวกับยักษ์ใหญ่

และวันเวลาผ่านไปราวกับความฝันอันรวดเร็ว

Accumularono tesori mentre gli infiniti giorni trascorrevano rapidamente.

พวกเขาสะสมสมบัติไว้มากมายในขณะที่วันเวลาอันยาวนานผ่านไปอย่างรวดเร็ว

I cani avevano ben poco da fare, se non trasportare la carne di tanto in tanto.

สุนัขแทบไม่ได้ทำอะไรเลยนอกจากลากเนื้อเป็นครั้งคราว

Thornton cacciò e uccise la selvaggina, mentre Buck si sdraiò accanto al fuoco.

ธอร์นตันออกล่าและฆ่าสัตว์ และบัคก็นอนอยู่ข้างกองไฟ

Trascorse lunghe ore in silenzio, perso nei pensieri e nei ricordi.

เขาใช้เวลาหลายชั่วโมงในความเงียบ

จมอยู่กับความคิดและความทรงจำ

L'immagine dell'uomo peloso tornava sempre più spesso alla mente di Buck.

ภาพของชายมีขนดกปรากฏขึ้นในใจของบัคบ่อยขึ้น

Ora che il lavoro scarseggiava, Buck sognava mentre sbatteva le palpebre verso il fuoco.

ตอนนี้งานหายากแล้ว บัคก็ฝันในขณะที่กระพริบตาไปที่ไฟ

In quei sogni, Buck vagava con l'uomo in un altro mondo.

ในความฝันนั้น บัคได้ร่วมเดินทางกับชายคนนั้นในอีกโลกหนึ่ง

La paura sembrava il sentimento più forte in quel mondo lontano.

ความกลัวดูเหมือนเป็นความรู้สึกที่รุนแรงที่สุดในโลกที่ห่างไกลนั้น

Buck vide l'uomo peloso dormire con la testa bassa.

บั๊กเห็นชายมีขนนอนหลับโดยก้มหัวลงต่ำ

Aveva le mani giunte e il suo sonno era agitato e interrotto.

มือของเขาถูกประกบไว้ และเขานอนไม่หลับอย่างกระสับกระส่าย

Si svegliava di soprassalto e fissava il buio con timore.

เขามักจะตื่นขึ้นด้วยความตกใจและจ้องมองไปในความมืดด้วยความหวาดกลัว

Poi aggiungeva altra legna al fuoco per mantenere viva la fiamma.

จากนั้นเขาจะโยนไม้เข้าไปในกองไฟอีกครั้งเพื่อให้เปลวไฟยังคงสว่างอยู่

A volte camminavano lungo una spiaggia in riva a un mare grigio e infinito.

บางทีพวกเขาเดินไปตามชายหาดริมทะเลสีเทาอันกว้างใหญ่สุดลูกหูลูกตา

L'uomo peloso raccolse i frutti di mare e li mangiò mentre camminava.

ชายมีขนดกเดินไปเก็บหอยมากิน

I suoi occhi cercavano sempre pericoli nascosti nell'ombra.

ดวงตาของเขาค้นหาอันตรายที่ซ่อนเร้นอยู่ในเงามืดอยู่เสมอ

Le sue gambe erano sempre pronte a scattare al primo segno di minaccia.

ขาของเขาพร้อมเสมอที่จะวิ่งทันทีเมื่อพบสัญญาณคุกคาม

Avanzavano furtivamente nella foresta, silenziosi e cauti, uno accanto all'altro.

พวกเขาค่อยๆ เดินลัดเลาะผ่านป่าไปอย่างเงียบๆ และระมัดระวัง เคียงข้างกัน

Buck lo seguì alle calcagna, ed entrambi rimasero all'erta.

บั๊กเดินตามเขาไป และทั้งสองก็ยังคงระวังตัว

Le loro orecchie si muovevano e si contraevano, i loro nasi fiutavano l'aria.

หูของพวกเขาขยับและขยับ จมูกของพวกเขาดมกลิ่นอากาศ

L'uomo riusciva a sentire e ad annusare la foresta in modo altrettanto acuto quanto Buck.

ชายคนนี้ได้ยินและได้กลิ่นป่าได้ชัดเจนเท่ากับบัค

L'uomo peloso si lanciò tra gli alberi a velocità improvvisa.

ชายมีขนดกแกว่งผ่านต้นไม้ด้วยความเร็วฉับพลัน

Saltava da un ramo all'altro senza mai perdere la presa.

เขาโดดจากกิ่งหนึ่งไปยังอีกกิ่งหนึ่งโดยไม่พลาดการยึดเกาะของเขาเลย

Si muoveva con la stessa rapidità con cui si muoveva sopra e sopra il terreno.

เขาเคลื่อนไหวเร็วทั้งเหนือพื้นดินและบนพื้นดิน

Buck ricordava le lunghe notti passate sotto gli alberi a fare la guardia.

บัคจำได้ว่าต้องเฝ้าสังเกตใต้ต้นไม้จนดึกดื่น

L'uomo dormiva appollaiato sui rami, aggrappandosi forte.

ชายคนนั้นนอนหลับเกาะอยู่บนกิ่งไม้โดยเกาะแน่น

Questa visione dell'uomo peloso era strettamente legata al richiamo profondo.

วิสัยทัศน์ของชายมีขนนี้เชื่อมโยงอย่างใกล้ชิดกับเสียงเรียกที่ลึก

Il richiamo risuonava ancora nella foresta con una forza inquietante.

เสียงเรียกยังคงดังไปทั่วป่าด้วยพลังที่น่าสะเทือนใจ

La chiamata riempì Buck di desiderio e di un inquieto senso di gioia.

เสียงโทรดังกล่าวทำให้บัครู้สึกโหยหาและมีความสุขอย่างไม่สงบ

Sentì strani impulsi e stimoli a cui non riusciva a dare un nome.

เขาสัมผัสได้ถึงความรู้สึกกระตุ้นและการเคลื่อนไหวแปลกๆ

ที่เขาไม่สามารถระบุชื่อได้

A volte seguiva la chiamata inoltrandosi nel silenzio dei boschi.

บางทีเขาตามเสียงเรียกเข้าไปในป่าอันเงียบสงบลึกเข้าไป

Cercava il richiamo, abbaiando piano o bruscamente mentre camminava.

เขาค้นหาเสียงร้อง โดยเห่าอย่างเบาหรือแหลมขณะเดิน

Annusò il muschio e il terreno nero dove cresceva l'erba.

เขาดมกลิ่นมอสและดินสีดำที่หญ้าขึ้นอยู่

Sbuffò di piacere sentendo i ricchi odori della terra profonda.

เขาผงะถอยด้วยความพอใจเมื่อได้กลิ่นอันหอมฟุ้งจากพื้นดินลึก

Rimase accovacciato per ore dietro i tronchi ricoperti di funghi.

เขาหมอบอยู่หลังลำต้นที่เต็มไปด้วยเชื้อราเป็นเวลาหลายชั่วโมง

Rimase immobile, ascoltando con gli occhi sgranati ogni minimo rumore.

เขายังคงนิ่งอยู่ ตั้งใจฟังเสียงเล็กๆ น้อยๆ ทุกเสียง

Forse sperava di sorprendere la cosa che aveva emesso la chiamata.

เขาอาจหวังที่จะสร้างความประหลาดใจให้กับสิ่งที่โทรมา

Non sapeva perché si comportava in quel modo: lo faceva e basta.

เขาไม่รู้ว่าทำไมเขาจึงทำเช่นนี้—เขาเพียงแค่ทำไปอย่างนั้นเอง

Questi impulsi provenivano dal profondo, al di là del pensiero o della ragione.

แรงกระตุ้นนั้นมาจากส่วนลึกภายใน เหนือความคิดหรือเหตุผล

Buck fu colto da impulsi irresistibili, senza preavviso o motivo.

แรงกระตุ้นที่ไม่อาจต้านทานได้เข้าครอบงำบั๊กโดยไม่มีการเตือนล่วงหน้าหรือเหตุผล

A volte sonnecchiava pigramente nell'accampamento, sotto il caldo di mezzogiorno.

บางครั้งเขาจะงีบหลับอย่างขี้เกียจอยู่ในค่ายภายใต้ความร้อนในช่วงเที่ยงวัน

All'improvviso sollevò la testa e le sue orecchie si drizzarono in allerta.

ทันใดนั้น ศีรษะของเขาก็เงยขึ้น และหูของเขาก็ตั้งขึ้นอย่างตื่นตัว

Poi balzò in piedi e si lanciò nella natura selvaggia senza fermarsi.

จากนั้นเขาก็กระโดดขึ้นและวิ่งเข้าไปในป่าโดยไม่หยุดพัก

Corse per ore attraverso sentieri forestali e spazi aperti.

เขาวิ่งเป็นเวลาหลายชั่วโมงผ่านเส้นทางป่าและพื้นที่โล่ง

Amava seguire i letti asciutti dei torrenti e spiare gli uccelli sugli alberi.

เขาชอบเดินตามลำธารแห้งแล้งและมองดูนกบนต้นไม้

Poteva restare nascosto tutto il giorno, osservando le pernici che si pavoneggiavano in giro.

เขาสามารถซ่อนตัวอยู่ได้ตลอดทั้งวัน

เพื่อดูนกกระทาเดินอวดโฉมไปมา

Suonavano i tamburi e marciavano, ignari della presenza immobile di Buck.

พวกเขาตีกลองและเดินขบวนโดยไม่รู้ว่าบัคยังคงอยู่ที่นั่น

Ma ciò che amava di più era correre al crepuscolo estivo.

แต่สิ่งที่เขาชอบมากที่สุดคือการวิ่งในช่วงพลบค่ำของฤดูร้อน

La luce fioca e i suoni assonnati della foresta lo riempivano di gioia.

แสงสลัวและเสียงป่าอันง่วงนอนทำให้เขาเต็มไปด้วยความสุข

Leggeva i cartelli della foresta con la stessa chiarezza con cui un uomo legge un libro.

เขาอ่านป้ายในป่าได้ชัดเจนเท่ากับคนอ่านหนังสือ

E cercava sempre la strana cosa che lo chiamava.

และเขาค้นหาสิ่งแปลกประหลาดที่เรียกเขาอยู่เสมอ

Quella chiamata non si è mai fermata: lo raggiungeva sia da sveglio che nel sonno.

เสียงเรียกนั้นไม่เคยหยุดเลย

ไม่ว่าจะดังไปถึงเขาตอนตื่นหรือตอนหลับก็ตาม

Una notte si svegliò di soprassalto, con gli occhi acuti e le orecchie tese.

คืนหนึ่ง เขาตื่นขึ้นด้วยความตกใจ ตาจ้องเขม็งและหูตั้งสูง

Le sue narici si contrassero mentre la sua criniera si rizzava in onde.

รูจมูกของเขาขยับขณะที่แผงคอของเขาตั้งชันเป็นคลื่น

Dal profondo della foresta giunse di nuovo quel suono, il vecchio richiamo.

จากลึกเข้าไปในป่า ก็ได้ยินเสียงร้องอีกครั้ง เป็นเสียงเรียกเดิมๆ

Questa volta il suono risuonò chiaro, un ululato lungo, inquietante e familiare.

คราวนี้เสียงดังขึ้นชัดเจน เป็นเสียงหอนอันยาวนาน คุ้นเคย

และหลอนหลอก

Era come il verso di un husky, ma dal tono strano e selvaggio.

มันเหมือนเสียงร้องของสุนัขไซบีเรียนฮัสกี้

แต่มีน้ำเสียงแปลกและดุร้าย

Buck riconobbe subito quel suono: lo aveva già sentito molto tempo prima.

บัคจำเสียงนั้นได้ทันที เขาได้ยินเสียงนี้มานานแล้ว

Attraversò con un balzo l'accampamento e scomparve rapidamente nel bosco.

เขาพุ่งทะลุค่ายไปแล้วหายลับเข้าไปในป่าอย่างรวดเร็ว

Avvicinandosi al suono, rallentò e si mosse con cautela.

เมื่อเขาเข้าใกล้บริเวณเสียง

เขาก็ชะลอความเร็วและเคลื่อนไหวด้วยความระมัดระวัง

Presto raggiunse una radura tra fitti pini.

ในไม่ช้าเขาก็มาถึงบริเวณที่โล่งระหว่างต้นสนหนาทึบ

Lì, ritto sulle zampe posteriori, sedeva un lupo grigio alto e magro.

มีสุนัขป่าตัวสูงผอมนั่งอยู่ตรงนั้น

Il naso del lupo puntava verso il cielo, continuando a riecheggiare il richiamo.

จมูกของหมาป่าชี้ขึ้นฟ้า ยังคงส่งเสียงร้องสะท้อน

Buck non aveva emesso alcun suono, eppure il lupo si fermò e ascoltò.

แม้ว่าบั๊กจะไม่ส่งเสียงใดๆ ออกมา แต่หมาป่าก็หยุดและฟัง

Percependo qualcosa, il lupo si irrigidì e scrutò l'oscurità.

เมื่อสัมผัสได้ถึงสิ่งบางอย่าง

หมาป่าก็ตึงเครียดและค้นหาในความมืด

Buck si fece avanti furtivamente, con il corpo basso e i piedi ben appoggiati al terreno.

บัคคลานเข้ามาในสายตา ร่างของเขาต่ำลง เท้าของเขานิ่งอยู่บนพื้น

La sua coda era dritta e il suo corpo era teso e teso.

หางของมันตรงและลำตัวขดตัวแน่นด้วยความตึงเครียด

Manifestava sia un atteggiamento minaccioso che una sorta di rude amicizia.

เขาแสดงให้เห็นทั้งความคุกคามและมิตรภาพที่หยาบคาย

Era il saluto cauto tipico delle bestie selvatiche.

เป็นคำทักทายอันระมัดระวังที่สัตว์ป่าต่างแบ่งปันกัน

Ma il lupo si voltò e fuggì non appena vide Buck.

แต่หมาป่ากลับหันหลังและวิ่งหนีไปทันทีเมื่อเห็นบั๊ก

Buck si lanciò all'inseguimento, saltando selvaggiamente, desideroso di raggiungerlo.

บั๊กวิ่งไล่ตามพร้อมกระโดดอย่างบ้าคลั่งเพราะอยากจะแซงมันไป

Seguì il lupo in un ruscello secco bloccato da un ingorgo di tronchi.

เขาเดินตามหมาป่าเข้าไปในลำธารแห้งที่ถูกขวางกั้นด้วยไม้

Messo alle strette, il lupo si voltò e rimase fermo.

เมื่อถูกต้อนจนมุม หมาป่าก็หมุนตัวกลับและยืนหยัดอยู่

Il lupo ringhiò e schioccò i denti come un husky intrappolato in una rissa.

หมาป่าคำรามและขย้ำอย่างสุนัขฮัสกี้ที่ถูกขังไว้ในการต่อสู้

I denti del lupo schioccarono rapidamente e il suo corpo si irrigidì per la furia selvaggia.

ฟันของหมาป่ากระทบกันอย่างรวดเร็ว

ร่างกายของมันเต็มไปด้วยความโกรธเกรี้ยว

Buck non attaccò, ma girò intorno al lupo con attenta cordialità.

บั๊กไม่ได้โจมตีแต่เดินวนรอบหมาป่าด้วยความเป็นมิตรอย่างระมัด
ระวัง

Cercò di bloccargli la fuga con movimenti lenti e innocui.

เขาพยายามขัดขวางการหลบหนีของเขาโดยการเคลื่อนไหวที่ช้าและ
ะไม่เป็นอันตราย

Il lupo era cauto e spaventato: Buck lo superava di peso tre volte.

หมาป่าระมัดระวังและหวาดกลัว บั๊กมีน้ำหนักมากกว่าเขาสามเท่า

La testa del lupo arrivava a malapena all'altezza della spalla massiccia di Buck.

ศีรษะของหมาป่าแทบจะถึงไหล่ขนาดใหญ่ของบัคด้วยซ้ำ

Il lupo, attento a individuare un varco, si lanciò e l'inseguimento ricominciò.

หมาป่ามองหาช่องว่างแล้วจึงวิ่งหนีและการไล่ตามก็เริ่มต้นอีกครั้ง

Buck lo mise alle strette più volte e la danza si ripeté.

บัคไล่ต้อนเขาจนมุมหลายครั้ง และการเต้นรำก็เกิดขึ้นซ้ำอีก

Il lupo era magro e debole, altrimenti Buck non avrebbe potuto catturarlo.

หมาป่าผอมและอ่อนแอ ไม่เช่นนั้นบัคก็คงจับมันไม่ได้

Ogni volta che Buck si avvicinava, il lupo si girava di scatto e lo affrontava spaventato.

ทุกครั้งที่บั๊กเข้ามาใกล้

หมาป่าก็จะหมุนตัวและเผชิญหน้ากับเขาด้วยความกลัว

Poi, alla prima occasione, si precipitò di nuovo nel bosco.

จากนั้นเมื่อมีโอกาส เขาก็รีบวิ่งกลับเข้าไปในป่าอีกครั้ง

Ma Buck non si arrese e alla fine il lupo imparò a fidarsi di lui.

แต่บัคไม่ยอมแพ้ และในที่สุดหมาป่าก็ไว้วางใจเขา

Annusò il naso di Buck e i due diventarono giocosi e attenti.

เขาดมจมูกของบัค และทั้งสองก็เล่นกันอย่างสนุกสนานและตื่นตัว

Giocavano come animali selvaggi, feroci ma timidi nella loro gioia.

พวกเขาเล่นกันเหมือนสัตว์ป่า ดุร้ายแต่ก็ขี้อายในความสุข

Dopo un po' il lupo trotterellò via con calma e decisione.

หลังจากนั้นไม่นาน หมาป่าก็เดินออกไปด้วยความตั้งใจที่สงบ

Dimostrò chiaramente a Buck che intendeva essere seguito.

เขาแสดงให้บัคเห็นอย่างชัดเจนว่าเขาตั้งใจให้ติดตาม

Correvano fianco a fianco nel buio della sera.

พวกเขาวิ่งเคียงข้างกันในความมืดสลัวยามพลบค่ำ

Seguirono il letto del torrente fino alla gola rocciosa.

พวกเขาเดินตามลำธารขึ้นไปสู่หุบเขาหิน

Attraversarono un freddo spartiacque nel punto in cui aveva avuto origine il fiume.

พวกเขาก้าวข้ามช่องเขาอันหนาวเย็นซึ่งเป็นจุดเริ่มต้นของลำธาร

Sul pendio più lontano trovarono un'ampia foresta e molti corsi d'acqua.

บริเวณเนินเขาที่อยู่ไกลออกไปพบป่ากว้างและลำธารหลายแห่ง

Corsero per ore senza fermarsi attraverso quella terra immensa.

ตลอดดินแดนอันกว้างใหญ่นี้พวกเขาได้วิ่งเป็นเวลาหลายชั่วโมงโดยไม่หยุดเลย

Il sole saliva sempre più alto, l'aria si faceva calda, ma loro continuavano a correre.

ดวงอาทิตย์ขึ้นสูงขึ้น อากาศอบอุ่น แต่พวกเขาก็ยังคงวิ่งต่อไป

Buck era pieno di gioia: sapeva di aver risposto alla sua chiamata.

บัคเต็มไปด้วยความสุข เขารู้ว่าเขากำลังตอบรับการเรียกของเขา

Corse accanto al fratello della foresta, più vicino alla fonte della chiamata.

เขาวิ่งไปข้างๆ พี่ชายของเขาที่อยู่ในป่า ใกล้กับที่มาของเสียงเรียก

I vecchi sentimenti ritornano, potenti e difficili da ignorare.

ความรู้สึกเก่าๆ กลับคืนมา รุนแรงและยากที่จะเพิกเฉย

Queste erano le verità nascoste nei ricordi dei suoi sogni.

นี่คือความจริงเบื้องหลังความทรงจำจากความฝันของเขา

Tutto questo lo aveva già fatto in un mondo lontano e oscuro.

เขาเคยทำสิ่งเหล่านี้มาก่อนในโลกที่ห่างไกลและลึกลับ

Questa volta lo fece di nuovo, scatenandosi con il cielo aperto sopra di lui.

ตอนนี้เขาทำสิ่งนี้อีกครั้ง

โดยวิ่งอย่างบ้าคลั่งท่ามกลางท้องฟ้าเปิดด้านบน

Si fermarono presso un ruscello per bere l'acqua fredda che scorreva.

พวกเขาหยุดพักที่ลำธารเพื่อดื่มน้ำเย็นที่ไหลมา

Mentre beveva, Buck si ricordò improvvisamente di John Thornton.

ในขณะที่เขาดื่ม บัคก็นึกถึงจอห์น ธอร์นตันขึ้นมาทันที

Si sedette in silenzio, lacerato dal sentimento di lealtà e dalla chiamata.

เขานั่งลงอย่างเงียบงัน

รู้สึกขัดแย้งกับแรงดึงดูดของความภักดีและการเรียกร้อง

Il lupo continuò a trottare, ma tornò indietro per incitare Buck ad andare avanti.

หมาป่าวิ่งต่อไปแต่ก็กลับมาเร่งบั๊กให้เดินไปข้างหน้า

Gli annusò il naso e cercò di convincerlo con gesti gentili.

เขาดมจมูกของเขาและพยายามล่อลวงเขาด้วยท่าทางที่อ่อนโยน

Ma Buck si voltò e riprese a tornare indietro per la strada da cui era venuto.

แต่บัคหันหลังกลับและเริ่มเดินกลับทางเดิม

Il lupo gli corse accanto per molto tempo, guaindo piano.

หมาป่าวิ่งไปข้างๆ เขาเป็นเวลานานพร้อมส่งเสียงร้องเบาๆ

Poi si sedette, alzò il naso ed emise un lungo ululato.

แล้วเขาก็ลงนั่ง ยกจมูกขึ้น และร้องหอนยาวๆ

Era un grido lugubre, che si addolcì mentre Buck si allontanava.

มันเป็นเสียงร้องไห้โศกเศร้า ก่อนจะเบาลงเมื่อบัคเดินจากไป

Buck ascoltò mentre il suono del grido svaniva lentamente nel silenzio della foresta.

บั๊กฟังขณะที่เสียงร้องค่อยๆ จางหายไปในความเงียบของป่า

John Thornton stava cenando quando Buck irruppe nell'accampamento.

จอห์น ธอร์นตันกำลังกินอาหารเย็นในขณะที่บัคบุกเข้ามาในค่าย

Buck gli saltò addosso selvaggiamente, leccandolo, mordendolo e facendolo rotolare.

บั๊กกระโจนใส่เขาอย่างดุร้าย เลีย กัด และกลิ้งเขาลงไป

Lo fece cadere, gli saltò sopra e gli baciò il viso.

เขาก็ล้มเขาลงแล้วปีนขึ้นไปจูบใบหน้าของเขา

Thornton lo definì con affetto "fare il buffone".

ธอร์นตันเรียกการกระทำนี้ว่า "การเล่นตลกแบบทอมทั่วไป" ด้วยความรัก

Nel frattempo, imprecava dolcemente contro Buck e lo scuoteva avanti e indietro.

ขณะนั้น เขาก็สาปแช่งบัคอย่างอ่อนโยนและเขย่าเขาไปมา

Per due interi giorni e due notti, Buck non lasciò l'accampamento nemmeno una volta.

ตลอดเวลาสองวันสองคืนที่บัคไม่เคยออกจากค่ายเลยแม้แต่ครั้งเดียว

Si teneva vicino a Thornton e non lo perdeva mai di vista.

เขาใกล้ชิดกับธอร์นตันและไม่เคยปล่อยให้เขาคลาดสายตา

Lo seguiva mentre lavorava e lo osservava mentre mangiava.

เขาเดินตามเขาไปขณะทำงานและเฝ้าดูเขาขณะที่เขารับประทานอา

หาร

Di notte vedeva Thornton avvolto nelle sue coperte e ogni
mattina lo vedeva uscire.

เขาเห็นธอร์นตันอยู่ในผ้าห่มของเขาตอนกลางคืนและออกไปข้าง

นอกทุกเช้า

Ma presto il richiamo della foresta ritornò, più forte che mai.

แต่ไม่นาน เสียงร้องของป่าก็กลับมาอีกครั้ง ดังยิ่งกว่าเดิม

Buck si sentì di nuovo irrequieto, agitato dal pensiero del
lupo selvatico.

บั๊กเริ่มกระสับกระส่ายอีกครั้ง เพราะนึกถึงหมาป่าป่า

Ricordava la terra aperta e le corse fianco a fianco.

เขาจดจำพื้นที่โล่งกว้างและวิ่งเคียงข้างกัน

Ricominciò a vagare nella foresta, solo e vigile.

เขาเริ่มเดินเข้าไปในป่าอีกครั้งเพียงลำพังและระมัดระวัง

Ma il fratello selvaggio non tornò e l'ululato non fu udito.

แต่เจ้าป่านั้นไม่กลับมา และไม่ได้ยินเสียงหอนนั้นด้วย

Buck cominciò a dormire all'aperto, restando lontano anche
per giorni interi.

บัคเริ่มนอนข้างนอก โดยอยู่ห่างไปหลายวัน

Una volta attraversò l'alto spartiacque dove aveva origine il
torrente.

ครั้งหนึ่งเขาข้ามช่องเขาสูงที่ลำธารเริ่มต้น

Entrò nella terra degli alberi scuri e dei grandi corsi d'acqua.

พระองค์เสด็จเข้าสู่ดินแดนแห่งไม้ดำและลำธารที่กว้างใหญ่

Vagò per una settimana alla ricerca di tracce del fratello
selvaggio.

เขาออกเดินเตร่ไปหนึ่งสัปดาห์เพื่อตามหาสัญญาณของพี่ชายคนปๆ

Uccideva la propria carne e viaggiava a passi lunghi e instancabili.

เขาฆ่าเนื้อของตัวเองและเดินทางด้วยก้าวที่ยาวนานและ ไม่รู้จักเหน็ดเหนื่อย

Pescò salmoni in un ampio fiume che arrivava fino al mare.

เขาตกปลาแซลมอนในแม่น้ำกว้างที่ไหลลงสู่ทะเล

Lì lottò e uccise un orso nero reso pazzo dagli insetti.

ที่นั่น เขาต่อสู้และฆ่าหมีดำที่คลั่งไคล้แมลง

L'orso stava pescando e corse alla cieca tra gli alberi.

หมีได้ตกปลาและวิ่งไปอย่างไร้จุดหมายผ่านต้นไม้

La battaglia fu feroce e risvegliò il profondo spirito combattivo di Buck.

การต่อสู้เป็นไปอย่างดุเดือด

ช่วยปลุกจิตวิญญาณนักสู้ในตัวบัคให้ตื่นขึ้น

Due giorni dopo, Buck tornò e trovò dei ghiottoni nei pressi della sua preda.

สองวันต่อมา บั๊กกลับมาพบวูล์ฟเวอรีนอยู่ที่จุดที่เขาฆ่า

Una dozzina di loro litigarono furiosamente e rumorosamente per la carne.

พวกมันนับสิบตัวทะเลาะกันเรื่องเนื้ออย่างโกรธจัด

Buck caricò e li disperse come foglie al vento.

บัคชาร์จและกระจายพวกมันออกไปเหมือนใบไม้ในสายลม

Due lupi rimasero indietro: silenziosi, senza vita e immobili per sempre.

หมาป่าสองตัวยังคงอยู่เบื้องหลัง นิ่งเงียบ ไร้ชีวิต

และ ไม่เคลื่อนไหวตลอดไป

La sete di sangue divenne più forte che mai.

ความกระหายเลือดเพิ่มมากขึ้นกว่าเดิม

Buck era un cacciatore, un assassino, che si nutriva di creature viventi.

บัคเป็นนักล่าและนักฆ่าที่กินสิ่งมีชีวิตเป็นอาหาร

Sopravvisse da solo, affidandosi alla sua forza e ai suoi sensi acuti.

เขาเอาชีวิตรอดเพียงลำพัง โดยอาศัยความแข็งแกร่งและประสาทสัมผัสที่เฉียบแหลมของตน

Prosperava nella natura selvaggia, dove solo i più forti potevano sopravvivere.

เขาเติบโตได้ดีในป่าซึ่งมีแต่ผู้แข็งแกร่งที่สุดเท่านั้นที่จะดำรงอยู่ได้

Da ciò nacque un grande orgoglio che riempì tutto l'essere di Buck.

จากนี้ ความภาคภูมิใจที่ยิ่งใหญ่ก็เกิดขึ้นและเต็มไปทั่วร่างของบัค

Il suo orgoglio traspariva da ogni passo, dal fremito di ogni muscolo.

ความภาคภูมิใจของเขาปรากฏอยู่ในทุกย่างก้าวของเขา

ในการเคลื่อนไหวของกล้ามเนื้อทุกมัด

Il suo orgoglio era evidente, come si vedeva dal suo comportamento.

ความเย่อหยิ่งของเขานั้นชัดเจนเหมือนคำพูด

เห็นได้จากวิธีที่เขาประพฤติตน

Persino il suo spesso mantello appariva più maestoso e splendeva di più.

แม้แต่ขนที่หนาของเขาก็ยังดูสง่างามและเปล่งประกายสดใสมากขึ้น

Buck avrebbe potuto essere scambiato per un lupo grigio gigante.

บัคอาจถูกเข้าใจผิดว่าเป็นหมาป่าไม้ขนาดยักษ์

A parte il marrone sul muso e le macchie sopra gli occhi.

ยกเว้นสีน้ำตาลบนปากกระบอกปืนและจุดเหนือดวงตา

E la striscia bianca di pelo che gli correva lungo il centro del petto.

และเส้นขนสีขาวที่วิ่งลงกลางหน้าอกของเขา

Era addirittura più grande del più grande lupo di quella feroce razza.

เขายังตัวใหญ่กว่าหมาป่าตัวใหญ่ที่สุดในสายพันธุ์ดุร้ายนั้นด้วยซ้ำ

Suo padre, un San Bernardo, gli ha trasmesso la stazza e la corporatura robusta.

พ่อของเขาซึ่งเป็นสุนัขพันธุ์เซนต์เบอร์นาร์ดทำให้เขาตัวใหญ่และ

มีโครงร่างใหญ่

Sua madre, una pastorella, plasmò quella mole conferendole la forma di un lupo.

แม่ของเขาซึ่งเป็นคนเลี้ยงแกะ ได้ปั้นร่างใหญ่ๆ

นั้นให้มีลักษณะคล้ายหมาป่า

Aveva il muso lungo di un lupo, anche se più pesante e largo.

เขามีปากกระบอกปืนยาวเหมือนหมาป่า

แม้ว่าจะหนักและกว้างกว่าก็ตาม

La sua testa era quella di un lupo, ma di dimensioni enormi e maestose.

หัวของเขาเป็นหัวหมาป่า แต่มีขนาดใหญ่โตมโหฬารและสง่างาม

L'astuzia di Buck era l'astuzia del lupo e della natura selvaggia.

ความฉลาดของบัคเป็นความฉลาดของหมาป่าและของป่า

La sua intelligenza gli venne sia dal Pastore Tedesco che dal San Bernardo.

ความฉลาดของเขาได้มาจากทั้งสุนัขพันธุ์เยอรมันเชพเพิร์ดและเซ
นต์เบอร์นาร์ด

Tutto ciò, unito alla dura esperienza, lo rese una creatura temibile.

ทั้งหมดนี้บวกกับประสบการณ์อันเลวร้ายทำให้เขากลายเป็นสิ่งมีชี
วิตที่น่ากลัว

Era formidabile quanto qualsiasi animale che vagasse nelle terre selvagge del nord.

เขาเป็นสัตว์ที่น่าเกรงขาม ไม่แพ้สัตว์ป่าชนิดใดๆ

ที่เคยอาศัยอยู่ในป่าทางตอนเหนือ

Nutrendosi solo di carne, Buck raggiunse l'apice della sua forza.

บัคใช้ชีวิตด้วยเพียงเนื้อสัตว์เท่านั้น

จนเขาถึงจุดสูงสุดของพละกำลังของเขา

Trasudava potenza e forza maschile in ogni fibra del suo corpo.

เขาเปี่ยมล้นด้วยพลังและความเป็นชายอยู่ในทุกอณูของร่างกาย

Quando Thornton gli accarezzò la schiena, i peli brillarono di energia.

เมื่อธอร์นตันลูบหลังเขา

ขนของเขาก็เริ่มเปล่งประกายด้วยพลังงาน

Ogni capello scricchiolava, carico del tocco di un magnetismo vivente.

เส้นผมแต่ละเส้นแตกกรอบราวกับถูกพลังแม่เหล็กดึงดูด

Il suo corpo e il suo cervello erano sintonizzati sulla tonalità più fine possibile.

ร่างกายและสมองของเขาได้รับการปรับให้เหมาะสมที่สุดเท่าที่จะเ
ป็นไปได้

Ogni nervo, ogni fibra e ogni muscolo lavoravano in perfetta armonia.

เส้นประสาท เส้นใย

และกล้ามเนื้อทุกเส้นทำงานสอดประสานกันอย่างสมบูรณ์แบบ

A qualsiasi suono o visione che richiedesse un intervento, rispondeva immediatamente.

ต่อเสียงหรือภาพใดๆ ที่ต้องการการกระทำ เขาก็ตอบสนองทันที

Se un husky saltava per attaccare, Buck poteva saltare due volte più velocemente.

หากสุนัขฮัสกี้กระโจนเข้าโจมตี

บัคสามารถกระโจนได้เร็วขึ้นสองเท่า

Reagì più rapidamente di quanto gli altri potessero vedere o sentire.

เขาตอบสนองเร็วกว่าที่คนอื่นๆ เห็นหรือได้ยินด้วยซ้ำ

Percezione, decisione e azione avvennero tutte in un unico, fluido istante.

การรับรู้ การตัดสินใจ

และการกระทำทั้งหมดเกิดขึ้นในช่วงเวลาอันราบรื่น

In realtà si tratta di atti separati, ma troppo rapidi per essere notati.

แท้จริงแล้ว การกระทำเหล่านี้แยกจากกัน

แต่เกิดขึ้นอย่างรวดเร็วเกินกว่าจะสังเกตเห็นได้

Gli intervalli tra questi atti erano così brevi che sembravano uno solo.

ช่องว่างระหว่างการกระทำเหล่านี้สั้นมาก

จนดูเหมือนเป็นอันหนึ่งอันเดียวกัน

I suoi muscoli e il suo essere erano come molle strettamente avvolte.

กล้ามเนื้อและตัวตนของเขาเปรียบเสมือนสปริงที่ขดแน่น

Il suo corpo traboccava di vita, selvaggia e gioiosa nella sua potenza.

ร่างกายของเขาเต็มไปด้วยชีวิตชีวา ดุจดังและเปี่ยมไปด้วยพลัง

A volte aveva la sensazione che la forza stesse per esplodere completamente dentro di lui.

บางครั้งเขารู้สึกเหมือนว่าพลังจะระเบิดออกมาจากตัวเขาทั้งหมด

"Non c'è mai stato un cane simile", disse Thornton un giorno tranquillo.

"ไม่เคยมีสุนัขแบบนี้มาก่อน"

ธอร์นตันกล่าวในวันอันเงียบสงบวันหนึ่ง

I soci osservarono Buck uscire fiero dall'accampamento.

หุ้นส่วนทั้งสองเฝ้าดูบั๊กก้าวเดินอย่างภาคภูมิใจออกจากค่าย

"Quando è stato creato, ha cambiato il modo in cui un cane può essere", ha detto Pete.

"เมื่อเขาถูกสร้างขึ้น เขาได้เปลี่ยนแปลงสิ่งที่สุนัขสามารถเป็นได้"

พีทกล่าว

"Per Dio! Lo penso anch'io", concordò subito Hans.

"โดยพระเยซู! ฉันก็คิดอย่างนั้นเหมือนกัน" ฮันส์รีบตกลงทันที

Lo videro allontanarsi, ma non il cambiamento che avvenne dopo.

พวกเขาเห็นเขาเดินออกไป

แต่ไม่ได้เห็นการเปลี่ยนแปลงที่เกิดขึ้นหลังจากนั้น

Non appena entrò nel bosco, Buck si trasformò completamente.

ทันทีที่เขาเข้าไปในป่า บัคก็เปลี่ยนแปลงไปอย่างสิ้นเชิง

Non marciava più, ma si muoveva come uno spettro selvaggio tra gli alberi.

เขาไม่เดินอีกต่อไป แต่เคลื่อนไหวเหมือนผีป่าท่ามกลางต้นไม้

Divenne silenzioso, come un gatto, un bagliore che attraversava le ombre.

เขาเงียบลง เท้าเหมือนแมว มีแสงแวบผ่านเงา

Usava la copertura con abilità, strisciando sulla pancia come un serpente.

เขาใช้ที่กำบังอย่างชำนาญโดยคลานไปบนท้องเหมือนงู

E come un serpente, sapeva balzare in avanti e colpire in silenzio.

และเหมือนกับงู

เขาสามารถกระโจนไปข้างหน้าและโจมตีอย่างเงียบๆ

Potrebbe rubare una pernice bianca direttamente dal suo nido nascosto.

เขาสามารถขโมยนกกระทาป่าโดยตรงจากรังที่ซ่อนอยู่ได้

Uccideva i conigli addormentati senza emettere alcun suono.

เขาฆ่ากระต่ายที่กำลังนอนหลับโดยไม่ส่งเสียงแม้แต่เสียงเดียว

Riusciva a catturare gli scoiattoli a mezz'aria anche se fuggivano troppo lentamente.

เขาสามารถจับชิปมังก์ในอากาศได้ เนื่องจากมันวิ่งหนีช้าเกินไป

Nemmeno i pesci nelle pozze riuscivano a sfuggire ai suoi attacchi improvvisi.

แม้แต่ปลาที่อยู่ในสระก็ไม่อาจหนีรอดจากการโจมตีอย่างกะทันหันของเขาได้

Nemmeno i furbi castori impegnati a riparare le dighe erano al sicuro da lui.

แม้แต่บีเวอร์ที่ฉลาดในการซ่อมเขื่อนก็ไม่ปลอดภัยจากเขา

Uccideva per nutrirsi, non per divertirsi, ma preferiva uccidere le proprie vittime.

เขาฆ่าเพื่อเป็นอาหาร ไม่ใช่เพื่อความสนุกสนาน

แต่เขาก็ชอบการฆ่าของตัวเองที่สุด

Eppure, un umorismo subdolo permeava alcune delle sue cacce silenziose.

อย่างไรก็ตาม

อารมณ์ขันอันเจ้าเล่ห์ยังคงปรากฏอยู่ในการล่าเงียบๆ

ของเขาบางครั้ง

Si avvicinò furtivamente agli scoiattoli, solo per lasciarli scappare.

เขาค่อยๆ คืบคลานเข้าไปใกล้กระรอก

เพียงเพื่อปล่อยให้มันหนีออกไป

Stavano per fuggire tra gli alberi, chiacchierando con rabbia e paura.

พวกมันจะวิ่งหนีเข้าไปในป่าและร้องจ้อด้วยความหวาดกลัว

Con l'arrivo dell'autunno, le alci cominciarono ad apparire in numero maggiore.

เมื่อฤดูใบไม้ร่วงมาถึง มูสก็เริ่มปรากฏตัวมากขึ้น

Si spostarono lentamente verso le basse valli per affrontare l'inverno.

พวกเขาเคลื่อนตัวช้าๆ เข้าไปในหุบเขาลึกเพื่อรับมือกับฤดูหนาว

Buck aveva già abbattuto un giovane vitello randagio.

บัคได้จับลูกวัวหลงตัวหนึ่งลงมาแล้ว

Ma lui desiderava ardentemente affrontare prede più grandi e pericolose.

แต่เขาปรารถนาที่จะเผชิญหน้ากับเหยื่อที่ใหญ่กว่าและอันตรายยิ่งขึ้น

Un giorno, sul crinale, alla sorgente del torrente, trovò la sua occasione.

วันหนึ่งบนทางแยกที่ต้นลำธาร เขาพบโอกาสของตน

Una mandria di venti alci era giunta da terre boscose.

ฝูงมูสจำนวน 20 ตัวได้เดินข้ามมาจากดินแดนป่า

Tra loro c'era un possente toro, il capo del gruppo.

ท่ามกลางพวกมันมีกระทิงตัวใหญ่ตัวหนึ่งซึ่งเป็นจ่าฝูง

Il toro era alto più di due metri e mezzo e appariva feroce e selvaggio.

กระทิงตัวนั้นสูงกว่าหกฟุตและดูดุร้ายและดุร้าย

Lanciò le sue grandi corna, le cui quattordici punte si diramavano verso l'esterno.

เขาโยนเขาอันกว้างใหญ่ของเขาออกไป ซึ่งมีกิ่งก้าน 14

แฉกแผ่ออกไป

Le punte di quelle corna si estendevano per due metri.

ปลายเขาเหล่านั้นทอดยาวออกไปประมาณเจ็ดฟุต

I suoi piccoli occhi ardevano di rabbia quando vide Buck lì vicino.

ดวงตาเล็กๆ

ของเขาร้อนรุ่มไปด้วยความโกรธเมื่อเขาเห็นบั๊กอยู่ใกล้ๆ

Emise un ruggito furioso, tremando di rabbia e dolore.

เขาปล่อยเสียงคำรามอันโกรธจัด

ตัวสั่นด้วยความโกรธและความเจ็บปวด

Vicino al suo fianco spuntava la punta di una freccia, appuntita e piumata.

ปลายลูกศรยื่นออกมาใกล้สีข้างลำตัวของเขา มีขนนและแหลมคม

Questa ferita contribuì a spiegare il suo umore selvaggio e amareggiato.

บาดแผลนี้ช่วยอธิบายอารมณ์ป่าเถื่อนขมขึ้นของเขาได้

Buck, guidato dall'antico istinto di caccia, fece la sua mossa.

บัคซึ่งได้รับแรงบันดาลใจจากสัญชาตญาณการล่าที่เก่าแก่

ได้เริ่มเคลื่อนไหว

Il suo obiettivo era separare il toro dal resto della mandria.

เขามุ่งหมายที่จะแยกวัวออกจากฝูงที่เหลือ

Non era un compito facile: richiedeva velocità e una grande astuzia.

นี่ไม่ใช่เรื่องง่ายเลย ต้องใช้ความเร็วและไหวพริบอันเฉียบแหลม

Abbaiava e danzava vicino al toro, appena fuori dalla sua portata.

เขาเห่าและเต้นรำไปใกล้ๆ กระทิง แต่อยู่นอกระยะโจมตี

L'alce si lanciò con enormi zoccoli e corna mortali.

มูสพุ่งออกมาด้วยกีบขนาดใหญ่และเขาอันอันตราย

Un colpo avrebbe potuto porre fine alla vita di Buck in un batter d'occhio.

การโจมตีเพียงครั้งเดียวก็สามารถยุติชีวิตของบัคได้ในพริบตา

Incapace di abbandonare la minaccia, il toro si infuriò.

กระทิงไม่อาจละทิ้งภัยคุกคามไว้เบื้องหลังได้ จึงเกิดอาการคลั่ง

Lui caricava con furia, ma Buck riusciva sempre a sfuggirgli.

เขาพุ่งเข้ามาด้วยความโกรธ แต่บัคก็หลบหนีไปได้เสมอ

Buck finse di essere debole, allontanandosi ulteriormente dalla mandria.

บัคแสร้งทำเป็นอ่อนแอเพื่อล่อให้ห่างจากฝูงมากขึ้น

Ma i giovani tori sarebbero tornati alla carica per proteggere il capo.

แต่ลูกวัวหนุ่มก็กำลังวิ่งกลับมาเพื่อปกป้องจ่าฝูง

Costrinsero Buck a ritirarsi e il toro a ricongiungersi al gruppo.

พวกเขาบังคับให้บัคล่าถอยและบังคับให้กระทิงกลับเข้าร่วมกลุ่ม

C'è una pazienza nella natura selvaggia, profonda e inarrestabile.

ในป่าลึกมีความอดทนอย่างไม่หยุดยั้ง

Un ragno resta immobile nella sua tela per innumerevoli ore.

แมงมุมคอยอยู่นิ่งๆ ในใยเป็นเวลานานนับไม่ถ้วน

Un serpente si avvolge su se stesso senza contrarsi e aspetta il momento giusto.

งูจะขดตัวโดยไม่กระตุก และรอจนกว่าจะถึงเวลา

Una pantera è in agguato, finché non arriva il momento.

เสือดำซุ่มโจมตีอยู่จนกระทั่งถึงเวลา

Questa è la pazienza dei predatori che cacciano per sopravvivere.

นี่คือความอดทนของผู้ล่าที่ล่าเพื่อเอาชีวิตรอด

La stessa pazienza ardeva dentro Buck mentre gli restava accanto.

ความอดทนแบบเดียวกันนี้ยังคงลุกโชนอยู่ภายในตัวบัคขณะที่เขาอยู่ใกล้ๆ

Rimase vicino alla mandria, rallentandone la marcia e incutendo timore.

เขาอยู่ใกล้ฝูงสัตว์โดยชะลอการเคลื่อนที่ของมันและก่อให้เกิดความกลัว

Provocava i giovani tori e molestava le mucche madri.

เขาแกล้งลูกวัวและรังควานแม่วัว

Spinse il toro ferito in una rabbia ancora più profonda e impotente.

เขาทำให้กระทิงที่บาดเจ็บโกรธจนช่วยตัวเองไม่ได้มากขึ้น

Per mezza giornata il combattimento si trascinò senza alcuna tregua.

การต่อสู้ดำเนินไปนานครึ่งวันโดยไม่ได้พักผ่อนเลย

Buck attaccò da ogni angolazione, veloce e feroce come il vento.

บัคโจมตีจากทุกทิศทุกทางอย่างรวดเร็วและรุนแรงราวกับสายลม

Impedì al toro di riposare o di nascondersi con la mandria.

เขาควบคุมไม่ให้กระทิงได้พักผ่อนหรือซ่อนตัวอยู่กับฝูง

Buck logorò la volontà dell'alce più velocemente del suo corpo.

บั๊กทำให้ความตั้งใจของมูสหมดไปเร็วกว่าร่างกายของมัน

Il giorno passò e il sole tramontò basso nel cielo a nord-ovest.

เมื่อวันผ่านไป พระอาทิตย์ก็ลับขอบฟ้าทางทิศตะวันตกเฉียงเหนือ

I giovani tori tornarono più lentamente per aiutare il loro capo.

เหล่ากระทิงหนุ่มหันกลับมาอย่างช้าๆ เพื่อช่วยจ่าฝูงของมัน

Erano tornate le notti autunnali e il buio durava ormai sei ore.

คืนฤดูใบไม้ร่วงกลับมาอีกครั้ง

และความมืดมิดกินเวลานานถึงหกชั่วโมง

L'inverno li spingeva verso valli più sicure e calde.

ฤดูหนาวกำลังผลักดันพวกเขาลงสู่หุบเขาที่ปลอดภัยและอบอุ่นกว่าๆ

Ma non riuscirono comunque a sfuggire al cacciatore che li tratteneva.

แต่พวกเขาก็ยังไม่สามารถหลบหนีจากนายพรานที่คอยจับพวกเขาอาไว้ได้

Era in gioco solo una vita: non quella del branco, ma quella del loro capo.

มีเพียงชีวิตเดียวเท่านั้นที่ตกอยู่ในอันตราย ไม่ใช่ของฝูง

แต่เป็นเพียงชีวิตผู้นำของพวกมันเท่านั้น

Ciò rendeva la minaccia lontana e non una loro preoccupazione urgente.

นั่นทำให้ภัยคุกคามนั้นอยู่ห่างไกลและไม่ใช่เรื่องที่พวกเขาต้องกังวลอย่างเร่งด่วน

Col tempo accettarono questo prezzo e lasciarono che Buck prendesse il vecchio toro.

เมื่อถึงเวลาพวกเขาก็ยอมรับต้นทุนนี้และปล่อยให้บัคเอากระทิงแก่ตัวนั้นไป

Mentre calava il crepuscolo, il vecchio toro rimase in piedi con la testa bassa.

เมื่อพลบค่ำลง กระทิงแก่ก็ยืนก้มหัวลง

Guardò la mandria che aveva guidato svanire nella luce morente.

เขาเฝ้าดูฝูงสัตว์ที่เขาจูงหายไปในแสงที่กำลังจะดับลง

C'erano mucche che aveva conosciuto, vitelli che un tempo aveva generato.

มีวัวหลายตัวที่เขาเคยรู้จัก และลูกวัวที่เขาเคยเป็นพ่อ

C'erano tori più giovani con cui aveva combattuto e che aveva dominato nelle stagioni passate.

มีกระทิงหนุ่มอีกหลายตัวที่เขาเคยต่อสู้และปกครองในฤดูกาลที่ผ่านมา

Non poteva seguirli, perché davanti a lui era di nuovo accovacciato Buck.

เขาไม่สามารถติดตามพวกเขาไปได้

เพราะก่อนหน้านั้นบัคก็หมอบลงอีกแล้ว

Il terrore spietato e zannuto gli bloccava ogni via che potesse percorrere.

ความหวาดกลัวเขี้ยวที่ไร้ความปราณีปิดกั้นทุกเส้นทางที่เขาอาจเลือกเดิน

Il toro pesava più di trecento chili di potenza densa.

กระทิงตัวนี้มีน้ำหนักมากกว่าสามร้อยปอนด์ซึ่งถือเป็นพลังอันหนาแน่น

Aveva vissuto a lungo e lottato duramente in un mondo di difficoltà.

เขาได้มีชีวิตอยู่มายาวนานและต่อสู้ดิ้นรนอย่างหนักในโลกแห่งการดิ้นรน

Eppure, alla fine, la morte gli venne commessa da una bestia molto più bassa di lui.

บัดนี้ เมื่อถึงที่สุด ความตายก็มาเยือนจากสัตว์ร้ายที่อยู่ต่ำกว่าเขา

La testa di Buck non arrivò nemmeno alle enormi ginocchia noccate del toro.

แม้แต่หัวของบั๊กก็ยังไม่ถึงเข่าข้อใหญ่ๆ ของกระทิงด้วยซ้ำ

Da quel momento in poi, Buck rimase con il toro notte e giorno.

ตั้งแต่นั้นเป็นต้นมา

บัคก็อยู่กับกระทิงตัวนี้ทั้งกลางวันและกลางคืน

Non gli dava mai tregua, non gli permetteva mai di brucare o bere.

เขาไม่เคยให้เขาได้พักผ่อน

ไม่เคยอนุญาตให้เขากินหญ้าหรือดื่มน้ำ

Il toro cercò di mangiare giovani germogli di betulla e foglie di salice.

กระทิงพยายามกินต้นเบิร์ชและใบหลิวที่ยังอ่อนอยู่

Ma Buck lo scacciò, sempre all'erta e sempre all'attacco.

แต่บัคก็ไล่เขาออกไปโดยคอยระวังตัวและโจมตีตลอดเวลา

Anche nei torrenti che scorrevano, Buck bloccava ogni assetato tentativo.

แม้แต่ในลำธารที่ไหลหยด

บัคก็ขัดขวางความพยายามที่กระหายน้ำทุกครั้ง

A volte, in preda alla disperazione, il toro fuggiva a tutta velocità.

บางครั้งเมื่อหมดหวัง วัวก็วิ่งหนีด้วยความเร็วสูงสุด

Buck lo lasciò correre, avanzando tranquillamente dietro di lui, senza mai allontanarsi troppo.

บั๊กปล่อยให้เขาวิ่งไป โดยวิ่งตามหลังอย่างสงบไม่ห่างออกไป

Quando l'alce si fermò, Buck si sdraiò, ma rimase pronto.

เมื่อมูสหยุดพัก บัคก็นอนลง แต่ยังเตรียมพร้อมอยู่

Se il toro provava a mangiare o a bere, Buck colpiva con tutta la sua furia.

ถ้าหากว่ากระทิงพยายามจะกินหรือดื่ม

บัคก็จะโจมตีด้วยความโกรธเต็มที่

La grande testa del toro si abbassava sotto le enormi corna.

หัวอันใหญ่ของกระทิงห้อยต่ำลงใต้เขาอันใหญ่โตของมัน

Il suo passo rallentò, il trotto divenne pesante, un'andatura barcollante.

เขาเริ่มเดินช้าลง และวิ่งเหยาะๆ เหมือนเดินสะดุด

Spesso restava immobile con le orecchie abbassate e il naso rivolto verso il terreno.

เขามักยืนนิ่งโดยมีหูตกและจมูกแนบพื้น

In quei momenti Buck si prese del tempo per bere e riposare.

ในช่วงเวลานั้นบัคก็หาเวลาดื่มและพักผ่อน

Con la lingua fuori e gli occhi fissi, Buck sentì che la terra stava cambiando.

บั๊กแลบลิ้นและจ้องตาอย่างจ้องจับใจ

รับรู้ได้ว่าแผ่นดินกำลังเปลี่ยนแปลงไป

Sentì qualcosa di nuovo muoversi nella foresta e nel cielo.

เขาสัมผัสได้ถึงสิ่งใหม่ที่กำลังเคลื่อนที่ผ่านป่าและท้องฟ้า

Con il ritorno delle alci tornarono anche altre creature selvatiche.

เมื่อมูสกลับมา สิ่งมีชีวิตอื่น ๆ ในป่าก็กลับมาด้วย

La terra sembrava viva di una presenza invisibile ma fortemente nota.

แผ่นดินนี้รู้สึกมีชีวิตชีวาด้วยสิ่งที่มองไม่เห็นแต่เป็นสิ่งที่รู้จักอย่างชัดเจน

Buck non lo sapeva tramite l'udito, la vista o l'olfatto.

บัครู้เรื่องนี้ไม่ใช่ด้วยเสียง เห็นหรือได้กลิ่น

Un sentimento più profondo gli diceva che nuove forze erano in movimento.

ความรู้สึกที่ลึกซึ้งยิ่งขึ้นบอกเขาว่ามีพลังใหม่กำลังเคลื่อนตัว

Una strana vita si agitava nei boschi e lungo i corsi d'acqua.

ชีวิตแปลกประหลาดเคลื่อนไหวไปทั่วป่าและตามลำธาร

Decise di esplorare questo spirito una volta completata la caccia.

เขาตัดสินใจที่จะสำรวจจิตวิญญาณนี้หลังจากการล่าเสร็จสิ้น

Il quarto giorno, Buck riuscì finalmente a catturare l'alce.

ในวันที่สี่ บัคก็สามารถนำมูสลงมาได้ในที่สุด

Rimase nei pressi della preda per un giorno e una notte interi, nutrendosi e riposandosi.

เขาอยู่กับสัตว์นั้นตลอดทั้งวันทั้งคืนเพื่อกินอาหารและพักผ่อน

Mangiò, poi dormì, poi mangiò ancora, finché non fu forte e sazio.

เขากินแล้วก็นอน แล้วก็กินอีก จนกระทั่งเขาแข็งแรงและอิ่ม

Quando fu pronto, tornò indietro verso l'accampamento e Thornton.

เมื่อเขาพร้อมแล้ว เขาก็หันกลับไปยังค่ายและธอร์นตัน

Con passo costante iniziò il lungo viaggio di ritorno verso casa.

เขาเริ่มออกเดินทางกลับบ้านอันยาวไกลด้วยจังหวะที่มั่นคง

Correva con la sua andatura instancabile, ora dopo ora, senza mai smarrirsi.

เขาวิ่งอย่างไม่รู้จักเหนื่อย ชั่วโมงแล้วชั่วโมงเล่า

ไม่เคยออกนอกเส้นทางแม้แต่น้อย

Attraverso terre sconosciute, si muoveva dritto come l'ago di una bussola.

ผ่านดินแดนที่ไม่รู้จัก เขาได้เดินทางตรงไปเหมือนเข็มทิศ

Il suo senso dell'orientamento faceva sembrare deboli, al confronto, l'uomo e la mappa.

ความรู้สึกของเขาต่อทิศทางทำให้มนุษย์กับแผนที่ดูอ่อนแอเมื่อเปรียบเทียบกัน

Mentre Buck correva, sentiva sempre più forte l'agitazione nella terra selvaggia.

ขณะที่บั๊กวิ่งไป

เขาสัมผัสได้ถึงความปั่นป่วนในดินแดนป่าเถื่อนมากขึ้น

Era un nuovo tipo di vita, diverso da quello dei tranquilli mesi estivi.

มันเป็นชีวิตแบบใหม่ ไม่เหมือนกับช่วงฤดูร้อนที่แสนสงบ

Questa sensazione non giungeva più come un messaggio sottile o distante.

ความรู้สึกนี้ไม่ได้มาจากการส่งข้อความที่ละเอียดอ่อนหรือห่างไกลอีกต่อไป

Ora gli uccelli parlavano di questa vita e gli scoiattoli chiacchieravano.

ขณะนี้ นกพูดคุยเกี่ยวกับชีวิตนี้ และกระรอกก็พูดคุยเรื่องนี้ด้วย

Persino la brezza sussurrava avvertimenti tra gli alberi silenziosi.

แม้แต่สายลมยังกระซิบเตือนผ่านต้นไม้อันเงียบงัน

Più volte si fermò ad annusare l'aria fresca del mattino.

เขาหยุดเพื่อดมกลิ่นอากาศยามเช้าอันสดชื่นหลายครั้ง

Lì lesse un messaggio che lo fece fare un balzo in avanti più velocemente.

เขาอ่านข้อความในนั้นซึ่งทำให้เขากระโดดไปข้างหน้าเร็วขึ้น

Fu pervaso da un forte senso di pericolo, come se qualcosa fosse andato storto.

ความรู้สึกอันตรายอันหนักหน่วงแผ่ซ่านไปทั่วร่างของเขา

ราวกับว่ามีบางอย่างผิดปกติเกิดขึ้น

Temeva che la calamità stesse per arrivare, o che fosse già arrivata.

เขาเกรงว่าภัยพิบัติจะมาถึงหรือได้เกิดขึ้นแล้ว

Superò l'ultima cresta ed entrò nella valle sottostante.

เขาข้ามสันเขาสุดท้ายและเข้าสู่หุบเขาเบื้องล่าง

Si muoveva più lentamente, attento e cauto a ogni passo.

เขาเคลื่อนไหวช้าลงมากขึ้น ระมัดระวังและตื่นตัวทุกก้าว

Dopo tre miglia trovò una pista fresca che lo fece irrigidire.

เมื่อออกไปได้สามไมล์ เขาพบเส้นทางใหม่ที่ทำให้เขาเกร็งขึ้น

I peli sul collo si rizzarono e si rizzarono in segno di allarme.

เส้นผมที่คอของเขายับและหยิกด้วยความตื่นตระหนก

Il sentiero portava dritto all'accampamento dove Thornton aspettava.

เส้นทางนำตรงไปยังค่ายที่ธอร์นตันรออยู่

Buck ora si muoveva più velocemente, con passi silenziosi e rapidi.

ตอนนี้บั๊กเคลื่อนไหวเร็วขึ้น ทั้งก้าวเดินที่เงียบและรวดเร็ว

I suoi nervi si irrigidirono mentre leggeva segnali che altri non avrebbero notato.

ความกังวลของเขาตึงเครียดขึ้นเมื่อเขาอ่านสัญญาณที่คนอื่นจะมองข้าม

Ogni dettaglio del percorso raccontava una storia, tranne l'ultimo pezzo.

รายละเอียดแต่ละอย่างในเส้นทางจะบอกเล่าเรื่องราว
ยกเว้นส่วนสุดท้าย

Il suo naso gli raccontò della vita che aveva trascorso lì.

จมูกของเขาบอกเล่าถึงชีวิตที่ผ่านมาทางนี้

L'odore gli fornì un'immagine mutevole mentre lo seguiva da vicino.

กลิ่นดังกล่าวทำให้เขาเปลี่ยนภาพไปเมื่อเขาเดินตามหลังมาอย่างใกล้ชิด

Ma la foresta stessa era diventata silenziosa, innaturalmente immobile.

แต่ป่าเองก็เงียบสงบลงอย่างผิดปกติ

Gli uccelli erano scomparsi, gli scoiattoli erano nascosti, silenziosi e immobili.

นกหายไปแล้ว กระรอกก็ซ่อนตัวอยู่ เงียบและนิ่ง

Vide solo uno scoiattolo grigio, sdraiato su un albero morto.

เขาเห็นกระรอกสีเทาเพียงตัวเดียวนอนราบอยู่บนต้นไม้ที่ตายแล้ว

Lo scoiattolo si mimetizzava, rigido e immobile come una parte della foresta.

กระรอกกลมกลืนไปกับสภาพแวดล้อมอย่างแข็งทื่อและนิ่งเฉยเหมือนกับเป็นส่วนหนึ่งของป่า

Buck si muoveva come un'ombra, silenzioso e sicuro tra gli alberi.

บัคเคลื่อนไหวเหมือนเงา เงียบและมั่นใจท่ามกลางต้นไม้

Il suo naso si mosse di lato come se fosse stato tirato da una mano invisibile.

จมูกของเขากระตุกไปทางด้านข้างราวกับว่ามีมือที่มองไม่เห็นดึง

Si voltò e seguì il nuovo odore nel profondo di un boschetto.

เขาหันกลับและตามกลิ่นใหม่เข้าไปในพุ่มไม้ลึก

Lì trovò Nig, steso morto, trafitto da una freccia.

ที่นั่นเขาพบนิกนอนตายอยู่โดยถูกลูกศรแทง

La freccia gli attraversò il corpo, lasciando ancora visibili le piume.

ด้ามดาบทะลุผ่านร่างกายของเขาไปอย่างชัดเจน

โดยที่ขนยังคงปรากฏให้เห็น

Nig si era trascinato fin lì, ma era morto prima di riuscire a raggiungere i soccorsi.

นิคลากตัวเองไปที่นั่น แต่เสียชีวิตก่อนที่จะไปถึงความช่วยเหลือ

Cento metri più avanti, Buck trovò un altro cane da slitta.

อีกร้อยหลาถัดมา บัคพบสุนัขลากเลื่อนอีกตัว

Era un cane che Thornton aveva comprato a Dawson City.

มันเป็นสุนัขที่ Thornton ซื้อกลับมาที่ Dawson City

Il cane lottava con tutte le sue forze, dimenandosi violentemente sul sentiero.

สุนัขตัวดังกล่าวกำลังดิ้นรนอย่างเอาเป็นเอาตายและวิ่งหนีอย่างสุด

ชีวิตไปตามเส้นทาง

Buck gli passò accanto senza fermarsi, con gli occhi fissi davanti a sé.

บั๊กเดินผ่านเขาไปโดยไม่หยุด และจ้องมองไปข้างหน้า

Dalla direzione dell'accampamento proveniva un canto lontano e ritmico.

จากทิศทางของค่าย

มีเสียงสวดมนต์จังหวะอันไพเราะดังขึ้นในระยะไกล

Le voci si alzavano e si abbassavano con un tono strano, inquietante, cantilenante.

เสียงต่างๆ ขึ้นๆ ลงๆ ในน้ำเสียงที่แปลก น่ากลัว และเป็นเพลง

Buck strisciò in silenzio fino al limite della radura.

บัคคลานไปข้างหน้าจนถึงขอบของบริเวณโล่งในความเงียบ

Lì vide Hans disteso a faccia in giù, trafitto da numerose frecce.

ที่นั่นเขาเห็นฮันส์นอนคว่ำหน้าและถูกยิงธนูจำนวนมาก

Il suo corpo sembrava quello di un porcospino, irto di penne.

ร่างกายของเขาดูเหมือนเม่นซึ่งมีขนเป็นพวงเต็มไปหมด

Nello stesso momento, Buck guardò verso la capanna in rovina.

ขณะเดียวกัน บัคก็มองไปยังกระท่อมที่พังทลาย

Quella vista gli fece rizzare i capelli sul collo e sulle spalle.

ภาพที่เห็นนั้นทำให้ขนบนคอและไหล่ของเขาลุกขึ้นแข็ง

Un'ondata di rabbia selvaggia travolse tutto il corpo di Buck.

พายุแห่งความโกรธเกรี้ยวรุนแรงพัดผ่านร่างของบัคไปทั้งหมด

Ringhiò forte, anche se non ne era consapevole.

เขาขู่เสียงดังแม้ว่าเขาจะไม่รู้ว่าเขาทำไปแล้วก็ตาม

Il suono era crudo, pieno di una furia terrificante e selvaggia.

เสียงนั้นดิบและเต็มไปด้วยความโกรธเกรี้ยวที่น่ากลัวและป่าเถื่อน

Per l'ultima volta nella sua vita, Buck perse la ragione a causa delle emozioni.

เป็นครั้งสุดท้ายในชีวิตของเขาที่บัคสูญเสียเหตุผลของอารมณ์

Fu l'amore per John Thornton a spezzare il suo attento controllo.

ความรักที่มีต่อจอห์น ธอร์นตัน ทำให้เขาควบคุมตัวเองได้ไม่เต็มที่

Gli Yeehats ballavano attorno alla baita in legno di abete rosso distrutta.

กลุ่ม Yeehats กำลังเต้นรำรอบๆ ต้นสนที่พังยับเยิน

Poi si udì un ruggito e una bestia sconosciuta si lanciò verso di loro.

จากนั้นก็มีเสียงคำรามดังขึ้น

และสัตว์ร้ายที่ไม่รู้จักก็พุ่งเข้ามาหาพวกเขา

Era Buck: una furia in movimento, una tempesta vivente di vendetta.

มันคือบัค ความโกรธที่พุ่งพล่าน

เป็นพายุแห่งความแก้แค้นที่ยังคงดำรงอยู่

Si gettò in mezzo a loro, folle di voglia di uccidere.

เขาพุ่งตัวเข้าไปอยู่ท่ามกลางพวกเขา

รู้สึกบ้าคลั่งเพราะความต้องการที่จะฆ่า

Si lanciò contro il primo uomo, il capo Yeehat, e colpì nel segno.

เขาพุ่งเข้าหาชายคนแรก หัวหน้า Yeehat

และทำการโจมตีอย่างถูกต้อง

La sua gola era squarciata e il sangue schizzava a fiotti.

ลำคอของเขาถูกฉีกออก และมีเลือดพุ่งออกมาเป็นสาย

Buck non si fermò, ma con un balzo squarciò la gola dell'uomo successivo.

บั๊กไม่หยุด

แต่กลับฉีกคอชายคนถัดไปด้วยการกระโดดเพียงครั้งเดียว

Era inarrestabile: squarciava, tagliava, non si fermava mai a riposare.

เขาไม่หยุดยั้ง—ฉีก เฉือน และไม่เคยหยุดพักเลย

Si lanciò e balzò così velocemente che le loro frecce non riuscirono a toccarlo.

เขาได้พุ่งและกระโจนเร็วมากจนลูกศรของพวกเขาไม่สามารถแตะ

ต้องเขาได้

Gli Yeehats erano in preda al panico e alla confusione.

พวก Yeehats ตกอยู่ในความตื่นตระหนกและสับสนของตนเอง

Le loro frecce non colpirono Buck e si colpirono tra loro.

ลูกศรของพวกเขาพลาดเป้าไปที่บั๊ก แต่กลับถูกกันเองแทน

Un giovane scagliò una lancia contro Buck e colpì un altro uomo.

เยาวชนคนหนึ่งขว้างหอกไปที่บั๊กและถูกชายอีกคน

La lancia gli trapassò il petto e la punta gli trafisse la schiena.

หอกแทงทะลุหน้าอกของเขา ปลายหอกแทงทะลุหลังของเขา

Il terrore travolse gli Yeehats, che si diedero alla ritirata.

ความหวาดกลัวเข้าครอบงำกลุ่ม Yeehats

และพวกเขาก็ล่าถอยไปหมด

Urlarono allo Spirito Maligno e fuggirono nelle ombre della foresta.

พวกเขาตะโกนเรียกวิญญาณชั่วร้ายแล้ววิ่งหนีเข้าไปในเงาของป่า

Buck era davvero come un demone mentre inseguiva gli Yeehats.

จริงอยู่ บัดเป็นเหมือนปีศาจในขณะที่เขาไล่ตามพวก Yeehats

Li inseguì attraverso la foresta, abbattendoli come cervi.

พระองค์ทรงไล่ตามพวกเขาไปในป่า จนล้มลงเหมือนกวาง

Divenne un giorno di destino e terrore per gli spaventati Yeehats.

มันกลายเป็นวันที่เต็มไปด้วยโชคชะตาและความหวาดกลัวสำหรับ

เหล่า Yeehats ที่หวาดกลัว

Si dispersero sul territorio, fuggendo in ogni direzione.

พวกเขากระจายกันไปทั่วแผ่นดิน หนีไปไกลในทุกทิศทุกทาง

Passò un'intera settimana prima che gli ultimi sopravvissuti si incontrassero in una valle.

ผ่านไปหนึ่งสัปดาห์เต็มก่อนที่ผู้รอดชีวิตกลุ่มสุดท้ายจะพบกันใน

หุบเขา

Solo allora contarono le perdite e raccontarono quanto accaduto.

จากนั้นพวกเขาจึงนับความสูญเสียและเล่าถึงสิ่งที่เกิดขึ้น

Buck, stanco dell'inseguimento, ritornò all'accampamento in rovina.

บัคกลับมายังค่ายที่พังทลายหลังจากเหนื่อยจากการไล่ตาม

Trovò Pete, ancora avvolto nelle coperte, ucciso nel primo attacco.

เขาพบพีทยังอยู่ในผ้าห่มเสียชีวิตในการโจมตีครั้งแรก

I segni dell'ultima lotta di Thornton erano visibili nella terra lì vicino.

ร่องรอยการต่อสู้ครั้งสุดท้ายของธอร์นตันปรากฏอยู่บนพื้นดินบริเวณใกล้เคียง

Buck seguì ogni traccia, annusando ogni segno fino al punto finale.

บั๊กเดินตามร่องรอยทุกประการ

ดมกลิ่นแต่ละรอยจนกระทั่งถึงจุดสุดท้าย

Sul bordo di una profonda pozza trovò il fedele Skeet, immobile.

ที่ขอบสระน้ำลึก เขาพบสกีตผู้ซื่อสัตย์นอนนิ่งอยู่

La testa e le zampe anteriori di Skeet erano nell'acqua, immobili nella morte.

ศีรษะและอุ้งเท้าหน้าของสกีตจมอยู่ในน้ำ

ไม่ขยับเขยื้อนเพราะความตาย

La piscina era fangosa e contaminata dai liquidi di scarico delle chiuse.

สระว่ายน้ำเป็นโคลนและมีน้ำเสียจากกล่องระบายน้ำ

La sua superficie torbida nascondeva ciò che si trovava sotto, ma Buck conosceva la verità.

พื้นผิวที่มีเมฆมากซ่อนสิ่งที่อยู่ข้างใต้ไว้ แต่บั๊กรู้ความจริง

Seguì l'odore di Thornton nella piscina, ma non lo portò da nessun'altra parte.

เขาตามกลิ่นของธอร์นตันไปจนถึงสระน้ำ—

แต่กลิ่นนั้นไม่ได้พาไปที่อื่นเลย

Non c'era alcun odore che provenisse, solo il silenzio dell'acqua profonda.

ไม่มีกลิ่นใด ๆ ลอยออกมา มีเพียงความเงียบของน้ำลึกเท่านั้น

Buck rimase tutto il giorno vicino alla piscina, camminando avanti e indietro per l'accampamento, addolorato.

ตลอดทั้งวัน บั๊กอยู่ใกล้สระน้ำ เดินไปมาในค่ายด้วยความโศกเศร้า

Vagava irrequieto o sedeva immobile, immerso nei suoi pensieri.

เขาเดินเตร่ไปมาอย่างกระสับกระส่าย หรือไม่ก็นั่งนิ่งๆ

จมอยู่กับความคิดหนักๆ

Conosceva la morte, la fine della vita, la scomparsa di ogni movimento.

พระองค์ทรงรู้จักความตาย ความสิ้นสุดของชีวิต

และความดับไปของการเคลื่อนไหวทั้งปวง

Capì che John Thornton se n'era andato e non sarebbe mai più tornato.

เขาเข้าใจว่าจอห์น ธอร์นตันจากไปแล้ว และไม่มีวันกลับมาอีก

La perdita lasciò in lui un vuoto che pulsava come la fame.

ความสูญเสียทิ้งช่องว่างว่างเปล่าไว้ในตัวเขาซึ่งเต้นระรัวเหมือนคว

ามหิวโหย

Ma questa era una fame che il cibo non riusciva a placare, non importava quanto ne mangiasse.

แต่ความหิวนี้ไม่อาจบรรเทาลงได้

ไม่ว่าเขาจะกินมากแค่ไหนก็ตาม

A volte, mentre guardava i cadaveri di Yeehats, il dolore si attenuava.

บางครั้งเมื่อเขาได้มองดู Yeehats ที่ตายแล้ว

ความเจ็บปวดก็จางหายไป

E poi dentro di lui nacque uno strano orgoglio, feroce e totale.

และจากนั้นความภาคภูมิใจประหลาดก็เกิดขึ้นในตัวเขา

ดุร้ายและสมบูรณ์แบบ

Aveva ucciso l'uomo, la preda più alta e pericolosa di tutte.

เขาได้ฆ่ามนุษย์ซึ่งเป็นเกมที่สูงส่งและอันตรายที่สุด

Aveva ucciso in violazione dell'antica legge del bastone e della zanna.

เขาได้ฆ่าคนโดยฝ่าฝืนกฎโบราณว่าด้วยกระบองและเขี้ยว

Buck annusò i loro corpi senza vita, curioso e pensieroso.

บั๊กดมร่างไร้วิญญาณของพวกเขาด้วยความอยากรู้และครุ่นคิด

Erano morti così facilmente, molto più facilmente di un husky in combattimento.

พวกมันตายได้ง่ายมาก—

ง่ายกว่าสุนัขไซบีเรียนฮัสกี้ในการต่อสู้มาก

Senza le armi non avrebbero avuto vera forza né avrebbero rappresentato una minaccia.

หากปราศจากอาวุธ

พวกเขาก็ไม่มีความแข็งแกร่งหรือภัยคุกคามที่แท้จริง

Buck non avrebbe più avuto paura di loro, a meno che non fossero stati armati.

บัคจะไม่มีวันกลัวพวกเขาอีกต่อไป เว้นแต่ว่าพวกเขาจะมีอาวุธ

Stava attento solo quando portavano clave, lance o frecce.

เฉพาะเมื่อพวกเขาพกกระบอง หอก
หรือลูกศรเท่านั้นที่เขาจะระวัง

Calò la notte e la luna piena spuntò alta sopra le cime degli alberi.
เมื่อตกกลางคืน พระจันทร์เต็มดวงก็ขึ้นสูงเหนือยอดไม้

La pallida luce della luna avvolgeva la terra in un tenue e spettrale chiarore, come se fosse giorno.
แสงจันทร์สลัวสาดส่องไปทั่วแผ่นดินด้วยแสงนวลอ่อนๆ
เหมือนกลางวัน

Mentre la notte avanzava, Buck continuava a piangere presso la pozza silenziosa.
เมื่อคืนล่วงเลยไป บัคยังคงโศกเศร้าอยู่ข้างสระน้ำอันเงียบสงัด

Poi si accorse di un diverso movimento nella foresta.
จากนั้นเขาเริ่มรู้สึกถึงความเคลื่อนไหวที่แตกต่างไปในป่า

L'agitazione non proveniva dagli Yeehats, ma da qualcosa di più antico e profondo.
การปลุกเร้านี้ไม่ได้มาจาก Yeehats
แต่มาจากบางสิ่งที่เก่ากว่าและลึกซึ้งกว่า

Si alzò in piedi, drizzò le orecchie e tastò con attenzione la brezza con il naso.
เขาจึงยืนขึ้น โดยยกหูขึ้นและจมูกคอยทดสอบลมด้วยความระมัดระวัง

Da lontano giunse un debole e acuto grido che squarciò il silenzio.
จากระยะไกล มีเสียงร้องแหลมๆ ดังขึ้นท่ามกลางความเงียบ

Poi un coro di grida simili seguì subito dopo il primo.
จากนั้นก็มีเสียงร้องทำนองเดียวกันตามมาติดๆ จากกลุ่มแรก

Il suono si avvicinava sempre di più, diventando sempre più forte con il passare dei minuti.

เสียงนั้นดังใกล้เข้ามาเรื่อยๆ และดังขึ้นเรื่อยๆ

ในแต่ละช่วงเวลาที่ผ่านไป

Buck conosceva quel grido: proveniva da quell'altro mondo nella sua memoria.

บัครู้จักเสียงร้องนี้ดี—

มันมาจากอีกโลกหนึ่งในความทรงจำของเขา

Si recò al centro dello spazio aperto e ascoltò attentamente.

เขาเดินไปที่ใจกลางของพื้นที่โล่งและฟังอย่างตั้งใจ

L'appello risuonò più forte che mai, più sentito e più potente che mai.

เสียงเรียกดังขึ้นหลายครั้งและทรงพลังยิ่งกว่าเดิม

E ora, più che mai, Buck era pronto a rispondere alla sua chiamata.

และตอนนี้ บัคพร้อมที่จะตอบรับการเรียกของเขามากกว่าที่เคย

John Thornton era morto e in lui non era rimasto alcun legame con l'uomo.

จอห์น ธอร์นตันเสียชีวิตแล้ว และไม่มีความผูกพันใดๆ

ต่อมนุษย์เหลืออยู่ในตัวเขาอีกต่อไป

L'uomo e tutte le pretese umane erano svaniti: era finalmente libero.

มนุษย์และคำอ้างสิทธิของมนุษย์ทั้งหมดสูญสิ้น—

ในที่สุดเขาก็เป็นอิสระ

Il branco di lupi era a caccia di carne, proprio come un tempo avevano fatto gli Yeehats.

ฝูงหมาป่ากำลังไล่ล่าเนื้อเช่นเดียวกับที่พวก Yeehats เคยทำ

Avevano seguito le alci mentre scendevano dalle terre boscose.

พวกเขาติดตามมูสลงมาจากดินแดนที่มีต้นไม้

Ora, selvaggi e affamati di prede, attraversarono la sua valle.

ตอนนี้ พวกมันดุร้ายและหิวโหยเหยื่อ

จึงข้ามเข้าไปในหุบเขาของเขา

Giunsero nella radura illuminata dalla luna, scorrendo come acqua argentata.

พวกเขาไหลเข้ามาในทุ่งโล่งที่มีแสงจันทร์เหมือนน้ำสีเงิน

Buck rimase immobile al centro, in attesa.

บัคยืนนิ่งอยู่ตรงกลาง ยืนรอพวกเขา

La sua presenza calma e imponente lasciò il branco senza parole, tanto da farlo restare per un breve periodo in silenzio.

การปรากฏตัวอันสงบนิ่งและยิ่งใหญ่ของเขาทำให้ฝูงสัตว์ตะลึงจน เงียบไปชั่วขณะ

Allora il lupo più audace gli saltò addosso senza esitazione.

จากนั้นหมาป่าที่กล้าหาญที่สุดก็กระโจนเข้าหาเขาโดยไม่ลังเล

Buck colpì rapidamente e spezzò il collo del lupo con un solo colpo.

บั๊กโจมตีอย่างรวดเร็วและหักคอหมาป่าได้ในครั้งเดียว

Rimase di nuovo immobile mentre il lupo morente si contorceva dietro di lui.

เขาหยุดนิ่งอีกครั้งขณะที่หมาป่าที่กำลังจะตายบิดตัวอยู่ข้างหลังเขา

Altri tre lupi attaccarono rapidamente, uno dopo l'altro.

หมาป่าอีกสามตัวโจมตีอย่างรวดเร็วตัวต่อตัว

Ognuno di loro si ritrasse sanguinante, con la gola o le spalle tagliate.

แต่ละคนถอยหนีไปโดยมีเลือดไหล และคอและไหล่ถูกเฉือน

Ciò fu sufficiente a scatenare una carica selvaggia da parte dell'intero branco.

นั่นเพียงพอที่จะกระตุ้นให้กลุ่มทั้งหมดเข้าสู่การโจมตีแบบดุเดือด

Si precipitarono tutti insieme, troppo impazienti e troppo ammassati per colpire bene.

พวกเขารีบวิ่งเข้ามาด้วยกันด้วยความกระหายและแออัดจนไม่สามารถโจมตีได้ดี

La velocità e l'abilità di Buck gli permisero di anticipare l'attacco.

ความเร็วและทักษะของบัคทำให้เขาอยู่เหนือการโจมตีได้

Girò sulle zampe posteriori, schioccando i denti e colpendo in tutte le direzioni.

เขาหมุนตัวด้วยขาหลัง เหวี่ยงออกไปและโจมตีไปในทุกทิศทาง

Ai lupi sembrò che la sua difesa non si fosse mai aperta o avesse vacillato.

สำหรับหมาป่า

ดูเหมือนการป้องกันของเขาจะไม่เคยเปิดหรือล้มเหลวเลย

Si voltò e colpì così velocemente che non riuscirono a raggiungerlo alle spalle.

เขาหันตัวและฟันอย่างรวดเร็วมากจนพวกเขาไม่สามารถตามหลังเขาไปได้

Ciononostante, il loro numero lo costrinse a cedere terreno e a ritirarsi.

อย่างไรก็ตาม

จำนวนของพวกเขาทำให้เขาต้องยอมแพ้และถอยกลับ

Superò la piscina e scese nel letto roccioso del torrente.

เขาเดินผ่านสระน้ำและลงไปในลำธารที่มีหิน

Lì si imbatté in un ripido pendio di ghiaia e terra.

ที่นั่นเขามาถึงเนินดินและกรวดชัน

Si è infilato in un angolo scavato durante i vecchi scavi dei minatori.

เขาก้าวเข้าไปในทางตัดมุมระหว่างการขุดของคนงานเหมือง

Ora, protetto su tre lati, Buck si trovava di fronte solo al lupo frontale.

ตอนนี้ได้รับการปกป้องจากสามด้าน

บัคเผชิญหน้ากับหมาป่าด้านหน้าเท่านั้น

Lì rimase in attesa, pronto per la successiva ondata di assalto.

เขายืนอยู่ตรงนั้น เตรียมพร้อมสำหรับการโจมตีระลอกต่อไป

Buck mantenne la posizione con tanta ferocia che i lupi indietreggiarono.

บั๊กยืนหยัดอย่างแข็งแกร่งจนทำให้หมาป่าถอยหนี

Dopo mezz'ora erano sfiniti e visibilmente sconfitti.

หลังจากผ่านไปครึ่งชั่วโมง

พวกเขาก็หมดแรงและพ่ายแพ้อย่างเห็นได้ชัด

Le loro lingue pendevano fuori e le loro zanne bianche brillavano alla luce della luna.

ลิ้นของพวกเขาห้อยออกมา

เขี้ยวสีขาวของพวกเขาเป็นประกายในแสงจันทร์

Alcuni lupi si sdraiano, con la testa alzata e le orecchie dritte verso Buck.

หมาป่าบางตัวนอนลง โดยยกหัวขึ้นและหูชี้ไปทางบัค

Altri rimasero immobili, attenti e osservarono ogni suo movimento.

คนอื่นๆ ยืนนิ่งเฉย คอยระวังและเฝ้าดูทุกการเคลื่อนไหวของเขา

Qualcuno si avvicinò alla piscina e bevve l'acqua fredda.

ไม่กี่คนเดินไปที่สระว่ายน้ำและดื่มน้ำเย็นๆ

Poi un lupo grigio, lungo e magro, si fece avanti furtivamente, con passo gentile.

จากนั้น

หมาป่าสีเทาตัวยาวผอมตัวหนึ่งก็คืบคลานไปข้างหน้าอย่างอ่อนโยน

Buck lo riconobbe: era il fratello selvaggio di prima.
บัคจำเขาได้—เป็นพี่ชายป่าเถื่อนคนเดิม

Il lupo grigio uggiolò dolcemente e Buck rispose con un guaito.
หมาป่าสีเทาส่งเสียงครางเบาๆ และบัคก็ตอบกลับด้วยเสียงคราง

Si toccarono il naso, silenziosamente, senza timore o minaccia.
พวกเขาสัมผัสจมูกกันอย่างเงียบ ๆ

โดยไม่มีภัยคุกคามหรือความกลัวใด ๆ

Poi venne un lupo più anziano, scarno e segnato dalle numerose battaglie.
ถัดมาคือหมาป่าแก่ตัวหนึ่ง

มันผอมโซและมีรอยแผลเป็นจากการสู้รบหลายครั้ง

Buck cominciò a ringhiare, ma si fermò e annusò il naso del vecchio lupo.
บัๅกเริ่มขู่คำราม แต่หยุดลงแล้วดมจมูกของหมาป่าแก่ตัวนั้น

Il vecchio si sedette, alzò il naso e ululò alla luna.
เจ้าคนแก่ก็นั่งลง ยกจมูกขึ้น และหอนไปทางดวงจันทร์

Il resto del branco si sedette e si unì al lungo ululato.
ส่วนที่เหลือของฝูงนั่งลงและร่วมส่งเสียงหอนยาวๆ

E ora la chiamata giunse a Buck, inequivocabile e forte.
และตอนนี้เสียงเรียกก็มาถึงบัค ซึ่งชัดเจนและหนักแน่น

Si sedette, alzò la testa e ululò insieme agli altri.
เขาลงนั่งยกหัวขึ้นและโวยวายพร้อมกับคนอื่นๆ

Quando l'ululato cessò, Buck uscì dal suo riparo roccioso.

เมื่อเสียงหอนจบลง

บัคก็ก้าวออกมาจากที่กำบังที่เต็มไปด้วยหินของเขา

Il branco si strinse attorno a lui, annusando con gentilezza e cautela.

ฝูงสัตว์เดินเข้ามาหาเขาโดยดมกลิ่นอย่างใจดีและระมัดระวัง

Allora i capi lanciarono un grido e si precipitarono nella foresta.

จากนั้นหัวหน้าก็ส่งเสียงร้องและวิ่งหนีเข้าไปในป่า

Gli altri lupi li seguirono, guaendo in coro, selvaggi e veloci nella notte.

หมาป่าตัวอื่นๆ

ร้องตามและร้องเป็นเสียงเดียวกันอย่างดุร้ายและรวดเร็วในยามค่ำคืน

Buck corse con loro, accanto al suo selvaggio fratello, ululando mentre correva.

บั๊กวิ่งไปกับพวกเขา ข้างๆ น้องชายป่าของเขา

พร้อมกับส่งเสียงหอนไปด้วย

Qui la storia di Buck giunge al termine.

คราวนี้เรื่องราวของบัคคงใกล้จะจบลงแล้ว

Negli anni a seguire, gli Yeehats notarono degli strani lupi.

ในปีต่อๆ มา Yeehats ได้สังเกตเห็นหมาป่าประหลาดๆ

Alcuni avevano la testa e il muso marroni e il petto bianco.

บางตัวมีสีน้ำตาลบนหัวและปาก และมีสีขาวบนหน้าอก

Ma ancora di più temevano la presenza di una figura spettrale tra i lupi.

แต่สิ่งที่เลวร้ายกว่านั้น พวกเขายังกลัวร่างผีๆ ในหมู่หมาป่าอีกด้วย

Parlavano a bassa voce del Cane Fantasma, il capo del branco.

พวกมันพูดคุยกันด้วยเสียงกระซิบถึงสุนัขผี ผู้เป็นจ่าฝูง

Questo cane fantasma era più astuto del più audace cacciatore di Yeehat.

สุนัขผีตัวนี้มีความฉลาดแกมโกงมากกว่านักล่า Yeehat

ที่กล้าหาญที่สุด

Il cane fantasma rubava dagli accampamenti nel cuore dell'inverno e faceva a pezzi le loro trappole.

สุนัขผีขโมยของจากค่ายในช่วงฤดูหนาวที่หนาวจัด

และฉีกกับดักของพวกมันออกเป็นชิ้นๆ

Il cane fantasma uccise i loro cani e sfuggì alle loro frecce senza lasciare traccia.

สุนัขผีฆ่าสุนัขของพวกเขาและหนีจากลูกศรของพวกเขาได้อย่างไร้ร่องรอย

Perfino i guerrieri più coraggiosi avevano paura di affrontare questo spirito selvaggio.

แม้กระทั่งนักรบที่กล้าหาญที่สุดของพวกเขาก็ยังกลัวที่จะเผชิญหน้ากับวิญญาณป่าเถื่อนนี้

No, la storia diventa ancora più oscura con il passare degli anni trascorsi nella natura selvaggia.

ไม่ เรื่องราวยิ่งมืดมนมากขึ้นเมื่อกาลเวลาผ่านไปในป่า

Alcuni cacciatori scompaiono e non fanno più ritorno ai loro accampamenti lontani.

นักล่าบางคนหายตัวไปและไม่เคยกลับไปยังค่ายที่อยู่ห่างไกลอีกเลย

Altri vengono trovati con la gola squarciata, uccisi nella neve.

ส่วนคนอื่นๆ ถูกพบมีคอฉีกขาด ถูกฆ่าในหิมะ

Intorno ai loro corpi ci sono delle impronte più grandi di quelle che un lupo potrebbe mai lasciare.

รอบตัวพวกมันมีรอยเท้าซึ่งใหญ่เกินกว่าหมาป่าตัวไหนจะขีดได้

Ogni autunno, gli Yeehats seguono le tracce dell'alce.

ในฤดูใบไม้ร่วงทุกๆ ปี นก Yeehats จะเดินตามรอยของกวางมูส

Ma evitano una valle perché la paura è scolpita nel profondo del loro cuore.

แต่พวกเขาหลีกเลี่ยงหุบเขาแห่งหนึ่งเพราะความกลัวฝังลึกอยู่ในใจพวกเขา

Si dice che la valle sia stata scelta dallo Spirito Maligno come sua dimora.

พวกเขาบอกว่าหุบเขานี้ถูกวิญญาณชั่วร้ายเลือกให้เป็นบ้านของเขา

E quando la storia viene raccontata, alcune donne piangono accanto al fuoco.

และเมื่อนิทานเรื่องนี้ถูกเล่าขึ้นก็มีผู้หญิงบางคนร้องไห้อยู่ข้างกองไฟ

Ma d'estate, c'è un visitatore che giunge in quella valle sacra e silenziosa.

แต่ในฤดูร้อนจะมีผู้มาเยือนหนึ่งคนมาเยือนหุบเขาอันเงียบสงบและศักดิ์สิทธิ์แห่งนี้

Gli Yeehats non lo conoscono e non potrebbero capirlo.

ชาวเยฮัต ไม่รู้จักเขา และพวกเขาก็ไม่เข้าใจเช่นกัน

Il lupo è un animale grandioso, ricoperto di gloria, come nessun altro della sua specie.

หมาป่าเป็นสัตว์ที่ยิ่งใหญ่ มีขนอันสง่างาม

ไม่เหมือนกับหมาป่าตัวอื่น

Lui solo attraversa il bosco verde ed entra nella radura della foresta.

เขาเพียงคนเดียวที่ข้ามจากป่าเขียวขจีและเข้าสู่ป่าโปร่ง

Lì, la polvere dorata contenuta nei sacchi di pelle d'alce si infiltra nel terreno.

มีฝุ่นสีทองจากกระสอบหนังมูสซึมซาบลงไปในดิน

L'erba e le foglie vecchie hanno nascosto il giallo del sole.

หญ้าและใบไม้เก่าซ่อนความเหลืองจากแสงแดด

Qui il lupo resta in silenzio, pensando e ricordando.

ที่นี่หมาป่ายืนนิ่งคิดและจดจำ

Urla una volta sola, a lungo e lugubremente, prima di girarsi e andarsene.

เขาคร่ำครวญครั้งหนึ่งยาวนานและโศกเศร้า ก่อนจะหันหลังไป

Ma non è sempre solo nella terra del freddo e della neve.

แต่เขาไม่ได้อยู่คนเดียวในดินแดนแห่งความหนาวเย็นและหิมะเสมอไป

Quando le lunghe notti invernali scendono sulle valli più basse.

เมื่อคืนฤดูหนาวอันยาวนานปกคลุมหุบเขาด้านล่าง

Quando i lupi seguono la selvaggina attraverso il chiaro di luna e il gelo.

เมื่อหมาป่าติดตามเกมผ่านแสงจันทร์และน้ำค้างแข็ง

Poi corre in testa al gruppo, saltando in alto e in modo selvaggio.

จากนั้นเขาก็วิ่งไปอยู่หัวฝูงพร้อมกระโดดสูงและดุร้าย

La sua figura svetta sulle altre, la sua gola risuona di canto.

รูปร่างของเขาดูสูงกว่าคนอื่นๆ ลำคอของเขาเต็มไปด้วยเสียงเพลง

È il canto del mondo più giovane, la voce del branco.

เป็นเพลงของโลกเยาวชน เป็นเสียงของฝูง

Canta mentre corre: forte, libero e per sempre selvaggio.

เขาร้องเพลงขณะวิ่ง—แข็งแกร่ง อิสระ และดุร้ายตลอดไป

www.ingramcontent.com/pod-product-compliance
Lightning Source LLC
Chambersburg PA
CBHW011725020426
42333CB00024B/2734